UNIVERSITÉ DE FRANCE — FACULTÉ DE DROIT DE LYON

DE
LA DÉLÉGATION DES ACTES

DE

L'INSTRUCTION CRIMINELLE

ET DES

COMMISSIONS ROGATOIRES

EN DROIT PÉNAL

THÈSE POUR LE DOCTORAT

soutenue le lundi 17 juin 1895

DEVANT LA FACULTÉ DE DROIT DE LYON

PAR

MAURICE DEIS

Lauréat de la Faculté
Juge suppléant au Tribunal civil de Lyon

LYON

IMPRIMERIE SCHNEIDER FRÈRES

8, quai de l'Hôpital, 8

1895

UNIVERSITÉ DE FRANCE — FACULTÉ DE DROIT DE LYON

DE
LA DÉLÉGATION DES ACTES

DE

L'INSTRUCTION CRIMINELLE

ET DES

COMMISSIONS ROGATOIRES
EN DROIT PÉNAL

THÈSE POUR LE DOCTORAT

soutenue le lundi 17 juin 1895

DEVANT LA FACULTÉ DE DROIT DE LYON

PAR

MAURICE DEIS

Lauréat de la Faculté
Juge suppléant au Tribunal civil de Lyon

LYON

IMPRIMERIE SCHNEIDER FRÈRES

8, quai de l'Hôpital, 8

1895

A MON PÈRE

A MA MÈRE

INTRODUCTION

Il est de règle, dans notre Code d'instruction criminelle, que les juges d'instruction, comme d'ailleurs les tribunaux auxquels ils sont attachés, aient une compétence territoriale limitée par les bornes mêmes de leur arrondissement. Hors de ces bornes, ils ne sauraient valablement procéder eux-mêmes à un acte d'instruction. Mais il arrive très souvent qu'au cours d'une procédure, certains actes d'information s'imposent, lesquels doivent être exécutés hors de l'arrondissement du magistrat saisi, par exemple des perquisitions, des saisies de pièces à conviction, etc. En outre, dans son arrondissement même, le juge d'instruction ne saurait être astreint à faire en personne tous les actes d'instruction nécessaires : il pourrait en résulter des retards dans l'instruction, des frais assez élevés; enfin des intérêts privés en souffriraient peut-être. Pour toutes ces raisons, le juge d'instruction est obligé de s'aider du concours d'autres magistrats ou officiers de police judiciaire; aussi a-t-il le droit de déléguer une partie de ses pouvoirs, droit qu'il exerce au moyen des commissions rogatoires.

Mais si le juge d'instruction est le magistrat que ses fonctions appellent le plus souvent à délivrer des commissions de cette nature, il n'est pourtant pas seul à pouvoir le faire. Nous verrons que parfois des juridictions telles que les Tribunaux de première instance ou les Cours d'appel siégeant au correctionnel et les Cours d'assises, ou d'autres magistrats comme le président de la Cour d'assises, le président de la Cour de cassation, etc., ont également le droit de. donner des délégations pour qu'il soit procédé à telle ou telle mesure d'instruction.

Nous définirons donc la commission rogatoire en disant que c'est « *l'acte qui contient la délégation donnée soit par le* « *magistrat, soit par la juridiction compétente, à un magistrat* « *ou à un officier de police judiciaire, à l'effet de procéder à* « *une ou plusieurs mesures d'instruction dans une affaire* « *déterminée.* »

Dans notre ancien droit, l'expression de « commission rogatoire » était réservée à l'acte contenant la délégation adressée par un juge à un autre magistrat, son supérieur ou tout au moins son égal ; si la délégation était donnée à un magistrat d'un ordre inférieur, l'acte qui la contenait s'appelait simplement « commission ». Les parlements et autres cours supérieures ne donnaient jamais de commissions *rogatoires*, même hors de leur ressort ; ils se contentaient de *commettre*, et quand ils commettaient un juge d'une juridiction inférieure, ils *ordonnaient* que l'instruction serait faite par lui. Il en était de même des baillis royaux et autres juges supérieurs à l'égard des juges de leur ressort. En tous ces cas, il y avait *commission simple*. En effet, disaient nos anciens criminalistes, la formule respectueuse, la prière *(rogare)* n'est pas nécessaire à l'égard de celui à qui on peut donner des ordres (1).

Comme le fait remarquer M. Duverger (2), les auteurs du Code d'instruction criminelle semblent avoir voulu conserver cette distinction en employant, suivant le rang des personnes déléguées, des termes différents. Ainsi, le procureur de la République a le droit de *charger* un officier de police auxiliaire de procéder à une opération (art. 52). Le

___

(1) Jousse. *Traité de la justice criminelle*, t. III, page 154. — Muyart de Vouglans. *De l'instruction criminelle*, page 227.

(2) *Manuel des juges d'instruction*, t. II, n° 364.

juge d'instruction peut *commettre* à cet effet un juge de paix (art. 83, 84), *requérir* aux mêmes fins un juge d'instruction, un président (art. 84, 90, 511, 512, 514, 516) ; il peut, lui-même, être *commis* par un premier président ou par un conseiller instructeur (art. 237-303).

Ces différences n'ayant plus aucune espèce de signification ni d'importance, nous appellerons toujours commission rogatoire l'acte contenant la délégation, quelle que soit la personne dont il émane ou à qui il est adressé.

L'exercice de ce droit de délégation n'est pas sans présenter quelques difficultés, provenant surtout de ce que le Code d'instruction criminelle ne l'a pas prévu et organisé aussi explicitement, aussi clairement qu'il l'aurait dû. Il se borne à indiquer certains cas spéciaux de délégation, sans poser nulle part de règles générales en la matière. Aussi, la question de savoir si les articles permettant de déléguer sont démonstratifs ou limitatifs a-t-elle été très vivement discutée ; et, si, aujourd'hui, la jurisprudence est fixée sur ce point, il y a encore quelques dissidences dans la doctrine.

L'objet de notre travail est de rechercher l'étendue de ce droit de délégation et d'en préciser les cas d'application.

Dans une première partie nous étudierons ce qu'était la délégation des actes de l'instruction criminelle chez les Romains, puis dans notre législation avant la Révolution et, enfin, dans le droit intermédiaire ; nous nous efforcerons de démontrer que, contrairement à l'opinion de M. Faustin Hélie, cette délégation n'était pas renfermée par notre ancien droit dans des limites aussi étroites que le prétend ce savant auteur.

Dans une seconde partie, de beaucoup la plus importante, nous rechercherons ce qu'est le droit de délégation sous le régime de notre Code d'instruction criminelle, et nous envisagerons successivement toutes les hypothèses dans lesquelles un magistrat ou une juridiction criminelle ou correctionnelle peut délivrer des commissions rogatoires ; nous étudierons à ce propos les pouvoirs que donne aux préfets,

en cette matière, l'article 10 du Code d'instruction criminelle ; nous examinerons enfin les innovations que le projet
de loi sur la réforme de ce code apporte sur ces différents
points à notre législation actuelle.

Une troisième et dernière partie sera consacrée à une
revue des dispositions que contiennent les principales législations étrangères, relativement à la délégation des actes de
l'instruction criminelle.

Tel est, indiqué à grands traits, le plan que nous nous
sommes tracé. Nous avons été largement aidé dans l'accomplissement de notre tâche par les conseils si éclairés de
notre maître, M. Garraud, à qui nous sommes heureux
d'adresser ici tous nos remerciements pour son bienveillant
et précieux concours.

PREMIÈRE PARTIE

ÉTUDE HISTORIQUE

DE

LA DÉLÉGATION

des actes de l'instruction criminelle

CHAPITRE PREMIER

DE LA DÉLÉGATION DES ACTES DE L'INSTRUCTION CRIMINELLE DANS LE DROIT ROMAIN

La délégation des actes de l'instruction criminelle était renfermée, à Rome, dans les plus étroites limites. Un rapide coup d'œil, jeté sur l'organisation judiciaire romaine, nous permettra de constater qu'il y a eu souvent délégation de *juridiction*, c'est-à-dire que des magistrats ont été investis de la faculté de connaître des affaires criminelles depuis le début de l'information, jusques et y compris le jugement, soit que cette délégation fût permanente, soit, au contraire, qu'elle fût temporaire et s'appliquât à tel procès déterminé ; mais nous verrons rarement des magistrats pouvoir confier à d'autres le soin de procéder à l'exécution de telle ou telle mesure spéciale d'instruction.

Les textes concernant l'histoire de Rome, pendant les premiers temps de sa fondation, sont trop rares et trop peu précis pour que nous puissions formuler des règles certaines concernant cette période. Les rois qui, à l'origine, réunissaient en leurs mains tous les pouvoirs sans exception (1), ne tardèrent pas à déléguer les causes criminelles à des magistrats spéciaux, qui furent les duumvirs ou questeurs (2). Quels étaient les pouvoirs de ces duumvirs ? Pouvaient-ils notamment subdéléguer à leur tour tout ou partie de la mission dont ils étaient investis ?

___

(1) Livius, liber I, 28. — Dig., loi 2, § 14. *De origine juris : quod ad magistratus attinet, initio civitatis hujus constat, reges omnem potestatem habuisse*, 1-2.

(1) Livius, I, 26. — L. un. Dig. *De officio quæstoris*, I-13.

Autant de questions auxquelles l'absence totale de documents ne permet pas de répondre.

Après l'expulsion des rois, les consuls héritèrent-ils de leur puissance judiciaire en même temps que de leurs autres attributions ? C'est là une question que nous laisserons de côté, comme étant en dehors de notre sujet. En tout cas, les lois Valeriæ transportèrent au peuple la juridiction criminelle, mais seulement en ce qui concernait les accusations portées contre les citoyens romains. Lorsqu'il s'agissait d'un étranger, qu'il fût allié ou colon de Rome, alors même qu'il résidait dans la ville, il relevait d'une autre juridiction, celle du Sénat. Outre cette compétence qui lui était spéciale, le Sénat pouvait connaître accidentellement des accusations portées contre un citoyen romain, mais c'était en vertu d'une délégation du peuple. Or, le Sénat déléguait maintes fois la connaissance des affaires dont il était saisi soit aux consuls, soit à d'autres magistrats, qui tiraient tous leurs pouvoirs de cette délégation (1). C'est ainsi que les manœuvres pratiquées par les Frusinates, pour soulever les Herniques, sont punies par les consuls qu'avait délégués le Sénat, « quæstione ex senatusconsulto habita » (2). De même, à deux reprises, les consuls sont chargés de faire une enquête sur les actes de rébellion imputés aux Etrusques (3).

Lorsque le peuple ou le Sénat déléguait ainsi sa puissance judiciaire, le magistrat délégué était investi de toutes les attributions de la juridiction ; c'était, le plus souvent, un des consuls ou un préteur, mais ce pouvait être aussi un simple citoyen. Telle est l'origine des quæstiones, perpetuæ ou juridiction que rendit nécessaires l'accroissement incessant du nombre des affaires. C'était là une période transitoire de la jurisprudence romaine, qu'Ayrault

(1) Livius, XXVIII, 10 ; XXIX, 36 ; XXX, 26. *Cicero, Secunda actio contra Verrem*, I ; XXXIII.

(2) Livius, X, 1.

(3) Livius, XXVIII, 10 ; XXIX, 36.

appréciait exactement lorsqu'il écrivait (1) : « Plus de six
« cents ans avaient passé, qu'à Rome il n'y avait eu juges
« ordinaires ou criminels. A mesure qu'il se présentait
« crime digne de punitions extraordinaires, le peuple ou
« le Sénat commettait l'un des consuls ou les deux, sou-
« vent quelque préteur pour en connaître. Cela fait, sa
« commission expirait. De façon qu'on les pouvait tous
« appeler, pour ce regard, juges délégués ou commissaires
« en cette partie. »

Nous n'avons pas à étudier ici l'organisation de ces
quæstiones perpetuæ qui fleurissaient au vii⁰ siècle de
l'ère romaine. Il nous suffira de rappeler qu'à cette époque,
trois principes dominent tout le système des jugements
criminels : la publicité de la procédure, la participation
des citoyens au jugement et le droit d'accusation conféré
à chacun des membres de la cité. Nous ne nous attache-
rons qu'à ce dernier caractère des quæstiones perpetuæ.

On ne connaissait pas encore cette institution qui, de
nos jours, s'appelle le ministère public ; tous les citoyens
pouvaient librement se porter accusateurs devant le préteur, qui, vérification faite, voyait s'il devait « deferre
nomen » (2), c'est-à-dire permettre à celui qui voulait se
porter accusateur de faire la preuve de ses allégations.
Si le préteur y consentait, c'était à l'accusateur qu'in-
combait la tâche de faire toutes les recherches et de procéder aux actes d'instruction.

Nous voyons alors apparaître une institution fort curieuse, celle de la « lex » ou commission que le préteur
donnait à l'accusateur, et qui investissait ce dernier d'une
portion de la puissance publique. En effet, muni de
cette lex, l'accusateur pouvait se transporter en tous
lieux, saisir les pièces à conviction, faire comparaître
devant lui les témoins et les interroger, après quoi, il

<hr>

(1) Ayrault. Inst. jud., part. 2 ; page 131.
(2) L., 8, 9, 10. Dig., *de accusatoribus*, 48, 2. L., II. Dig., *eod titulo*.

les assignait au jour fixé pour l'audience. Il profitait
habituellement de ce pouvoir pour saisir les registres
domestiques de l'accusé, « tabulas accepti et expensi »
et tous les papiers qui pouvaient lui fournir des indices
ou des renseignements. Si ces pièces étaient insaisis-
sables, comme par exemple des registres publics, il en
prenait des copies authentiques. Enfin, il pouvait même
pénétrer non seulement dans la maison de l'accusé,
mais encore dans celles de ses amis, pour y faire des
perquisitions et des saisies (1). Puis, le tout était mis sous
scellés et envoyé au préteur.

Cicéron, dans ses *Verrines* (2), nous donne à cet égard
des renseignements fort intéressants, en racontant de
quelle façon il saisit les registres de Verrès : « Impetum in
eas tabulas facio, in quibus singula perscripta erant. » Puis
il recherche et met sous scellés les pièces qui témoi-
gnaient des prévarications de l'accusé : « Scrutatus sum
quæ potui, et quæsivi omnia. Inveni duos solos libellos....
Itaque obsignavi statim. » Plus tard, il s'en servira à l'audience et en fera donner lecture : « Recita mihi, quæso,
hunc primum libellum, deinde illum alterum. » Mais un
certain Théomaste, partisan de Verrès, veut s'opposer à
ces recherches : « Ego, continue Cicéron, legem recitare
« omnium mihi tabularum et litterarum fieri potestatem
« oportere..... Quid multa ? Nisi vehementius homini
« minatus essem, nisi legum sanctionem pœnamque reci-
« tassem, tabularum mihi potestas facta non esset. » Ces
pouvoirs de l'accusateur étaient donc sanctionnés par des
pénalités frappant ceux qui se seraient opposés à leur plein
exercice. Ce n'est pas un des caractères les moins remar-
quables de la procédure des quæstiones perpetuæ, que cette
puissance souveraine conférée à un simple citoyen pour la
poursuite de tel ou tel crime déterminé. Cette inquisitio

(1) Cicero. *In Verrem, V., passim.*
(2) Cicero. *In Verrem,* IV, 65 et 66.

était, il est vrai, contradictoire ; l'accusé avait le droit d'y assister et de réunir, à son tour, toutes les preuves qu'il croyait propres à établir son innocence.

Toutefois, cette délégation n'est point comparable à celle que nous constatons lorsqu'il s'agit d'une commission rogatoire proprement dite. L'accusateur, en effet, ne se contente pas de réunir les preuves sur lesquelles il appuiera ses griefs : une fois son enquête terminée, il lui faut encore soutenir, lui-même, son accusation. Lorsqu'il s'agit de commission rogatoire, le magistrat momentanément investi de la mission de rechercher telles ou telles preuves, d'entendre tels témoins, etc., a sa tâche terminée lorsqu'il s'est conformé aux prescriptions du magistrat déléguant, et il n'a plus à s'inquiéter du rôle que joueront les documents par lui réunis. En outre, le magistrat délégué ne connaît de l'affaire que le point très spécial et parfaitement déterminé sur lequel porte la délégation à lui faite. L'accusateur, au contraire, n'est limité par rien ; c'est lui qui, jusqu'au bout, soutiendra l'accusation qu'il a intentée, et il a pleins pouvoirs pour faire toutes les recherches qu'il croit nécessaires.

Cet état de choses subsista longtemps et ne se transforma que lentement, par des modifications successives que nous n'avons pas à étudier de près. Nous nous bornerons à les esquisser.

L'exercice du droit d'accusation fut restreint par la lex Julia judiciorum publicorum (1), lorsqu'il ne s'agit que de l'intérêt des particuliers ; il fut, au contraire, étendu par la lex Julia majestatis (2), lorsqu'il s'agit de crime de lèse-majesté. Cette dernière loi favorisa tellement la délation et fut cause de tels abus, qu'une réaction se produisit, et que deux lois de Valentinien (3) et de Théodose (4) prescrivirent,

---

(1) L. 3, Dig. *De accusat.* Loi 12, § 2, Dig. *De accusat.*, 48-2.

(2) L. 7, Dig. *Ad leg. Jul. majestatis*, 48-4, pr. § 1, 2.

(3) Cod. Th. I-8, *De accusatoribus.*

(4) Cod. Th, I-19, *De accusatoribus.*

par mesure de précaution en faveur de l'accusé, que l'accusateur et l'accusé seraient incarcérés en même temps et détenus tous deux jusqu'à l'issue du procès. Aussi l'accusation privée ne tarda-t-elle pas à diminuer d'importance pour faire place peu à peu à des poursuites faites dans l'intérêt de la société par des magistrats chargés de ce soin à titre permanent. C'est ainsi qu'Ulpien (1) reconnaît expressément aux proconsuls dans les provinces le droit de rechercher et de poursuivre d'office les criminels. Dès lors, et par voie de conséquence, les pouvoirs de perquisitions et de recherches dont nous avons vu l'accusateur investi, vont appartenir à ceux qui auront pour mission permanente et exclusive la poursuite des crimes et des délits ; nous y reviendrons bientôt.

Les quæstiones perpetuæ se maintinrent sous les empereurs, mais leur importance fut singulièrement diminuée par la perte de leurs principales attributions qui furent transmises soit au Sénat, à qui Tibère attribua la connaissance des crimes politiques (2), soit à l'empereur lui-même, qui, soit seul (3), soit avec l'assistance d'un conseil, connaissait de toutes les affaires qu'il lui plaisait d'évoquer, ou qui, sur son consentement, lui étaient directement déférées par les citoyens. Ce conseil fut organisé d'une façon permanente et définitive par Adrien ; il ne tarda pas à attirer à lui les affaires déférées primitivement au Sénat, dont les prérogatives devinrent de plus en plus restreintes. Les quæstiones perpetuæ virent leur importance diminuer constamment, et les attributions des préteurs eux-mêmes passèrent peu à peu aux mains d'un magistrat qui, depuis Auguste, n'avait cessé d'étendre sa puissance, le præfectus urbi, ou préfet de la ville.

L'on trouve à cette époque, à Rome, deux juridictions per-

---

(1) Loi 13, Dig. *De officio præsidis.* Cfrre loi 3 *eod tit.* 1, 48, et loi 4 § 2, Dig. *Ad leg. Jul. peculatus*, 48, 13.

(2) Tacite. *Annales*, I-74.

(3) Loi 5, Dig. *De leg. Pomp. de parricidiis*, 48, 9.

manentes et régulières en matière criminelle, celle du præfectus urbi et celle du præfectus vigilum créé par Auguste pour remplacer les triumvirs. La compétence du præfectus vigilum, limitée d'abord aux incendies (1), finit par s'étendre aux vagabonds, rôdeurs de nuit, voleurs et autres gens sans aveu (2). Mais, dès qu'il s'agissait d'un crime grave ou commis par une personne de haute condition, le præfectus urbi devenait seul compétent, ainsi que le déclare Paul : « Nisi si qua tam atrox tamque famosa « persona sit, ut præfecto urbi remittatur (3) ».

Dans les provinces, la juridiction criminelle appartenait exclusivement aux lieutenants de l'empereur, Cæsaris legati, præsides, proconsules ou rectores provinciæ (4).

Quels étaient, en matière de délégation, les pouvoirs de ces magistrats chargés ainsi de veiller, soit à Rome, soit dans les provinces, sur la sécurité publique ? Éliminant le præfectus vigilum, qui n'avait qu'un droit de police, nous étudierons exclusivement les pouvoirs soit du præfectus urbi, soit des proconsuls, qui, les uns et les autres, avaient le « jus gladii » ; c'est-à-dire le droit de prononcer des peines pouvant aller jusqu'à la peine de mort. Nous nous rapprochons ici des commissions rogatoires proprement dites ; c'est-à-dire que nous allons voir des délégations spéciales données pour procéder à tels ou tels actes de l'instruction, le præfectus urbi ou le gouverneur de la province ayant seuls le droit de statuer.

Le præfectus urbi était entouré d'assesseurs (5) constituant son tribunal « auditorium sacrum ». Les gouverneurs de provinces étaient aidés dans leurs fonctions par des lieutenants ou legati, nommé d'abord par le Sénat, puis choisis

---

(1) Paul. Loi 1, Dig. *De officio præfecti vigilum*, I-15.

(2) Paul. Loi 3, § 1, Dig. *De officio præf. vigil.*, I-15.

(3) Loi 3, § 1, Dig. *De officio præf. vigil.* 15, 1.

(4) Loi 1 Dig. *De officio præsidis.* I-18.

(5) Loi 1 Dig. *De off. adsess.* I-22.

par les gouverneurs eux-mêmes. Aux assesseurs comme aux légats, l'exercice de la juridiction civile pouvait être complètement délégué ; les uns comme les autres pouvaient juger les affaires dont la connaissance leur avait été déférée par le præfectus ou le proconsul. En matière criminelle, une délégation aussi étendue était-elle possible ? Non, le jus gladii personnel à celui qui en était investi, ne pouvait être transmis par voie de délégation. Ulpien (1) déclare en effet : « Nemo potest gladii potestatem sibi datam, vel cujus alterius coercitionis, ad alium transferre ».

Quel était donc le rôle des magistrats délégués en matière criminelle ? Ils étaient chargés de procéder aux actes d'instruction proprement dits, mais une fois l'instruction terminée, c'était au préfet ou au proconsul qu'il appartenait de juger. « Legati non solum civiles, sed etiam criminales « audiant : ita est, si sententiam in reos ferendam provi- « derint, ad proconsules eos transmittere non morentur » (2). Un texte d'Ulpien contient encore les mêmes principes (3) : « Solent enim custodiarum cognitionem mandare legatis : « scilicet ut prœauditas custodias ad se remittant, ut « innocentem ipse liberet ». Nous voyons donc que ces legati chargés de procéder aux actes d'instruction, devaient, dès qu'ils avaient accompli leur mission, en transmettre les résultats au proconsul, en même temps que les accusés lui étaient envoyés, et cela, qu'il s'agît soit de punir un coupable, soit de mettre un innocent en liberté.

Même restreint dans ces limites, le droit de délégation était-il absolu ? Un proconsul pouvait-il, en tous les cas, charger un legatus de procéder aux mesures d'instruction ? Non, et il y a lieu de faire une distinction (4). S'agit-il d'affaires dont la connaissance est déférée en vertu

---

(1) Loi 70 Dig. *De reg. juris.* 50-17.

(2) Loi 1 Code. *De officio proconsulis et legati.* I-35.

(3) Loi 6 Dig. *De officio proconsulis.* I-16, pr.

(4) Loi 1 Dig. *De officio ejus cui mandata est jurisdictio.* I-21 pr.

d'une loi, d'un sénatus-consulte ou d'un décret du prince?
Il ne saurait être question de délégation. Aussi Papinien (1) blâme-t-il les magistrats qui ont recours à des délégations « cum publici judicii habeant exercitionem lege « vel senatusconsulto delegatam (veluti legis Juliæ de « adulteriis, et si quæ sunt aliæ similes) ». C'est ainsi, ajoute ce jurisconsulte, que le préteur, chargé par un sénatus-consulte d'instruire le meurtre d'un maître par ses esclaves, ne peut déléguer cette mission. S'agit-il, au contraire de pouvoirs « quæ vero jure magistratus compe- « tunt », ils peuvent être transmis par délégation, sous réserve de se renfermer dans les mesures d'instruction.

Il arrivait parfois qu'une loi, en organisant la répression d'un délit ou d'un crime, fixait expressément « nomina- « tim », les cas dans lesquels il pouvait y avoir délégation par le magistrat chargé d'en connaître. C'est ainsi que la « lex Julia De vi » portait : « Ut is cui obtigerit exercitio, « possit eam si proficiscatur mandare ». L'absence est donc ici le seul cas où la délégation soit possible.

L'institution des « defensores civitatis », qui date du ive siècle (2), compléta l'organisation que nous venons d'exposer. Ils furent tout d'abord créés pour défendre les villes des provinces contre les excès et l'oppression des lieutenants impériaux (3). Mais ils acquirent bientôt une sorte de juridiction criminelle. Ils avaient, à ce point de vue, des pouvoirs qui leur étaient propres, en vertu desquels ils devaient faire arrêter les malfaiteurs et les faire traduire ensuite devant le lieutenant impérial. En outre, les gouverneurs s'adressèrent à eux pour l'instruction des affaires criminelles, et, usant envers eux de véritables commissions rogatoires, les chargèrent de procéder à des perquisitions, à des saisies, dont les résultats devaient ensuite leur être transmis.

(1) *Hoc titulo.*

(2) Loi 1, Code : *De defensoribus.* I-55.

(3) Loi 6, Code *eod. titulo.* I-55 (argument de).

Cette étude rapide des institutions romaines nous amène donc à constater que les commissions rogatoires proprement dites n'apparaissent que fort tard. Ce n'est que par suite d'une très lente transformation dans les mœurs judiciaires que les pouvoirs conférés à l'accusateur privé par la « lex », qu'il avait obtenue, passent aux mains de magistrats ayant pour mission de représenter et de défendre la société. Même alors, le droit de délégation est très restreint par les multiples dispositions que nous avons successivement énumérées, et ce n'est qu'à la fin de l'empire romain que nous voyons de véritables commissions rogatoires confiant au magistrat délégué l'exécution d'une mesure d'instruction déterminée.

CHAPITRE II

DE LA DÉLÉGATION DES ACTES DE L'INSTRUCTION CRIMINELLE DANS NOTRE ANCIEN DROIT

Après avoir sommairement examiné ce qu'était, dans la législation romaine, l'institution qui nous occupe, nous avons à rechercher quelle place a tenue la délégation des actes de l'instruction criminelle dans notre ancien droit. Nous ne remonterons pas au delà du xiie siècle. En effet, l'organisation de la juridiction criminelle, telle que nous l'avons exposée dans le chapitre précédent, était en vigueur dans les Gaules au ve siècle, lorsque les peuplades germaniques vinrent successivement s'y établir et y apporter leurs mœurs et leurs lois. On comprend aisément qu'il est impossible, dans les époques troublées qui suivirent cette invasion, de trouver aucune trace de commissions rogatoires ou d'institutions analogues. — La justice, telle qu'on la concevait alors, était fort expéditive ; l'enquête, à proprement parler, n'existait pas. Nous trouvons bien, dans l'institution des « *missi dominici* », par Charlemagne, l'exemple de missions judiciaires données à des délégués royaux ; mais cette délégation conférait un droit de surveillance, de juridiction, et nullement la mission de procéder à un acte d'instruction déterminé relativement à tel ou tel crime, parvenu à la connaissance du souverain.

Il faut arriver jusqu'à la fin du xiie siècle pour trouver, dans une ordonnance rendue, en 1190, par Philippe-Auguste, lors de son départ pour les croisades, la première mention officielle des *baillis*, fonctionnaires investis d'une juridiction propre, mais pouvant, de plus, être chargés d'exécuter des missions à eux confiées par une autorité supérieure. C'est donc à partir de cette époque que nous devons chercher si notre ancienne législation offre des exemples de délégation d'actes de l'instruction criminelle.

M. Faustin Hélie, dans son très remarquable « *Traité de l'Instruction criminelle* », s'exprime ainsi au début du chapitre où il étudie les commissions rogatoires dans notre droit actuel (1) : « La délégation des actes de l'instruction « criminelle était renfermée, dans notre ancien droit, dans « les limites les plus étroites. Le principe général était l'in- « terdiction de toute délégation. » Le savant auteur cite, à l'appui de son opinion, des passages de Farinacius et de Jousse, qu'il croit lui donner complètement raison. En étu- diant plus loin ces mêmes passages, nous essaierons de démontrer qu'ils ne sont pas aussi catégoriques que M. Faustin Hélie le prétend. D'ailleurs, un examen appro- fondi des ordonnances rendues par les divers rois de France nous a conduit à une opinion diamétralement opposée à la sienne ; il nous paraît, en effet, que notre ancien droit offre de multiples exemples de délégations d'actes de l'instruction criminelle, et c'est précisément dans ce même « *Traité de l'Instruction criminelle* » que nous puiserons quelques-uns de nos meilleurs arguments pour cette discussion, que nous terminerons en mettant M. Faus- tin Hélie en contradiction avec lui-même, et en opposant au passage précité d'autres fragments empruntés au même ouvrage.

L'étude de l'enquête, telle qu'elle était pratiquée au moyen âge, nous fournira de précieux renseignements à l'appui de notre système, renseignements que viendra cor- roborer et compléter l'examen de l'institution des « lettres royales ».

(1) Tome V, page 667.

La preuve par témoins est la base essentielle des jugements criminels ; nous la voyons employée par les Francs. Les témoins étaient entendus en audience publique, en présence de tous et avec solennité ; si l'on recourait à l'emploi des épreuves ou gages de batailles, c'était uniquement pour suppléer à l'absence ou à l'insuffisance des témoignages. Peu à peu, la preuve par témoins se substitua au combat judiciaire, qu'elle finit par remplacer complètement à partir du xiiie siècle. Dès la même époque, cette preuve par témoins prit une forme nouvelle qui devint le point de départ d'une révolution complète dans la procédure criminelle : cette forme, c'est *l'enquête*.

D'une manière générale, l'enquête consistait dans la mission confiée à un commissaire, à un envoyé, à un officier, de recueillir sur les lieux les déclarations des témoins relatives à un fait quelconque. Mais tandis que, jusqu'alors, la preuve testimoniale, quand on y recourait, était essentiellement orale et publique, pour ainsi dire, elle devient, au xiiie siècle, écrite et secrète ; c'est même là ce qui sera désormais le caractère distinctif de l'enquête. Cette transformation dans la manière d'administrer la preuve par témoins provient, en grande partie, de ce qu'à dater du xiie siècle, l'usage de l'écriture se répandit en France, alors qu'auparavant les nobles se faisaient de leur ignorance un titre d'honneur, et, qu'en dehors de l'Église, on aurait presque vainement cherché quelques personnes sachant lire et écrire. La magistrature de l'époque, il faut l'avouer, ne faisait pas exception à cette règle ; les jugements n'étaient pas consignés par écrit, et il n'en restait point de trace, sauf dans la mémoire du juge (1).

Au xiie siècle, l'emploi de l'écriture se généralise ; dès lors, les témoins, au lieu d'être entendus publiquement, « coram populo », le sont en dehors de l'audience par des

____

(1) Cfrre à cet égard : « *Les Vacances judiciaires au XVIe siècle.* » Discours prononcé à l'audience de rentrée de la Cour de Lyon, par M. Grellet-Dumazeau, substitut du Procureur général (1894), page 11.

commissaires délégués à cet effet, puis leurs dépositions sont transmises au juge pour servir d'élément à son jugement. L'institution de l'appel contribua aussi puissamment au développement de l'enquête. Lorsqu'on put déférer à une juridiction supérieure le jugement rendu en premier ressort, il fallut bien que les juges d'appel pussent se rendre compte de la procédure faite antérieurement : l'enquête écrite le leur permit. D'ailleurs, en ce cas, le roi ou « la cour du roi », c'est-à-dire la juridiction suprême, ordonnait d'office des enquêtes. Cette cour du roi existait dès le xiie siècle, comme l'atteste l'ordonnance précitée de Philippe-Auguste (1190), et bien que ses attributions soient incertaines et confuses, nous la voyons fonctionner régulièrement sous Louis XI.

Les premières enquêtes dont parlent les documents de cette époque sont de l'année 1255 et relatées dans le registre des Olim. Mais cette forme était déjà habituelle, comme le prouve l'article 21 de l'ordonnance de Saint-Louis, de décembre 1254. « Et quia in dictis senescalliis secundum « jura et terræ consuetudinem fit inquisitio in criminibus, « volumus et mandamus quod, reo petenti, acta inquisitionis « tradantur ex integro ». Ce texte prouve que, dès cette époque, en matière criminelle, on procédait à des enquêtes. — D'ailleurs, le registre des Olim nous montre la cour du roi statuant, après enquête, sur des accusations criminelles. — Nous ne citerons que l'exemple le plus typique. Deux frères étaient tenus en prison depuis plus de deux ans, « detenti fuissent per duos annos et amplius » sous l'imputation d'un meurtre ! Après plusieurs enquêtes, le roi et sa cour reconnaissent leur innocence et ordonnent leur élargissement : « Post multas inquestas factas de mandato « domini regis, per dominum regem et consilium suum « absoluti fuerunt, quià nihil fuerat probatum contra « ipsos (1) ».

Une ordonnance de 1260 substitua d'une façon générale

____

(1) *Inqueste in pai l. Ascensionis, dom. ann.* 1260, XXII, tome I, page 111.

la preuve par témoins à la preuve par gages de bataille :
« Nous ostons les batailles, et en lieu des batailles, nous
« metons prueves de tesmoins » dit l'article 1er, et par voie de
conséquence, les enquêtes prirent une extension de plus en
plus considérable. Les établissements de 1270 ne font guère
que répéter et confirmer les dispositions de l'ordonnance
de 1260.

Qui donc procédait à ces enquêtes dont nous venons de
démontrer l'existence en matière criminelle, dès le XIIIe siècle ? C'étaient les baillis, sénéchaux, prévôts et sergents,
parfois même des personnes qui n'étaient investies d'aucunes
fonctions publiques. — C'est ainsi que l'ordonnance du
23 mars 1302 (article 29) porte que dans les cas royaux
(lèse-majesté, fausse-monnaie, etc.), les sergents du roi
peuvent exercer leurs offices sur les terres des seigneurs, à
la condition d'être porteurs d'un mandat du juge royal précisant le cas de juridiction : « Et continebit tunc mandatum
« casum ad nos pertinentem ». Une autre ordonnance de
mai 1315 (2me partie, article 2) déclare que les sergents
royaux peuvent « sergenter par commission en terre de sei-
« gneur qui ait justice, dans les cas tels que nous devons
« en avoir la cognoissance ou en cas de ressort (1) ». — Une
ordonnance de 1302 (articles 29, 30, 31) décide qu'il appartiendra aux présidents de la cour du roi de désigner les conseillers ou les autres personnes chargées de procéder aux enquêtes : « Et se li président envoient ou establissent aucun qui
« ne soit pas du Conseil à faire enquête..... ». Nous voyons
donc que la mission de faire enquête, dans des affaires de la
compétence de la cour, pouvait être déléguée à des personnes n'en faisant pas partie.

Philippe V, dans une ordonnance du 16 novembre 1318
(article 10), ordonne que « en cas criminel fiscal, ou autre
« grand cas, nul témoin ne soit examiné par notaire tant

(1) Le *ressort* est la connaissance en appel des sentences rendues soit par
les prévôtés royales, soit par les justices seigneuriales, lorsque ces sentences
ne prononcent aucune peine afflictive de corps.

« seulement, sans présence de seneschal, de bailly, de juge,
« ou d'autre bien suffisante personne qui par eux y soit
« députée ». Ainsi, un simple notaire peut, même en grand
cas criminel, être chargé, par délégation, de procéder à l'audition des témoins ; seulement, pour donner plus de garantie à cette enquête, l'ordonnance exige la présence d'un
sénéchal, bailli ou juge, et leur reconnait le droit de déléguer à cet effet une « bien suffisante personne ».

Une ordonnance de 1319 (article 21) prescrit aux baillis
de publier les enquêtes faites en matière criminelle et d'en
donner copie écrite aux parties : « Quod inquestæ in crimi-
« nalibus publicentur et earum copia partibus, si petierint,
« in scriptis tradatur ».

Une autre ordonnance de la même année (mars 1319, article 12) ordonne aux baillis de procéder diligemment à toutes
les enquêtes qui leur seront déléguées « du roy, du parlement ou des gens des comptes, tant *criminelles* que civiles ».

L'ordonnance de juin 1338 (article 21) parle également
des enquêtes faites en matière criminelle et ordonne aux
juges de les examiner et de les étudier par eux-mêmes.

D'ailleurs, nous trouvons à cette époque, soit dans une
ordonnance de Philippe VI (décembre 1344), soit dans des
« *lettres* » données par le roi Jean à des commissaires, de
nouvelles preüves de délégations d'actes de l'instruction
criminelle; nous constatons même que ces délégations donnaient lieu à d'étranges abus. En effet, de l'ordonnance de
1344, il résulte que des personnes suspectes arrivaient à
obtenir des lettres du roi leur conférant le pouvoir d'ouvrir
des informations même contre des personnes fort honora-
bles : « Sæpe per malevolos et ex malitia plurimorum, a
« nobis impetrantur litteræ, sub nomine procuratoris nostri,
« et ipso penitus ignorante, per quas quoque committitur,
« etiam personis suspectis, ut informationes secretas faciant
« contra personas bonæ famæ ». Pour empêcher le retour de
ces abus, Philippe VI ajoute : « Decernimus ut tales non
« fiant informationes, nec litteræ sub procuratoris nostri

« nomine concedantur, nisi de nostrâ expressâ emanaverint
« voluntate, seu à nostrâ curiâ, aut ipso procuratore nostro
« generali ». Il est donc bien entendu que l'on pourra toujours déléguer le soin de procéder à une information ; mais
l'on devra se montrer plus circonspect dans le choix de la
personne déléguée. Or, pour procéder à ces informations, il
fallait nécessairement entendre des témoins et recueillir des
éléments de preuves ; c'est précisément le pouvoir d'exécuter ces mesures d'instruction que conféraient les « litteræ ».

Bien plus typiques encore sont les « *lettres* » données, le
31 janvier 1354, par le roi Jean. Quoique ce document soit
un peu long, nous le citerons presque en entier, et parce
qu'il nous semble très intéressant, et parce que nous y
croyons trouver un puissant argument en faveur de notre
théorie. Il commence ainsi :

« Jehan, par la grâce de Dieu, roi de France, à nostre
« amé et féal conseiller Pierre de Lieuvillier, salut et di-
« lection. »

Puis vient l'énumération fort longue des faits coupables
que veulent réprimer et des personnes que veulent atteindre
ces lettres, énumération comprenant notamment « hommes
« et fames banniz et bannies de nostre dit royaume, ron-
« gneurs de monnaies, alloeurs de fausse monnaie, larrons,
« larronesses, espieurs de chemins, efforceurs de fames,
« bateurs de genz pour argent, etc., etc., » et les lettres
continuent ainsi :

« Vous mandons et commettons que des choses et sur
« les choses dessusdites, les dépendances et circonstances
« d'icelles, vous vous enfourmiez diligemment et secrète-
« ment, par toutes les voies et manières que vous verrez
« qu'il sera à faire.....

« Les faites garder sauvement jusques à ce que la vérité
« soit sçüe, et à ce fait, *appellé et adjoint avec vous un de noz*
« *conseillers, ou bien de noz baillis ou prévost, ou leurs lieu-*
« *tenants, ou autres proudommes non souspects, telx ou tel*
« *comme bon vous semblera, lesquelx ou quel que vous appel-*

« *lerez ou adjoindrez avec vous, nous commettons avec vous*
« *quant ad ce par ces présentes lettres ;* enquérez et sachez
« bien et diligemment, appellez ceux qui seront à appeller,
« la vérité par toutes les voies et manières, soit par ques-
« tions, gehines, et autres que vous verrez et bon vous
« semblera qu'il sera à faire, et de tous ceux qui seront
« trouvés par vous et votre dit adjoint coupables des choses
« dessusdites et d'aucunes d'icelles, faitez ou faitez faire
« tantost et sans délay, bon et brief accomplissement de
« justice, tel comme le cas le requerra, en guardant notre
« droit à la confiscation de leurs biens.

« Et pour ce que sur toutes les choses dessusdites et les
« dépendances d'icelles vous puissiez et plus hardiment
« aller avant et procéder, nous vous donnons povoir et
« autorité de aler et chevaucher par tout nostre dit
« royaume en armes, et en tel estat et à si grant compai-
« gnie de gens comme bon vous semblera, *et que vous co-*
« *metez et deputez de par nous telx et tant de personnes, nos*
« *sergens et autres, comme il vous plaira, affaire des choses et*
« *sur les choses dessusdites et les dépendances d'icelles tout ce*
« *que bon vous semblera.....*

« Et par la teneur de ces présentes lettres nous mandons
« et commandons et enjoignons estroitement à tous baillis,
« prévoz, sergenz, justiciers subjez de nostre dit royaume
« que à vous, *aux deputez et commis de par vous,* comme dit
« est, en toutes les choses dessusdites, et dépendances et
« circonstances d'icelles, obéissent et entendent diligem-
« ment, et vous prestent aide, force, conseil et prisons,
« toutes fois qu'ils en seront requis de par vous, *ou vos de-*
« *putez et commis* comme dit est. »

Ces lettres ou commissions sont très fréquentes, et on en
trouve de fort nombreux exemples (1). De plus, elles s'appli-

---

(1) Elles causèrent des scandales et des abus et aboutirent souvent à des
résultats iniques. Aussi ont-elles été maintes fois flétries. — Voir, à cet
égard, l'*Histoire des avocats,* par Fournel. — « Quel dommage qu'un pareil
« homme ait été condamné par justice ! disait François Ier sur le tombeau

quent à la répression de presque tous les crimes et délits de droit commun, ainsi qu'il résulte de l'énumération même des différentes catégories de malfaiteurs visées. Donc, si nous établissons qu'elles délèguent à telles ou telles personnes des actes de l'instruction criminelle, nous aurons prouvé par là même que, contrairement à l'opinion de M. Faustin Hélie, pareilles délégations étaient alors fréquentes.

Nous ne nous occuperons pas de la délégation faite par le roi à « son amé et féal conseiller Pierre de Lieuvillier. » En effet, le pouvoir dont ce dernier est investi est absolu, pourvu qu'il ait soin de sauvegarder le droit du roi à la confiscation des biens des condamnés, tout lui est permis ; il est armé du droit de vie ou de mort, et s'il estime que le cas « requiert pendaison », sa sentence est immédiatement exécutée. C'est donc une véritable juridiction qui est ainsi déléguée, et non pas tel acte déterminé de l'instruction.

Tout autre est la situation des baillis, prévôts, sergents ou « autres proudommes non souspects » que le titulaire-de la lettre, pour ainsi parler, a toute liberté de s'adjoindre. Sans doute, c'est toujours au nom du roi que ces auxiliaires justiciers sont commis pour aider à l'accomplissement de l'œuvre prescrite par la commission, mais en fait, et pour nous en tenir à l'espèce précitée, c'est Pierre de Lieuvillier qui donne aux baillis, prévôts ou autres par lui choisis, l'indication exacte et précise de la tâche qu'ils ont à remplir ; à cet égard, ses pouvoirs ne subissent qu'une restriction ; ceux qu'il commettra ne devront pas « s'entremettre de « chose qui requierra cognoissance de cause ». Sauf cette réserve, il lui est loisible de « députer à faire sur les choses « dessusdites et les dépendances d'icelles *tout ce que bon lui* « *semblera* ». On voit que de Lieuvillier peut déléguer tous

« de Montaigu. — Non, Sire, il est mort par commission, répondit Lemoine « de Marcoussy. » — Les Templiers ont été jugés par commission. Voir leur histoire, par Renouard. C'est également par une commission que fut condamné Enguerrand de Marigny.

les actes de l'instruction criminelle, auditions de témoins, perquisitions, saisies de pièces à conviction, etc., etc. Les pouvoirs de ces délégués sont donc considérables, et le roi, dans la formule exécutoire qui termine la lettre, ordonne de la part de tous obéissance à ces « députez et commis, qui auront, comme Pierre de Lieuvillier lui-même, le droit de requérir, non seulement « conseils », mais aussi « force et prisons ». — Il est à remarquer que les personnes ainsi déléguées n'avaient pas nécessairement un caractère public ; outre les baillis, sénéchaux, prévôts et sergents, ce pouvait être « tous autres » que le commissaire choisissait suivant son bon plaisir. — On comprend facilement quels abus pouvaient résulter de semblable pratique, et quelles légitimes protestations soulevèrent fréquemment ces délégués par l'usage qu'ils firent de leurs redoutables pouvoirs.

Si maintenant, après avoir étudié cette procédure des « lettres » du roi, nous revenons aux enquêtes, nous trouvons dans le registre criminel du Châtelet de Paris (1) plusieurs exemples qui nous montrent un examinateur du Châtelet chargé d'aller recueillir des témoignages, en voici quelques-uns :

« Ouye la confession duquel prisonnier, commandé fust « au dit maître Nicolas Bertin qu'il se transportast devant « icelle dame de Fyunes et sceut d'elle si ce que le dit pri« sonnier avait dit estait vrai ou non » (II, 411). « Com« manda au dit maître Dreue d'Ars qu'il se transportast « devers cette dame et l'examinast au mieux et plus dili« gemment que bonnement pourrait. » Ainsi, au xive siècle, nous voyons déléguer d'une façon permanente les actes de l'instruction criminelle.

Pendant tout le xve, le xvie et la plus grande partie du xviie siècle, jusqu'à l'ordonnance de 1670, il en sera de même. Le premier document officiel du xve siècle qui traite cette matière est l'ordonnance dite « Cabochienne », rendue

---

(1) Ce registre va du 6 septembre 1388 au 18 mai 1392.

par Charles VI, le 25 mai 1413, pour la police générale du
royaume. L'article 185 de cette ordonnance constate et
réprime un abus consistant, non pas dans le fait de déléguer
pour procéder à une enquête, mais dans le choix défectueux
de ceux auxquels est confiée cette mission. « Pour ce que
« plusieurs seneschaux, baillis, prévôts et leurs lieutenants,
« aucunes fois font faire les informations par leurs clercs et
« autres personnes qui ne sont mie de ce faire souffisantes.
« Nous, pour ces causes, deffendons à tous les dits juges et
« leurs lieutenants, de quelque estat et condition qu'ils
« soient, sur peine d'amende arbitraire, qu'ils ne commet-
« tent aucun personnage à faire enquestes ou informations,
« si ceux qu'ils y commettent ne sont à ce souffisans. » C'est
bien en matière criminelle que cet article 185 a été rendu,
puisqu'il dit que ces informations ou enquêtes ont lieu
« pour plus tôt appréhender les malfaiteurs et atteindre la
« vérité des maléfices et délits, et afin que pleus briefve
« punition en sceust faire ». Cette ordonnance considère
donc les délégations comme chose courante en la pratique;
et, bien loin d'en interdire l'emploi, elle y voit un moyen
précieux de rendre plus promptement bonne justice ; elle ne
s'inquiète que de la capacité des personnes déléguées ou
commises. Sous la seule condition de choisir « souffisantes
personnes », les prévôts, sénéchaux et baillis ont le droit
incontestable de déléguer pour qu'il soit procédé aux informations criminelles.

Les ordonnances d'avril 1453, de juillet 1493 et de mars
1498, reconnaissent également ce droit de délégation, et con-
sacrent l'existence d' « enquesteurs » chargés de procéder
aux informations criminelles et de rendre ensuite à qui de
droit compte de leur mission. C'est ainsi que l'article 120 de
l'ordonnance de mars 1498, rendue par Louis XII, porte :
« En toutes matières criminelles, l'enquesteur sera tenu de
« faire rapport du secret de son enquête à nos baillis, séné-
« chaux et juges, ou leurs lieutenants ».

Si nous passons maintenant au XVIe siècle, nombreux

aussi sont les documents prouvant le fréquent usage qu'on faisait des délégations des actes de l'instruction criminelle. C'est d'abord l'édit rendu par François Ier, le 30 août 1536, sur le « fait de la justice dans le duché de Bretagne », et qui contient au chapitre ii, « ordonnance criminelle », les dispositions suivantes :

« Art. 1. — Sitôt que les crimes et délits auront été com-
« mis et perpétrés, les juges ordinaires seront tenus en
« informer *ou faire informer*, et faire apporter les informa-
« tions par devers eux.

« Art. 7. — Ainçois incontinent après les dites informa-
« tions faites, elles seront mises, apportées, ou envoyées
« féalablement closes par les commissaires qui auront
« vaqué à icelles, ès mains du greffier qui les baillera
« incontinent au procureur de la cour. »

C'est ensuite l'ordonnance de Villers-Cotteret, rendue, par François Ier, au mois d'août 1539 :

« Art. 145. — Et sitôt que la plainte des dits crimes, excez
« et maléfices aura esté faiste ou qu'ils en auront autrement
« été advertis, les dits juges en informeront *ou feront in-
« former* bien et diligemment.

« Art. 151. — ..... Le juge ordonnera à l'accusé nommer
« promptement les témoins par lesquels il entend informer
« des faits à sa décharge.

« Art. 159. — Et voulons que les témoins qui ainsi seront
« nommés par les dits accusés soient ouïs et examinés ex
« officio, par les juges *ou leurs commis et députés* ».

C'est enfin l'ordonnance de Blois, rendue par Henri III, en mai 1579, et dont l'article 23 est ainsi conçu : « Enjoi-
« gnons à tous juges enquesteurs, commissaires, huissiers
« et sergens d'examiner les témoins qui seront ouïs ès
« informations sur la pleine vérité du fait, tant de ce qui
« concerne la charge que décharge des accusez ».

« Le procureur du roi et la partie civile, dit Imbert, *font
« faire information* du cas commis, par un sergent royal ou

« du seigneur haut justicier, appelé avec lui un notaire
« royal ou de cour laye. Et ce, en aucuns lieux on prend
« mandement du juge pour ce faire ; en autre, on prend de
« l'enquesteur du siège auquel on veut les rapporter (1) ».

Ces délégations, confiées à des agents subalternes, entraî-
nèrent de graves abus dont les criminalistes, tels qu'Ayrault
et Imbert, se plaignent amèrement. On lit dans Ayrault (2) :
« Les informations se baillent ordinairement à des sergents,
« archers, et tels autres moins qualifiés, lesquels constan-
« cièrement volent tout ce qu'il y a de plus précieux et riche
« dans les maisons..... Telles dépositions ne sont ny le
« dire ni le langage du déposant : c'est l'artifice d'un sergent,
« d'un enquesteur, d'un examinateur. Il n'y a rien de si
« pernicieux à la justice, dont nous usons, que d'y avoir
« introduit des métiers ou offices d'ouïr témoins ».

Imbert n'est pas moins sévère : « On a trouvé plusieurs
« fois, dit-il, que les sergents et notaires qui besongnent
« ès-informations ne mettent au vrai le dire des témoins.
« Aujourd'hui, ce crime pullule tant qu'il n'y a si homme de
« bien qui ne soit mis en peine et en danger par ces ser-
« gents et notaires. Voire en y a de si meschants que font
« l'information grasse ou maigre selon le désir de la partie,
« non pas selon ce que les témoins véritablement dient » (3).
Et c'est bien à l'instruction criminelle que l'auteur fait
allusion, puisque le chapitre, dont ce passage est extrait, est
intitulé : « Des confrontations et récolements de témoins :
« ensemble, des faits justificatifs de l'accusé. »

La veille même du jour où fut rendue la fameuse ordonnance criminelle de St-Germain-en-Laye (août 1670), l'abus
que l'on faisait de ces délégations, les inconvénients multiples qui en résultaient sont encore signalés dans la discussion de ladite ordonnance : « Il y a bien des abus dans les

____

(1) *Pratique criminelle*, livre III, chap. II, n° 1.

(2) Livre III, page 280. *L'ordre et formalité.*

(3) *Pratique criminelle*, livre III, chap. XIII, nᵒˢ 12 et 13.

« commissions qui se donnent dans les provinces aux ser-
« gents, archers et notaires » (1). — « Je suis obligé de dire
« à Votre Majesté un mauvais usage qui se pratique en
« quelques présidiaux..... Pour multiplier la pratique et la
« chicane, ils establissent des commis ès villes et bourgades
« de leur ressort, lesquels pour de l'argent distribuent des
« commissions pour informer de crimes et de délits, adres-
« santes au premier sergent royal, lesquelles sont intitulées
« du Présidial, du Lieutenant général ou du Lieutenant
« criminel, et comme l'on délivre de telles commissions à
« tous venans sans cognoissance de cause, bien souvent le
« coupable fait informer contre l'innocent, porte l'informa-
« tion decréter : l'innocent est amené prisonnier, ce qui
« fait beaucoup de vexations (2) ».

Ces critiques, aussi vives que justifiées, ne sont-elles pas
la preuve la plus éclatante de la délégation fréquente des
actes de l'instruction criminelle ? N'en résulte-t-il pas que,
loin d'être une exception, cette délégation était une règle
générale, et que l'on en faisait un usage constant en
pratique ? D'ailleurs, jusqu'à l'ordonnance de 1670, toute
plainte était accompagnée de la demande d'une permission
d'informer et constituait par là même le plaignant partie
civile. Nous trouvons dans « *Le style de la Cour du Parlement* », par Philbert Boyer, la manière dont on procédait à
la rédaction de la commission rogatoire : « Faudra bailler
« la dite requeste (pour avoir commission de faire informer)
« à un clerc au greffe criminel, qui dressera la commission
« suivant icelle, adressant au juge ou enquesteur des lieux
« ou au premier sergent sur ce requis, laquelle information
« sera faite en la présence d'un adjoint homme de bien, qui
« ait serment à justice. »

Nous venons de voir quelles plaintes s'élevaient contre les
abus auxquels donnaient lieu ces commissions, combien de

----

(2) *Procès-verbal des Conférences*, Talon, page 64.

(3)   *Eodem loco*   , d'Estampes, page 382.

protestations étaient formulées et contre la facilité avec laquelle elles étaient concédées, et contre la manière dont on les exécutait. Aussi l'ordonnance criminelle du 16 août 1670 va-t-elle interdire de recourir désormais à ces délégations (Titre II).

« Art. 5. — Défendons aux prévôts de donner des com-
« missions pour informer à leurs archers, à des notaires,
« tabellions ou aucunes autres personnes, à peine de nullité
« de la procédure et d'interdiction contre le prévôt...

« Art. 28. — Enjoignons aux vice baillis, vice sénéchaux
« et lieutenants criminels de robe courte, d'observer ce qui
« est prescrit pour les prévôts. »

Il fut donc établi, en principe général, que les juges seuls auraient le pouvoir d'informer.

Ces nouveaux principes, posés par l'ordonnance de 1670, seront-ils appliqués jusqu'à la Révolution, ou, au contraire, resteront-ils lettre morte ? Sans doute de nombreux abus furent supprimés par cette ordonnance, et particulièrement la déplorable facilité avec laquelle les commissions d'informer étaient délivrées presque à tout requérant. Mais aussi, devant des nécessités de fait, on dut adoucir la rigueur des nouvelles règles qu'elle imposait. Comme trop souvent en notre pays on s'était jeté d'un excès dans l'autre, et après avoir lâché la bride, pour ainsi dire, à la faculté de déléguer des actes d'instruction, on la réfréna si bien, on la restreignit dans des proportions telles que les dispositions prises à cet égard restèrent, en fait, inappliquées. Dès le 16 juin 1687, le chancelier de Pontchartrain le constate dans ses remontrances au Parlement de Rennes « sur les
« abus qui se sont introduits dans la compagnie et dans les
« siéges du ressort », et, en 1710, il adresse, dans le même but, une mercuriale aux magistrats de la ville et châtellenie de Furnes. On l'a dit avec raison : ce ne sont pas les lois qui font les mœurs, mais bien les mœurs qui font les lois ; la vérité absolue de ce principe va s'affirmer une fois de plus. Une déclaration, du 5 février 1721, consacre

une jurisprudence établie et contraire aux prescriptions de l'ordonnance de 1670. Celle-ci (Titre I, art. 16) avait voulu restreindre au cas de flagrant délit la compétence des juges inférieurs pour informer ; en dehors de ce cas, et chaque fois qu'il s'agissait d'un crime ou d'un délit non flagrants, un juge supérieur avait seul qualité pour procéder à l'information, ce qu'il devait faire en personne. On se représente aisément les insurmontables difficultés de fait résultant de semblables dispositions. Les juges qui, en principe, et aux termes de l'ordonnance, étaient seuls compétents pour informer, se virent, par la force même des choses, contraints d'adresser des délégations aux juges inférieurs. Aussi, l'article 21 de la déclaration du 5 février 1721 abroge-t-il les règles édictées à cet égard par l'ordonnance de 1670. Dorénavant, tous les juges sans exception, baillis, sénéchaux, prévôts, châtelains royaux, juges des seigneurs, sans distinction de basse, moyenne et haute justice, pourront procéder à l'information, soit en l'exécutant eux-mêmes, soit en adressant des délégations à cet effet. Telle est l'organisation qui subsistera jusqu'à la Révolution.

De cette étude de notre ancien droit ressort, selon nous, l'inexactitude de l'assertion émise par M. Faustin Hélie, lorsqu'il nous dit que la délégation des actes de l'instruction criminelle était alors renfermée dans les plus étroites limites. Nous avons montré qu'au contraire, à dater du XIIIe siècle jusqu'en 1789, ces délégations étaient très fréquentes, nombreux et précis sont les textes sur lesquels nous nous sommes appuyé. Examinons maintenant si Farinacius et Jousse, dont M. Faustin Hélie invoque l'autorité, sont aussi formels qu'il le prétend. L'étude de ces deux auteurs, dont le premier est, comme on sait, un célèbre criminaliste italien du XVIe siècle, et le second, le commentateur le plus accrédité de l'ordonnance de 1670, nous permettra d'ailleurs de voir comment les praticiens et les jurisconsultes des XVIe et XVIIe siècles comprenaient l'application des textes que nous avons cités.

Voyons d'abord, pour suivre l'ordre chronologique, l'opinion de Farinacius relativement à la question qui nous occupe. M. Faustin Hélie cite un passage de cet auteur, d'où il résulterait qu'il n'y avait de commission rogatoire que dans un seul cas, lorsqu'il s'agissait de procéder à l'audition de témoins domiciliés hors du ressort du juge instructeur, et qu'il était impossible de connaître autrement la vérité. Ce texte est emprunté à la « quæstio 26 » de l'ouvrage ; il nous a été impossible de nous procurer le volume de Farinacius contenant cette quæstio (1) : par suite nous ignorons quelle est sa rubrique. Mais nous avons pu consulter le tome de son ouvrage « de testibus » où se trouve la quæstio 77, portant spécialement sur les « remissoria » ou commissions rogatoires tant en matière civile qu'en matière criminelle. C'est là, nous semble-t-il, mieux que partout ailleurs qu'on peut puiser des renseignements précis.

Cette « quæstio » comprend cinq chapitres, dont le second est intitulé « Remissoria ad examinandos testes quando sit per judicem in criminalibus concedenda aut deneganda ». Dans trois autres chapitres, il est question à diverses reprises des « remissoria in criminalibus ».

Il est certain que dans le chapitre II roulant exclusivement sur cette question, Farinacius pose la règle suivante : « In criminalibus remissoria non concedatur ». — Mais il déclare lui-même que cette règle n'est pas universellement admise, et il ne cite pas moins de douze auteurs qui sont d'un avis contraire, parmi lesquels Julius Clarus, Balde, Severol, etc. ; il y avait donc sur ce point une vive controverse. — Ce n'est pas tout : après avoir énoncé la règle précitée, Farinacius énumère une telle série d'exceptions au principe que celui-ci finit par disparaître. Par exemple, il pourra y avoir commission rogatoire « quando testes essent « in remotissimis regionibus, ita ut non nisi cum maximo

____

(1) Ce tome ne se trouve dans aucune des bibliothèques universitaires ou publiques de Lyon.

« dispendio ad locum judicii adduci possent, vel aliquo justo
« impedimento detinerentur, puta si aliquo gravi morbo
« laborarent » (n° 85). De même « quando necessitas urgeret
« concedendi remissoriam, puta quia testes non essent de
« jurisdictione illius loci ubi tractatur causa, tunc enim, ne
« veritas occultetur vel pereat, et ne delicta remaneant im-
« punita, etiam in criminalibus conceditur remissoria » -
(n° 92). De même lorsqu'il s'agit de témoins « qui sint in
« aliquà dignitate constituti. Tunc enim illa remissoria non
« videtur deneganda, etiam quod simus in criminalibus »
(n° 100). De même encore « etiam quod causa sit criminalis »
lorsqu'il s'agira de témoins « senes, valetudinarii, aut alias
« impediti venire ad locum examinis (n° 101), aut qui non
« habeant tutum accessum ad locum ubi causa criminalis
« intentatur » (n° 103). — L'accusé veut-il établir un alibi ?
Il y aura commission rogatoire : « Quando petitur remis-
« soria pro parte rei inquisiti, et ad ejus defensionem, ut
« puta quando velit probare negativam quando scilicet non
« fuit in loco delicti, tempore delicti. — Tunc enim non
« videtur deneganda remissoria » (n° 104). — De même
encore « quando sumus in delicto difficilis probationis. Tunc
« enim etiam in criminalibus videtur concedenda remis-
« soria ».

Ainsi donc, si les témoins habitent au loin, ou bien hors
du territoire du juge instructeur, si, pour cause d'un empêchement légitime quelconque, ils ne peuvent se présenter,
s'ils sont malades, âgés ou investis d'une fonction publique,
s'il y a danger pour eux de venir là où se fait l'instruction,
si l'affaire est délicate, si l'accusé veut établir un alibi, dans
tous ces cas, Farinacius estime qu'on peut délivrer des commissions rogatoires, bien qu'on soit en matière criminelle.

N'a-t-on pas alors le droit de dire qu'un principe, admet-
tant de si nombreuses et si importantes restrictions, cesse
d'être un principe, et, qu'en réalité c'est l'exception qui devient la règle? D'ailleurs, dans un autre ouvrage : « *Tractatus
de hæresi* », Farinacius nous dit : « In causa hæresis, quid-

« quid sit in aliis criminibus, speciale est ut testium examen
« alteri committi non possit, sed judex omnino per se ipsum
« illos examinare tenetur. » Il considère donc comme une
exception spéciale au crime d'hérésie l'obligation, pour le
juge, de procéder par lui-même à l'audition des témoins,
tandis que, pour les autres crimes, il peut charger un tiers
de cette mission.

De Farinacius, passons à Jousse ; nous allons voir que, lui
aussi, après avoir posé comme principe qu'on ne délivre pas
de commission rogatoire en matière criminelle, il indique
de telles exceptions que la règle est détruite. Dans son
« *Traité de la justice criminelle de France* » (1) se trouve un
chapitre intitulé : « Des délégations en matière criminelle »,
qui débute ainsi : « Les délégations ou commissions se font
« ou pour entendre un témoin, ou pour le récoler, ou pour
« faire une confrontation, ou pour interroger un accusé, ou
« pour faire la visite d'un corps de délit, etc. » Après quoi
Jousse ajoute immédiatement : « On peut regarder comme
« une règle générale que les délégations n'ont pas lieu en
« matière criminelle, même en matière d'information » (2).
Jousse commence donc par énumérer très soigneusement
tous les cas dans lesquels « les délégations ou commissions
se font », puis il s'empresse de déclarer que « les délégations
n'ont pas lieu », contradiction assurément surprenante si
Jousse, après avoir posé la « règle générale » que l'on sait,
n'avait pris la sage précaution d'ajouter : « Mais cette règle
comporte quelques exceptions ». Nous voyons, en effet, le
premier des quatre paragraphes dont se compose le chapitre
XII, porter comme titre : « Des cas où l'on peut déléguer »,
et, dans ce paragraphe, l'auteur reprendre un à un tous les
cas de délégation qu'il avait indiqués au début de son
chapitre ; chacun de ces cas devient une exception à la

---

(1) Partie III, livre III, titre II. — Tome III, pages 150 et sq.

(2) L'information est le nom donné, à cette époque, à l'enquête dont nous
avons parlé ci-dessus.

règle, si bien qu'en définitive, dans l'ouvrage de Jousse comme dans celui de Farinacius, auquel il se réfère d'ailleurs constamment, la règle se trouve, en quelque sorte, abolie par les exceptions.

Un résumé de ce paragraphe premier nous fera retrouver la plupart des cas de délégation indiqués par Farinacius. Il peut y avoir commission si les témoins demeurent hors du ressort du juge qui instruit le procès, s'ils sont hors d'état de se transporter pour cause de maladie, de vieillesse ou d'autre empêchement légitime ; en ce cas, le juge instructeur donnera une commission au juge de la résidence du témoin, pour recevoir sa déposition. Jousse dit même que l'on peut adresser une commission rogatoire à un juge d'un royaume étranger « pour faire entendre des témoins hors du « royaume, et cela arrive assez souvent dans les pays de « frontières », c'est ce qu'on appelle une commission *in partibus*. « Il n'y a rien en cela qui soit contraire au droit des « souverains, dit Jousse. L'éclaircissement de la vérité étant « du droit des gens, c'est toujours de l'autorité du juge « délégué que se fait l'instruction ».

On peut encore déléguer pour le récolement des témoins (1) soit lorsque le témoin demeure hors du royaume, soit enfin lorsque le témoin est malade et hors d'état d'être transporté. Il y aura faculté de délégation pour établir l'innocence de l'accusé, par exemple, pour prouver un alibi. On peut même déléguer pour une confrontation, mais seulement quand il est impossible d'atteindre autrement la vérité. En ce cas, l'accusé est transféré, sous bonne garde, dans le lieu où demeure le témoin qui ne peut être transporté, et l'on envoie au juge délégué copie de la déposition et du récolement, s'il est déjà fait, ou de la déposition seulement. « Je « l'ai vu ainsi observer, dit Jousse, en l'année 1752, au mois « de mars, à l'égard d'un accusé dont le procès s'instruisait

---

(1) Le récolement, en matière criminelle, est une nouvelle lecture qu'à la fin de l'instruction le juge fait faire au témoin de sa déposition, pour savoir de lui s'il y persiste ou s'il a quelque changement ou addition à y faire.

« au Parlement de Dijon, et qui fut transféré à Orléans pour
« lui confronter un fameux voleur qui était dans les prisons
« de cette dernière ville. Le Parlement de Dijon avait
« adressé, à cet effet, une commission au lieutenant criminel
« d'Orléans, pour faire cette confrontation ».

Il y a encore matière à commission lorsqu'il s'agit de
recueillir les dépositions de personnes très élevées en
dignité ou de procéder à une vérification d'écritures en
matière de faux. On peut alors commettre le juge des lieux
pour procéder à cette vérification et information par experts.

Cette simple énumération suffit à montrer combien nombreux sont les cas de délégation et combien illusoire la
« règle générale » posée par l'auteur du « *Traité de la justice
criminelle* ».

Jousse et Farinacius nous fournissent donc de solides
arguments à l'appui de notre théorie ; nous avons même le
droit de dire que leurs ouvrages, loin de prouver, comme le
prétend M. Faustin Hélie, qu'il n'y avait pas, dans l'ancien
droit, de délégation des actes de l'instruction criminelle,
tendent bien plutôt à établir le contraire. Aussi, quand nous
aurons à rechercher quelles étaient les formes et l'organisation de ces délégations, c'est chez eux que nous trouverons
les renseignements les plus utiles et les plus complets.

Pour achever notre démonstration, et réfuter complètement la théorie adverse, il ne nous reste plus qu'à mettre
M. Faustin Hélie en contradiction avec lui-même. Dans son
traité de l'instruction criminelle nous n'avons pas relevé
moins de trois passages où l'existence de la délégation des
actes de l'instruction criminelle, dans l'ancien droit, est
formellement reconnue. Tout d'abord, en étudiant la com-
pétence des prévots royaux aux xve et xvie siècles, M. Faustin
Hélie dit : « Leur principale mission en matière criminelle
« consistait à constater les crimes flagrants, à recueillir les
« informations, *à entendre les témoins par commission roga-
« toire* ». (1). C'est donc bien que, selon toute apparence,

(1) Tome I, page 592.

il y avait à cette époque des commissions rogatoires délivrées pour procéder, en matière criminelle, à l'audition des témoins. Un peu plus loin (1) nous lisons : « C'est à raison « de ce caractère provisoire de l'information que, pendant « le xvi⁰ siècle et jusqu'à l'ordonnance de 1670, elle était « ordinairement faite par un notaire, un greffier, un huis« sier, un sergent, *en vertu de commission de juge* ». Que ce soit en raison de son caractère provisoire ou pour tout autre motif que l'information était ainsi faite par délégués, peu nous importe. Ce que nous retenons, c'est la déclaration faite par M. Faustin Hélie, qu'à cette époque, des juges délivraient constamment des commissions par lesquelles ils déléguaient pour procéder à une information criminelle. Enfin, un dernier passage est peut être plus décisif encore que les deux autres (2) : « Il est donc certain, « dit M. Faustin Hélie, que pendant plusieurs siècles, les « sergents et huissiers, les greffiers et notaires, les archers « et autres officiers subalternes exerçaient quelques-unes « des fonctions de la police judiciaire. Ils recevaient les « plaintes, ils se transportaient sur les lieux et procédaient « aux informations, entendaient les témoins, recueillaient « les traces du crime, déléguaient aux experts les vérifica« tions nécessaires à la justice et pouvaient même ordonner « l'arrestation des inculpés. Ainsi, soit qu'ils procédassent « en vertu de leur office, *ou par vne délégation expresse ou* « *tacite du juge*, ils accomplissaient à peu près tous les actes « qui sont du domaine de la police judiciaire ». Ainsi donc, transports sur les lieux, auditions de témoins, constatations des traces du crime, tout cela a pu être délégué expressément ou même tacitement pendant plusieurs siècles. M. Faustin Hélie lui-même l'affirme ; comment peut-il déclarer ensuite que, dans l'ancien droit, la délégation des actes de l'instruction criminelle était renfermée dans les

(1) Tome I, page 619.

(2) Tome IV, page 25.

plus étroites limites ? Remarquons que les passages reproduits plus haut sont tous précédés de textes d'ordonnances cités par l'auteur, textes dont ils donnent en quelque sorte un résumé. Ils sont donc d'une rigoureuse exactitude dans l'expression des faits, ce dont ils tirent une force particulière comme arguments en notre faveur.

Nous croyons avoir démontré, contrairement à l'opinion de M. Faustin Hélie, que l'usage des commissions rogatoires était trés fréquent dans l'ancien droit ; nous l'avons fait en nous appuyant d'abord sur les textes, puis sur les ouvrages de deux des plus fameux criminalistes des XVIᵉ et XVIIᵉ siècles, et enfin sur celui de M. Faustin Hélie lui-même. Citons encore, pour corroborer notre théorie, l'opinion de M. Esmein, professeur à la Faculté de droit de Paris, qui, parlant de la procédure criminelle aux XIVᵉ, XVᵉ et XVIᵉ siècles, dit (1): « Selon un usage ancien, ce n'était pas « le juge lui-même qui entendait les témoins dans l'infor- « mation et recueillait leurs dépositions par écrit, *mais un* « *délégué spécial.* Le plus souvent, c'était un sergent, parfois « un praticien qui informait, assisté d'un notaire ».

L'usage fréquent des délégations des actes de l'instruction criminelle dans l'ancien droit, étant ainsi établi avec certitude, nous le pensons du moins, voyons à quelles conditions de fond et de forme elles étaient soumises. Nous l'avons déjà dit, c'est à Farinacius et à Jousse que nous empruntons la plupart de nos renseignements.

Quelles personnes peuvent être déléguées au criminel ? Quelles sont les formes des commissions ou délégations? Enfin, quels sont les pouvoirs et les fonctions du juge délégué ? Telles sont les trois questions auxquelles nous nous proposons de répondre successivement.

Tout d'abord, quant à la personne pouvant être déléguée, c'est, en principe, le plus prochain juge des lieux où les témoins sont domiciliés : seuls, les juges supérieurs ont le

---

(1) *Histoire de la procédure criminelle en France*, page 132.

droit d'adresser des commissions à d'autres. En cas d'absence ou d'empêchement momentané, le juge délégué est remplacé par l'officier du siège qui le suit dans l'ordre du tableau. Si le juge délégué ne peut s'acquitter de sa fonction soit pour cause de mort, soit pour tout autre motif, la mission dont il avait été investi passe à son successeur, à moins, dit Farinacius, que cette délégation ait été faite « non sub nomine dignitatis, sed expresso nomine personæ ». En effet, quand la personne ainsi déléguée l'est non en raison de ses fonctions, mais « intuitu personæ » (les commissions ou lettres que nous avons étudiées en fournissent de nombreux exemples), sa mort ou sa disparition entraîne, ipso facto, cessation de la mission qui lui avait été confiée.

Nous avons remarqué qu'avant l'ordonnance de 1670 les délégations étaient souvent faites à des sergents, à des archers, et même à des personnes quelconques choisies au gré du déléguant. Mais après cette ordonnance, il n'en est plus de même : nous voyons dans Jousse que le juge qui délègue ne peut commettre « un avocat ou autre praticien du lieu » pour faire l'information ; il doit s'adresser à un autre officier de justice. — D'autre part, la personne déléguée est-elle tenue d'accepter cette mission ? D'après Farinacius, si le juge délégué est soumis à la juridiction du juge déléguant, il ne peut refuser : autrement, il en a le droit. Jousse n'admet pas cette distinction ; pour lui, le juge délégué est, dans tous les cas, tenu d'exécuter la commission qui lui est adressée.

Si nous examinons maintenant les formes auxquelles sont soumises les délégations, nous constatons d'abord que leur nom même varie selon l'autorité qui les délivre. Si le juge qui délègue n'est pas au-dessus du juge délégué, la commission est dite « rogatoire ». Mais les parlements ou autres cours supérieures ne donnent jamais de commissions *rogatoires*, même hors de leur ressort : ils ne font que *commettre*, et si c'est un juge d'un ordre inférieur, ils *ordonnent* que l'information sera par lui faite. De même les baillis

royaux et autres juges supérieurs n'adressent jamais de
commissions *rogatoires* aux juges de leur ressort : ils les
commettent simplement. Cette distinction provient sans
doute de ce que le mot « rogatoire » a pour étymologie
le verbe « rogare », prier. On n'admettait pas que, même
en la forme, une prière fût adressée par un juge supérieur
à un inférieur ; de l'un à l'autre, il ne pouvait y avoir que
des ordres.

Quelles sont les énonciations que doit contenir la commission ? S'il s'agit d'une information complète, le juge est
tenu d'envoyer une expédition de l'ordonnance qui délègue,
avec copie de la plainte ou de ce qui en tient lieu. Pour un
interrogatoire, il faut énumérer les faits sur lesquels on
interrogera l'accusé, en joignant une copie, ou tout au
moins un extrait de la plainte. Enfin s'il est besoin de
prouver un fait justificatif, d'établir un alibi par exemple,
on exige l'envoi d'une copie du jugement ordonnant cette
preuve et indiquant sur quels faits elle doit s'appuyer.

Au cas où la délégation porte sur une instruction très
importante, Jousse indique un procédé auquel l'on ne
pourrait plus recourir aujourd'hui : « Mais s'il y avait une
« instruction considérable à faire, dit-il, le plus court serait
« d'obtenir un arrêt qui permît au juge de se transporter
« hors son ressort. Cet arrêt pourrait aussi l'autoriser à
« connaître des crimes incidents à la procédure qu'il
« instruit ». Il y avait donc alors, pour un juge, possibilité
d'obtenir, par un arrêt, la permission de sortir de son
ressort pour aller faire une instruction au dehors. C'est là
une très grave dérogation au principe de la compétence
territoriale du magistrat ; aussi on conçoit aisément la
nécessité d'un arrêt. Ce qui surprend davantage, c'est que
le juge doive être autorisé, également par un arrêt, à connaître des crimes incidents à la procédure qu'il instruit.
L'explication en est qu'à cette époque il était interdit de
déléguer pour constater un corps de délit à l'occasion
d'autres faits arrivés hors du ressort du juge instructeur,

Jousse cite un arrêt de la Tournelle, du 28 septembre 1714,
« qui a déclaré nulle une procédure faite par les officiers de
« Melun qui, en informant pour faits arrivés dans leur ter-
« ritoire, avaient donné commission à un autre juge pour
« informer de faits arrivés hors le ressort du premier juge,
« quoique incidents au premier procès, et a jugé qu'ils ne
« pouvaient faire cette délégation sans en obtenir per-
« mission de la Cour. » Donc le juge qui se transportait
hors de son ressort n'avait pas le droit de connaître des
faits incidents à sa procédure, pas plus que celui de donner
commission pour instruire sur ces mêmes faits ; il lui fallait
obtenir de la Cour un arrêt l'autorisant soit à faire cette
délégation, soit à procéder lui-même à l'instruction des
faits incidents, quand il quittait son ressort pour instruire
sur le fait principal. Toutes ces distinctions quelque peu
subtiles ont disparu aujourd'hui.

Les dépositions reçues par le juge délégué doivent être
renvoyées au juge déléguant closes et cachetées. Toutefois,
ce n'est pas une prescription faite à peine de nullité, et les
dépositions renvoyées ouvertes n'en gardent pas moins toute
leur valeur.

Il nous reste à déterminer les fonctions et les pouvoirs du
juge délégué. En aucun cas, il ne peut excéder les termes
de sa commission. S'il n'est délégué que pour entendre des
témoins, il ne peut procéder au récolement. Nous venons de
voir qu'il ne peut instruire hors de son ressort, lorsqu'il
ne tient sa commission que d'un bailli ou de quelque autre
juge inférieur ; même si c'est une Cour qui commet, elle
peut bien autoriser le juge à se transporter hors de son
propre ressort, mais non hors du ressort de la Cour ; pour
ce dernier cas, il faut une commission du Grand Sceau. Le
juge délégué peut contraindre les témoins à comparaître
devant lui ; il est, à cet égard, armé des mêmes pouvoirs
que le juge déléguant. Mais, si le témoin comparaissant
refuse de déposer pour des raisons quelconques, c'est au
tribunal du juge déléguant, et à lui seul, qu'il appartient

d'apprécier la valeur des motifs invoqués par le témoin pour ne pas déposer.

Lorsqu'un juge est délégué pour l'instruction du procès d'un accusé incarcéré dans sa résidence, il ne peut, de sa propre autorité, élargir le prisonnier après l'avoir interrogé. Le juge déléguant a seul le droit de le faire, après examen de l'information et de l'interrogatoire.

Le juge délégué ne peut commettre ni subdéléguer à sa place un autre juge, « ce qui, dit Jousse, est une suite d'une maxime connue que delegatus non potest delegare. »

Enfin, après avoir satisfait à sa commission, le juge délégué est tenu d'envoyer sa procédure, cachetée, au juge déléguant, sans retenir par devers lui rien d'autre que la minute de la commission, car il n'agit que comme mandataire du juge qui l'a délégué.

CHAPITRE III

DE LA DÉLÉGATION DES ACTES DE L'INSTRUCTION CRIMINELLE DANS LE DROIT INTERMÉDIAIRE

L'édit du 8 mai 1788 est le dernier acte législatif de la royauté ! Désormais c'est aux diverses assemblées de la Révolution qu'il appartiendra de légiférer (1). L'Assemblée constituante a promulgué, concernant la procédure criminelle, deux lois d'un très grand intérêt, celle des 8 et 9 octobre 1789, et celle des 16 et 29 septembre 1791. Bien que ne contenant pas de dispositions spéciales aux commissions rogatoires, elles sont trop importantes pour que nous les passions complètement sous silence. Au moment où fut rendue la première de ces lois, l'ordonnance de 1670 était encore en vigueur. Le décret de 1789 introduit deux principes nouveaux que renfermeront ou développeront diverses lois rendues ultérieurement, ce sont la publicité de la procédure et l'assistance d'un conseil.

Le décret des 16-29 septembre 1791, institue la procédure par jurés. M. Esmein (2) en résume ainsi très nettement les principaux traits : — Instruction sommaire devant l'officier de police judiciaire du canton. — Débat au district devant le jury d'accusation. — Débats définitifs et

(1) Une liste très complète des lois et décrets concernant le droit criminel rendus pendant la Révolution, est donnée dans le *Recueil des Lois annotées* de 1789 à 1850, par de Carette et Devilleneuve, page 155.

(2) *Loc. cit.*, pages 420 et sq.

jugement devant le tribunal criminel du département.
Telles étaient les trois phases que parcourait la procédure. Ce décret instituait, en outre, des officiers de police
judiciaire, ou, plus exactement, des officiers de police de
sûreté. Aux termes de l'article 1er du titre I, le juge de
paix de chaque canton était investi de ces fonctions ; les
officiers de gendarmerie les exerçaient également, sauf
dans les villes pourvues de plus d'un juge de paix. Les
officiers de police de sûreté pouvaient « lancer des man-
« dats d'amener exécutoires par la force publique, pour
« faire comparaître les prévenus devant eux ; ils procé-
« daient aux premiers actes de l'information, dressaient
« des procès-verbaux, etc. ». Cette première information
faite, les pièces en étaient transmises au district où se
trouvait un magistrat créé par ce décret et nommé directeur du jury. Ce dernier se saisissait alors de l'affaire
et continuait l'information si elle était inachevée ou incomplète, puis le jury d'accusation, sous la présidence de
ce magistrat, examinait le bien fondé de l'accusation, et,
s'il l'estimait justifiée, l'affaire était soumise au tribunal
criminel établi dans chaque département ; il comprenait
trois magistrats et douze jurés, qui constituaient le jury
de jugement, ces derniers statuant sur la question de
fait, et les magistrats sur l'application de la peine.

La loi de 1791 n'eut pas une durée beaucoup plus longue
que celle de 1789, à laquelle elle avait succédé ; elle fut
remplacée par le fameux « Code des délits et des peines »,
du 3 brumaire an IV. Ce Code, ouvrage de Merlin, et l'un
de ses plus beaux titres, fut rédigé en exécution du décret
du 3 floréal an II, par lequel la Convention avait chargé
Cambacérès et Merlin d'un travail général sur la législation
civile et criminelle de la France. Cambacérès s'occupa plus
particulièrement de la législation civile, et Merlin de la
législation criminelle. Trois jours avant que la Convention
terminât sa session, Merlin présenta le résultat de ses
travaux dans un rapport dont le passage suivant indique

avec précision quelle était la partie de l'œuvre qui avait
pu être accomplie (1) :

« . . . . . Ce projet n'est pas aussi complet que le titre
« paraît le promettre. Le Code des délits et des peines
« doit se diviser en deux parties : l'une doit régir l'in-
« struction, la façon de procéder, la manière de juger et
« d'exécuter les jugements ; l'autre doit contenir le tableau
« des peines à appliquer à chaque délit. De ces deux par-
« ties, la première seulement est prête. »

Le Code, dans ses premiers articles (art. 5, 6, 8), rétablit
une distinction fondamentale faite dans l'ancien droit et
supprimée par la loi de 1791 entre l'action publique et
l'action civile. Comme dans la loi de 1791, les juges de
paix et les officiers de gendarmerie remplissent les fonctions d'officiers de police judiciaire, mais le Code y ajoute
les commissaires de police, les gardes champêtres et forestiers ; toutefois, le juge de paix reste le principal officier de police judiciaire. Mais, et c'est surtout là ce qui
doit nous intéresser, le Code de brumaire an IV, contenait des dispositions expresses relatives à la délégation
des actes de l'instruction, d'abord dans les articles concernant l'audition des témoins par le juge de paix, puis
dans ceux relatifs au directeur du jury.

L'article 118 prévoit le cas où des témoins cités ne
peuvent obéir à la citation parce qu'ils sont malades ;
les articles 119 et 120 sont ainsi conçus :

« Art. 119. — Si ces témoins (visés à l'art. 118) résident
« hors de l'arrondissement du juge de paix qui les a cités,
« celui-ci requiert le juge de paix du lieu de leur rési-
« dence, de se rendre auprès d'eux pour recevoir leur
« déclaration. Il lui adresse, à cet effet, les notes et ren-
« seignements nécessaires pour les interroger sur le délit
« et sur ses circonstances.

(1) Séance du 30 vendémiaire (*Journal des Débats*, n° 1124, page 459).

« Art. 120. — Immédiatement après les avoir entendus,
« le juge de paix du lieu de la résidence envoie leur dé-
« claration au juge de paix qui l'a requis de la recevoir. »

De même, lorsqu'il s'agissait de procéder à des perquisitions hors de l'arrondissement du juge de paix saisi, celui-ci,
aux termes de l'article 128, avait le droit de déléguer le juge
de paix du lieu où les perquisitions devaient être effectuées.

Nous nous trouvons donc ici en présence de commissions
rogatoires et de délégations légalement organisées par des
textes formels. Ce droit de délégation n'était pas renfermé
dans des limites aussi étroites qu'on pourrait le croire
d'après les articles précités. Une compétence plus étendue
que celle du juge de paix était attribuée à un autre magistrat, au directeur du jury. Ce dernier pouvait, d'après le
Code de brumaire an IV, agir d'office pour certains crimes
(art. 140) ; en outre, le juge de paix était toujours tenu de lui
adresser l'instruction préparatoire par lui faite (art. 208
et sq.), instruction que le directeur du jury pouvait compléter le cas échéant (art. 225). Or, l'article 145 du Code est
ainsi conçu : « Le directeur du jury peut, pour la recherche
« et la poursuite d'un délit quelconque commis dans une
« commune où il n'y a pas plus d'un juge de paix établi,
« charger un capitaine ou lieutenant de la gendarmerie
« nationale de l'exercice des fonctions de la police judiciaire,
« jusqu'au mandat d'arrêt exclusivement ». Et l'article 148
ajoute : « Les règles prescrites aux juges de paix par le
« titre V (qui contient les art. 119 et 120) ci-dessus sont
« communes aux directeurs du jury et aux capitaines ou
« lieutenants de gendarmerie dans le cas où ils exercent,
« d'après les articles précédents, les fonctions de police
« judiciaire ».

De ces textes, il résulte d'abord que le directeur du
jury pouvait, dans une très large mesure, déléguer l'exécution des actes de l'instruction, puisqu'il avait ce droit pour
la recherche et la poursuite d'un délit quelconque. Les termes de la loi sont assez larges pour que nous puissions en

conclure que ce droit de délégation lui appartenait alors même que le délit avait été commis dans la commune de sa résidence, le Code ne faisant aucune distinction à cet égard. Par conséquent, dans toute commune où il n'y avait pas plus d'un juge de paix établi, les officiers de gendarmerie pouvaient être délégués pour tous les actes d'instruction, sous la seule restriction de ne pas décerner de mandat d'arrêt. Dans celles où il y avait plus d'un juge de paix, le directeur du jury ne pouvait plus adresser de commissions rogatoires aux officiers de gendarmerie, mais il pouvait déléguer l'un des juges de paix. En effet, puisque, aux termes de l'article 145, il avait le droit de commettre de simples officiers de gendarmerie, à combien plus forte raison devait-il en être de même des juges de paix, officiers de police judiciaire par excellence.

L'article 148 donnait au directeur du jury le droit de déléguer un autre directeur du jury pour procéder aux actes d'instruction qui devaient être effectués dans le district de ce dernier; il permettait, en outre, aux officiers de gendarmerie de commettre les officiers de gendarmerie d'une autre commune, dans les cas prévus par les articles 119 et 128, mais alors les dispositions précitées de l'article 119 in fine et 120 devaient être strictement observées.

Le Code du 3 brumaire an IV a donc établi la faculté de délégation dans de larges limites soit quant aux actes que l'on pouvait déléguer, soit quant aux personnes aptes à être déléguées.

Ce Code subit bientôt de profondes modifications. Nous ne citons que pour mémoire la Constitution du 22 frimaire an VIII qui, comblant une des lacunes du Code de l'an IV, rétablit à l'audience des tribunaux criminels le ministère public tel qu'il existait avant la Révolution, et cela, en réunissant les fonctions d'accusateur à celles de commissaire du pouvoir exécutif près le tribunal criminel.

Nous passons, sans plus tarder, à la loi du 7 pluviôse de l'an IX qui reconstitua complètement le ministère public en lui rendant la poursuite qui, dans le Code de brumaire, était confiée aux juges de paix et aux directeurs du jury, si bien que le même magistrat cumulait deux fonctions, incompatibles pourtant, celle de poursuivre et celle de juger. L'idée principale de la loi du 7 pluviôse de l'an ix était, ainsi que le disait Thiessé dans son rapport au Corps législatif « de distinguer la poursuite d'avec le jugement, de « confier tout ce qui tient à l'une à des agents du gouver- « nement, et tout ce qui tient à l'autre à des hommes qui en « soient indépendants ». Mais cette loi n'en contenait pas moins, relativement aux commissions rogatoires, des dispositions plus précises et plus larges encore que celles du Code de l'an iv. Elle disposait que les officiers de police auxiliaire recueillaient les premiers éléments de l'information; puis ils les adressaient au « magistrat de sûreté », c'est-à-dire au substitut du commissaire criminel du chef-lieu, que la loi avait établi près de chaque tribunal civil d'arrondissement. Celui-ci dressait alors un réquisitoire par lequel il saisissait le directeur du jury, qui était dès lors chargé de toute l'instruction de l'affaire (art. 7). C'est lui qui procédait aux auditions de témoins, à l'interrogatoire du prévenu, se transportait sur les lieux s'il le jugeait convenable (art. 9, 10, 11 et 13), en un mot, recueillait les preuves par tous les moyens de droit. Or, l'article 14 est ainsi conçu : « Le directeur du jury pourra charger les juges de paix et « les officiers de gendarmerie de tout acte d'instruction et « de procédure pour lequel il ne jugera pas son déplacement « nécessaire ». Ce texte consacre donc le droit absolu de délégation du directeur du jury pour tous les actes d'instruction quels qu'ils soient, auditions de témoins, interrogatoire du prévenu, perquisitions, visites domiciliaires, etc., etc. Ce magistrat jouit à cet égard d'une entière latitude; il lui suffit de « juger que son déplacement n'est pas nécessaire » pour qu'il puisse déléguer juges de paix ou officiers de gendarmerie pour exécuter tout acte d'instruction qui lui paraît opportun.

4

Ainsi nous constatons en 1801 un pouvoir illimité de délégation établi par la loi. Qu'en est-il resté dans le Code d'instruction criminelle actuellement en vigueur? Des modifications ont-elles été apportées, et, s'il y en a, quelle en est la nature? C'est ce que nous allons étudier en traitant le fond même de notre thèse.

DEUXIÈME PARTIE

DE LA DÉLÉGATION

DES

ACTES DE L'INSTRUCTION CRIMINELLE

dans notre droit actuel

CHAPITRE PREMIER

ÉTUDE THÉORIQUE DE LA DÉLÉGATION DES ACTES DE L'INSTRUCTION CRIMINELLE, TELLE QU'ELLE EST ORGANISÉE PAR LE CODE D'INSTRUCTION CRIMINELLE.

Avant de passer au détail des dispositions du Code d'instruction criminelle relatives à la délégation des actes de l'instruction criminelle, il nous semble utile de les étudier à un point de vue purement théorique, et d'examiner si les articles du Code qui traitent de la question et qui reconnaissent expressément, pour les cas qu'ils prévoient, le droit de délégation, doivent être interprêtés stricto sensu et considérés comme limitatifs, ou si, au contraire, ils ne sont qu'énonciatifs et s'ils doivent être généralisés. — Après avoir approfondi cette question et posé les principes qui, à notre avis, régissent la matière, nous n'aurons plus qu'à en faire l'application aux différentes espèces que nous rencontrerons. En outre, et par là même, nous aurons étudié une autre question, à savoir quels sont les actes dont le magistrat compétent peut déléguer l'exécution dans son propre arrondissement, et quelles sont les personnes qu'il peut, en la même hypothèse, commettre rogatoirement; nous empiéterons ainsi sur le chapitre suivant; mais ces deux ordres d'idées sont trop intimément liés pour qu'ils puissent être séparés d'une façon complète et absolue.

Comme on le sait, la loi a confié en principe au juge d'instruction, exceptionnellement au procureur de la République, la mission de constater la réalité des crimes et des délits et d'en découvrir le ou les auteurs ; on appelle « instruction » l'ensemble des mesures prises pour atteindre ce but. Nous rappelons que c'est seulement en l'absence du juge d'instruction, et en cas soit de flagrant délit (article 32, C. I. C.), soit de réquisition d'un chef de maison (article 46, C. I. C.), que le procureur de la République peut procéder lui-même à des mesures d'instruction, audition de témoins, saisies de pièces à conviction, interrogatoire du prévenu, perquisitions, visites domiciliaires, délivrance de mandats, etc., etc. — Hors ces circonstances, le juge d'instruction saisi par le réquisitoire du procureur de la République prend la direction exclusive de l'instruction, le ministère public ne pouvant intervenir que pour formuler des réquisitions.

Ces deux magistrats peuvent-ils, au cours de leur mission, déléguer tout ou partie des pouvoirs que la loi leur a donnés, en adressant dans ce but des commissions rogatoires aux autres officiers de police judiciaire, leurs collègues ou leurs subordonnés ? Ici, une distinction capitale s'impose. En effet, les actes d'instruction auxquels il faudra procéder, devront être faits ou en dehors de l'arrondissement dans lequel l'information a été ouverte, ou dans cet arrondissement. — Dans le premier cas, la compétence du magistrat instructeur étant territoriale, c'est-à-dire déterminée par les limites géographiques de son arrondissement (1), il est naturellement obligé de déléguer un autre magistrat pour procéder aux actes d'instruction dont il s'agit (2). Dans le second cas, cette délégation est non plus *forcée*, mais *facultative*, puisque le magistrat instructeur, n'ayant à agir que dans les limites de son arrondissement, pourrait, en principe, faire par lui-même tous les actes d'instruction nécessaires. — Il est dès

(1) Les seules exceptions à ce principe sont prévues par les articles 464, 488 et 497 du C. I. C.

(2) Nous verrons que l'audition des témoins habitant dans un arrondissement autre que celui du magistrat saisi peut pourtant avoir lieu devant ce dernier.

lors évident, que c'est seulement dans cette seconde hypothèse que la question que nous allons discuter peut se poser.

Les articles 49 et 52 du C. I. C. confèrent au procureur de la République, et l'article 83 au juge d'instruction le pouvoir de donner des commissions rogatoires pour procéder à certains actes d'instruction, mais les conditions varient de l'un à l'autre de ces magistrats. L'article 52 porte, en effet : « Le « procureur de la République, exerçant son ministère dans « le cas des articles 32 et 46, pourra, s'il le juge utile et « nécessaire, charger un officier de police auxiliaire de « partie des actes de sa compétence ». Or, les articles 35, 36, 37, 38 et 39, qui déterminent ladite compétence, visent non seulement l'audition des témoins, mais le droit de perquisition, d'interrogatoire du prévenu, de visite domiciliaire et de saisie de pièces à conviction. Le procureur de la République a donc, de par l'article 52, un droit de délégation fort étendu. L'article 83, relatif au juge d'instruction, ne vise, au contraire, que le cas où des témoins malades habitent hors du canton de la résidence de ce magistrat ; celui-ci pourra alors « commettre le juge de paix de leur habitation à l'effet « de recevoir leurs dépositions ». Mais, dans son canton, le juge d'instruction est-il tenu de procéder par lui-même à tous les actes de l'information, y compris l'audition des témoins malades, au domicile desquels il devra se transporter ? Et, en dehors de son canton, ne peut-il décerner de commissions rogatoires que pour l'audition des témoins malades, étant tenu de faire par lui-même tous les autres actes de l'instruction ? Enfin, le juge de paix est-il le seul officier de police judiciaire qui puisse être délégué ? En d'autres termes, les dispositions de l'article 83 doivent-elles être considérées comme énonciatives ou comme limitatives ? Enferment-elles en d'infranchissables limites le pouvoir de délégation du juge d'instruction, ou, au contraire, ce dernier a-t-il à cet égard une certaine latitude ? Telle est la question doctrinale que nous allons essayer de résoudre.

Il y a sur ce point trois théories. — Un premier système

interdit toute délégation au juge d'instruction, hors les cas expressément prévus par le Code d'instruction criminelle ; et alors elle ne peut être confiée à un autre officier de police judiciaire que celui désigné par ce Code, savoir, le juge de paix (1). Nous ne mentionnons que pour mémoire cette opinion extrême ; elle n'a jamais été soutenue sérieusement ; il suffit, en effet, de l'énoncer, pour voir à quelles inacceptables conséquences elle aboutit.

Mais il reste deux grandes théories, reconnaissant toutes deux au juge d'instruction une certaine latitude dans l'exercice du droit de délégation que lui donne l'article 83, mais différant beaucoup lorsqu'il s'agit de préciser l'étendue de cette latitude et d'en fixer les limites.

La première, exposée par M. Faustin Hélie, dans son *Traité de l'instruction criminelle*, interprète restrictivement les dispositions légales précitées, dit que l'article 83, sans être absolument limitatif, doit servir d'exemple, ainsi du reste que l'article 84 (2), et que, dès lors, on ne peut déléguer que des actes de *constatation*, analogues à l'audition des témoins ; ainsi, un transport sur les lieux. Mais il ne saurait en être de même des actes qui impliquent de la part du magistrat une appréciation personnelle, ou qui supposent une contrainte, une lésion ; ainsi, une perquisition domiciliaire, une saisie ; ces actes doivent être accomplis par le juge d'instruction en personne. Cette opinion a été acceptée par notre éminent professeur de droit pénal, M. Garraud (3).

La seconde théorie, adoptée par la jurisprudence, admet qu'il peut être délivré des commissions rogatoires pour tous les actes de l'instruction, quels qu'ils soient, qu'il s'agisse de perquisitions domiciliaires, de saisies, ou simplement d'au-

(1) Cfrre. Garraud. *Précis de droit criminel*, page 618.

(2) L'article 84 est le seul qui, avec l'article 90, prévoie les délégations faites par le juge d'instruction hors de son arrondissement, et il vise, comme l'article 83, l'audition des témoins.

(3) Loc. cit., page 618.

ditions de témoins ou de constatations de fait. Ce système, est, à notre avis, préférable au précédent.

Nous allons reprendre et examiner successivement chacune de ces théories.

A) *Théorie de M. Faustin Hélie.* — Pour M. Faustin Hélie, « le principe de l'instruction préalable est que le juge doit « la concentrer tout entière entre ses mains et procéder « personnellement à tous ses actes, (n° 1803)...... Il faut « donc considérer comme la règle de la matière que l'accom- « plissement de tous les actes de l'instruction doit avoir lieu « par le juge, et que la délégation de quelques-uns de ces « actes ne peut être qu'une exception qu'il faut soigneuse- « ment restreindre, (n° 1900)...... Dans le système du Code, « conforme sur ce point à l'ancienne jurisprudence, le droit « de déléguer les actes de l'instruction n'a été considéré que « comme une exception relative à certains actes, et motivée « par des circonstances extraordinaires, (n° 1901) ». Voilà en quels termes le savant jurisconsulte formule son système.

A l'appui de son opinion (1), il invoque tout d'abord l'autorité de l'ancienne jurisprudence, et il cite les extraits de Jousse et de Farinacius que nous avons étudiés plus haut (1re partie, 2e chapitre). Puis, ajoute-t-il, « les articles « 83, 84 et 103 du Code d'instruction criminelle n'ont expli- « citement admis la délégation des actes de l'instruction « que dans deux cas », ce qui démontre bien que ce Code a voulu se conformer à l'esprit de l'ancien droit. En outre, « alors que les articles 83 et 84 établissent formellement le « droit du juge d'instruction de déléguer un juge de paix « pour entendre des témoins, les articles 87 et 88, en éta- « blissant le droit du juge de se transporter dans le domi- « cile du prévenu ou des tiers, n'ont pas reproduit la faculté « de délégation que la loi venait d'autoriser pour l'audition « des témoins ». N'est-ce pas là un silence intentionnel et significatif ? — Ensuite, l'article 89 rappelle, pour les

(1) Cfrre nos 1901, 1904, 1905, 1906, 1912, 1803,

étendre au juge d'instruction, les dispositions de plusieurs
articles relatifs aux opérations du ministère public dans les
cas de flagrant délit ; or, parmi eux, ne se trouve point l'article 52 qui permet au procureur de la République de charger un officier de police auxiliaire de partie des actes de sa
compétence. — Quelle conséquence faut-il en inférer, si ce
n'est que la loi n'a pas voulu que le juge d'instruction eût
à cet égard les mêmes pouvoirs que le procureur de la
République, et ne pût notamment déléguer à un officier de
police auxiliaire le droit de perquisition ? (n° 1803). — La
présence du juge d'instruction lui-même n'est-elle pas une
garantie que la loi donne expressément aux citoyens, lorsqu'il s'agit de procéder à des mesures aussi graves qu'une
perquisition ou qu'une saisie de pièces à conviction ? — Est-
il admissible que, devant le silence des textes, on puisse
substituer à ce magistrat un simple officier de police
auxiliaire, tel qu'un commissaire de police ou un officier de
gendarmerie ? Enfin, comment le juge pourrait-il apprécier
la marche de son instruction et lui imprimer l'unité de
direction nécessaire si, abdiquant ainsi sa principale mission,
il acceptait une appréciation qui ne fût pas la sienne, et
faisait entrer dans sa procédure des éléments qu'il n'aurait
pas contrôlés ?

Toutefois, M. Faustin Hélie admet que « les dispositions
« du Code relatives aux commissions rogatoires ne sont pas
« limitatives. La loi n'a pu définir tous les cas où, dans le
« cours de l'instruction, le juge serait obligé de déléguer
« quelques-uns des actes de la procédure ; elle a dû se
« borner à indiquer ceux qui se présentent le plus fréquem-
« ment. Or, cette indication n'est pas nécessairement exclu-
« sive de toute autre hypothèse. Le droit de délégation est
« établi : aucune disposition légale ne s'oppose à ce que le
« juge s'en serve pour compléter l'instruction dont il est
« chargé ». Mais dans quelle mesure et à quels actes peut-il
en faire l'application ? La question ne se pose, dit-il, que
lorsqu'il s'agit d'actes qui doivent être exécutés dans le

ressort même du juge saisi ; car la délégation de ces actes est alors facultative au lieu d'être nécessaire comme lorsque les actes d'instruction ne peuvent être accomplis qu'en dehors de l'arrondissement où la procédure est instruite. Mais, si le cas pour lequel l'article 83 permet la délégation ne doit pas être considéré comme exclusif de tout autre, au moins faut-il admettre que ce cas a été énoncé à titre d'exemple, et que, par conséquent, les cas nouveaux auxquels cette mesure serait étendue, doivent être nécessairement de la même nature. Or, l'article 83 autorise la délégation de l'audition des témoins, audition qui n'est qu'une constatation matérielle de leur déclaration. Donc tous les actes de même nature, c'est-à-dire toutes les constatations de fait pourront faire l'objet d'une délégation. Mais dès qu'il s'agit, non plus de recevoir une déclaration ou de faire une vérification locale, mais de procéder à une perquisition, d'ordonner une expertise ou d'appliquer une mesure de contrainte, c'est au juge lui-même, si l'acte a lieu sur son territoire, qu'il appartient de l'exécuter. Ces mesures d'instruction supposent, en effet, un pouvoir d'appréciation, non seulement dans l'acte qui les ordonne, mais encore dans les actes d'exécution. Or, si le juge peut déléguer le droit de constater un fait, il ne peut déléguer le droit de l'apprécier. D'ailleurs, lorsqu'une visite domiciliaire doit avoir lieu hors de l'arrondissement du magistrat instructeur, l'article 90 n'exige-t-il pas que le juge lui-même soit personnellement requis de procéder à l'opération ?

Après avoir ainsi restreint l'emploi des commissions rogatoires, quant aux actes qui en peuvent être l'objet, M. Faustin Hélie en renferme l'usage dans d'étroites limites quant aux personnes auxquelles elles peuvent être adressées, et qui, pour lui, sont, de toute nécessité, ou le juge d'instruction d'un autre arrondissement ou les juges de paix de l'arrondissement du magistrat instructeur, à l'exception de celui du canton de sa résidence. « Ainsi le juge d'instruc-

« tion ne pourrait déléguer un commissaire de police pour
« recevoir des dépositions de témoins. Si les articles 83 et
« 84 ne sont pas limitatifs quant aux cas de délégation, ils
« le sont nécessairement quant aux officiers à qui les actes
« d'instruction peuvent être délégués. Sauf le cas de fla-
« grant délit, où l'urgence justifie l'exception, le droit de
« procéder à un acte d'instruction ne peut appartenir qu'à
« un juge ; en indiquant le juge de paix et le juge d'instruc-
« tion pour l'audition des témoins qui sont dans l'impossi-
« bilité de se transporter, la loi a nécessairement voulu
« que les autres actes de l'instruction, susceptibles de délé-
« gation, ne pussent être confiés qu'à l'un de ces deux
« magistrats. D'ailleurs, si l'article 52 permet au procureur
« de la République de charger l'un de ses auxiliaires de
« partie des actes de sa compétence, c'est d'abord qu'il
« s'agit ici d'un cas urgent, du cas de flagrant délit dans
« lequel toutes les règles ordinaires de l'instruction sont
« suspendues ; c'est ensuite que le procureur de la Répu-
« blique ne fait que déléguer un acte qui se trouvait déjà
« au nombre des pouvoirs dont l'officier auxiliaire est
« investi, puisque, aux termes de l'article 49, il avait le
« droit de faire lui-même, au cas de flagrant délit, tous les
« actes de la compétence du procureur de la République.
« Comment peut-on induire de là le droit du juge, non
« seulement de déléguer, et dans un cas non urgent, un
« acte à un officier compétent, mais encore la compétence
« elle-même à un officier que la loi n'en a pas investi? Il
« est évident que le juge d'instruction ne peut confier à un
« officier une compétence et des pouvoirs que la loi ne lui a
« pas donnés ; toute compétence pour procéder à des actes
« de juridiction ne peut prendre sa source que dans la loi,
« et nulle délégation, quels qu'en soient les termes, ne peut
« étendre le cercle légal dans lequel elle a été enfermée ».
Donc le juge de paix est le seul officier de police judiciaire
auxiliaire auquel puisse être adressée une commission
rogatoire ; mais l'on ne peut déléguer aucun des autres

officiers de police auxiliaire, officiers de gendarmerie, commissaires de police, etc. (1).

Telle est, exposée dans ses grandes lignes et avec toutes ses conséquences, la théorie de M. Faustin Hélie ; c'est aussi celle de Carnot (*Instruction criminelle*). Ainsi que nous l'avons dit, M. Garraud l'adopte également comme étant celle « qui paraît concilier heureusement les nécessités du service judiciaire et le respect scrupuleux de la légalité ».

B) *Théorie de la jurisprudence.* — Si autorisée que soit cette appréciation, nous avouons ne point la partager ; nous préférons nous rallier à la théorie adverse, d'après laquelle le juge d'instruction a le droit de déléguer l'exécution de tous les actes de l'instruction criminelle à tous les officiers de police judiciaire, auxiliaires du procureur de la République, théorie dont l'exposition et l'étude nous amèneront à réfuter successivement les divers arguments invoqués par M. Faustin Hélie.

Tout d'abord, éliminons l'argument tiré des précédents historiques. Dans la première partie de notre thèse, nous nous sommes longuement étendu sur l'usage que l'ancien droit faisait des délégations en matière criminelle, et nous croyons avoir démontré le rôle considérable que jouaient les commissions rogatoires dans la pratique judiciaire à cette époque ; il nous paraît superflu d'y revenir.

Nous avons vu aussi qu'à la fin du droit intermédiaire, après le Code de brumaire an iv et surtout après la loi du 7 pluviôse de l'an ix (article 14), le droit illimité de délégation existait dans nos lois pénales. L'étude des travaux préparatoires démontre avec évidence que cette disposition devait passer tout entière dans notre droit actuel, qu'elle s'y trouve encore, mais qu'elle a perdu son importance à la suite

____

(1) Voir, dans le même sens : Carnot, *Instruction criminelle*, tome 1, page 376. Mangin, *Instruction écrite*, tome I, n°s 88 et sq. Trébutien, *Cours de droit criminel*, tome II, page 214. Rodière, *Procédure criminelle*, page 89. Boitard, *Leçons de droit criminel*, n° 599.

d'une simple transposition d'articles, conséquence imprévue d'une modification introduite dans le projet au dernier moment (1).

En 1804, la section de législation du Conseil d'État avait, sur l'ordre de Napoléon Ier, établi un premier projet du Code d'instruction criminelle, en s'inspirant à la fois et du Code de brumaire et de la loi de pluviôse. L'information préparatoire, même en dehors des cas de flagrants délits, était confiée au magistrat de sûreté, puis au procureur impérial, tous deux aidés de leurs auxiliaires. Ce juge d'instruction n'intervenait que pour compléter cette information. C'est ce système qu'admit le Conseil d'État lors de la reprise de ses travaux, en 1808. Voici comment était rédigé l'article 87 du projet :

« Le juge d'instruction est chargé de *compléter* l'instruc« tion commencée par le procureur impérial, et même de la « refaire, en tout ou en partie, quand il le jugera conve« nable.

« Il se conformera, dans les actes et poursuites de la « police judiciaire, aux règles *ci-dessus* établies et à celles « qui suivent. » (Locré. — *Législation de la France*, t. XXV, page 116.)

En effet, alors que l'article 87 faisait partie du chapitre VI : « Des juges d'instruction et de leurs fonctions », c'était au chapitre IV (articles 22 à 75) : « Des procureurs impériaux », et au chapitre V (articles 75 à 82) : Des officiers de police, auxiliaires du procureur impérial », que se trouvaient toutes les règles relatives à l'information, à l'audition des témoins, aux perquisitions. Donc, l'article 87, en renvoyant aux règles ci-dessus établies, comprenait parmi ces règles celle édictée par l'article 78 qui le précède et qui semble n'être que la

---

(1) Cfrre sur cette question une très intéressante dissertation de M. Laloë, substitut du Procureur général près la Cour de Riom : « *Exécution des commissions rogatoires par les officiers de gendarmerie* » (*Journal des Parquets*, 1886, 1re partie, page 43.) — Nous y avons puisé de nombreux renseignements.

reproduction de l'article 14 de la loi de pluviôse. Il est ainsi conçu : « Art. 78. — Lorsque dans l'instruction que fait le « procureur impérial, il y a lieu de procéder, hors de sa « résidence, à un procès-verbal *ou autre acte* pour lequel il « ne jugera pas son déplacement nécessaire, il en pourra « charger un des officiers auxiliaires de police. » (Locré. — page 114.)

C'était donc attribuer un pouvoir illimité de délégation au procureur, et, par conséquent, au juge d'instruction, à moins qu'il ne s'agit d'actes à faire dans la résidence même. Mais ce système était entaché d'un défaut capital : il confiait au même magistrat, au procureur, la poursuite et l'instruction, choses qui doivent, de toute nécessité, être séparées. Dans les séances des 4, 7 et 11 juin 1808, ces inconvénients donnèrent lieu à une discussion qui les mit en lumière. Alors fut établie la distinction entre le délit flagrant et le crime ou le délit occulte (Locré, pages 149, 150), et le juge d'instruction fut déclaré seul compétent pour instruire dans ce dernier cas, le procureur ne pouvant faire acte d'information que dans le cas de flagrant délit. On procéda à une nouvelle rédaction. Toutes les règles relatives à l'instruction furent reportées du chapitre des procureurs à celui des juges d'instruction, et l'article 78 devint l'article 52 du Code ; mais il est à remarquer que la restriction « hors sa résidence » ne fut pas maintenue, ce qui impliquait pour le procureur impérial une faculté absolue de délégation. L'article 87 devint l'article 60 ; on y supprima naturellement la disposition renvoyant aux règles *ci-dessus* établies, puisque ces règles étaient rejetées plus bas ; c'est ainsi que la faculté de délégation se trouva restreinte, par la lettre du texte, au procureur seul.

Le Conseil d'État arrêta définitivement, quelques jours après, le projet du Code, qui fut soumis officieusement à la Commission du Corps législatif ; après un rapide examen, celle-ci dressa procès-verbal de ses observations. Elle remarqua notamment que l'article 83 ne prévoyait pas, pour le juge d'instruction, la faculté de délégation. Cet article était l'ancien article 63 du projet, ainsi conçu : « Lorsqu'il sera constaté par le certificat d'un officier de santé, que des témoins se trouvent dans l'impossibilité de comparaître sur la citation qui leur aura été donnée, le procureur impérial se transportera en leur demeure pour recevoir leur déposition » (Locré, page 111). Cet article ne disait pas un mot de la délégation, et il n'avait pas à le faire, puisque l'ancien article 78 comprenait une faculté de déléguer générale et s'appliquant à tous les actes de l'information. Mais en devenant l'article 83, cet article 63 n'avait subi aucune modification. « La Commission, dit le procès-verbal, aperçoit un « grand inconvénient à imposer, au juge d'instruction, la « nécessité absolue de se transporter à la demeure des « témoins qui se trouvent dans l'impossibilité de compa- « raître sur la citation même..... La loi du 3 brumaire an IV « portait, à cet égard, une décision qui a toujours paru « sage, et sur l'exécution de laquelle l'expérience n'a point « fait connaître d'inconvénients. » En visant ainsi le Code de brumaire, on semblait bien comprendre une faculté absolue de délégation, puisque, comme nous l'avons vu, tel était l'esprit de ce Code. Malheureusement la Commission, qui avait reçu le projet le 5 octobre, ne consacra que deux séances (7 et 8 octobre) à l'examen du titre I du Code « chacun de ses membres ayant réfléchi à ce projet depuis l'envoi qui en avait été fait » (Locré, tome XXV, pages 63 et 217). Aussi n'examina-t-elle pas les différents cas pour lesquels cette délégation pouvait être nécessaire, et elle se contenta de proposer la disposition qui complète maintenant l'article 83. Le titre I, ainsi modifié, fut porté officiellement, le 7 novembre, au Corps législatif; le 17 novembre, la Commission de législation fit connaître son vœu d'adoption, et le projet fut décrété dans la même séance.

Les circonstances dans lesquelles a été rédigé l'article 83 prouvent, à notre sens, que les auteurs du Code avaient eu certainement l'intention d'accorder au juge d'instruction

une large faculté de délégation, chaque fois qu'il ne « jugerait pas son déplacement nécessaire », comme le disait, après
l'article 145 du Code de brumaire et l'article 14 de la loi de
pluviôse, l'article 78 de la première rédaction, texte alors
commun au ministère public et au juge d'instruction.

Dès lors, l'argument à contrario que M. Faustin Hélie a
voulu tirer de l'article 83 n'a plus aucune valeur ; si cet
article, nous dit-il, n'a prévu la délégation que dans le cas
qu'il indique, c'est intentionnellement, et l'omission par lui
des autres cas possibles est voulue. Nous croyons avoir
démontré, au contraire, que les rédacteurs du Code
voulaient la délégation générale de tous les actes de
l'instruction, mais qu'ils ne se sont pas aperçus que la transposition des articles rendait caduque la disposition de
l'ancien article 78, devenu article 52.

C'est encore par suite de cette transposition qu'on
s'explique comment l'article 89, qui déclare applicables au
juge d'instruction un certain nombre de textes relatifs aux
opérations du procureur de la République, en cas de
flagrant délit, ne mentionne pas l'article 52. Cette omission
est assurément involontaire et reste incompréhensible si
l'on ignore les détails où nous sommes entré touchant les
travaux des rédacteurs du Code. En effet, qu'on applique à
la lettre le texte de l'article 89, on aboutit à cette conséquence que le Code n'accorde pas expressément, au juge
d'instruction, la faculté de déléguer qu'il donne au procureur de la République. Il y a là une véritable et frap-
pante anomalie ; supposons un crime flagrant : le procureur
de la République et le juge d'instruction se transportent
ensemble sur les lieux ; c'est ce dernier magistrat qui aura
la plénitude des pouvoirs de l'instruction. Au cours de
l'information, il est nécessaire de procéder à une perquisition ; le juge d'instruction ne pourra déléguer personne
dans ce but et devra la faire lui-même. Si le procureur de
la République s'était transporté seul, il aurait eu, aux
termes de l'article 52, le droit incontestable de charger de

cette opération un officier de police auxiliaire. Le représentant du ministère public ne remplissant, qu'à titre exceptionnel, les fonctions de magistrat instructeur, aurait donc un pouvoir de délégation qui serait refusé au juge d'instruction, lequel est investi de la plénitude des pouvoirs de l'instruction. Telle serait la conséquence absolument illogique de l'article 89 interprété rigoureusement.

Voilà les arguments que nous opposons à ceux que M. Faustin Hélie prétend tirer de la rédaction même des articles du Code d'instruction criminelle pour limiter, quant aux actes, les pouvoirs de délégation du juge d'instruction. Nous estimons que, sans enfreindre aucune des dispositions du Code, on peut reconnaître à ce magistrat le droit de déléguer, non seulement les actes tendant à la constatation matérielle des faits, mais encore ceux qui peuvent entraîner une contrainte ou la lésion d'un droit, comme les perquisitions ou les saisies de pièces à conviction. Une semblable délégation ne donne, contrairement à ce que prétend notre adversaire, aucun pouvoir d'appréciation au magistrat ou à l'officier de police judiciaire délégué. Comme nous le verrons, en effet, la commission rogatoire indique exactement dans quel domicile il convient d'effectuer la perquisition ; la personne déléguée devra se conformer à cette indication et n'aura pas le droit de pénétrer dans un domicile autre que celui qui est expressément désigné.

Discutons maintenant la théorie de M. Faustin Hélie quant à la restriction imposée, selon lui, par l'article 83, touchant les personnes qui peuvent être déléguées. On se rappelle qu'à ses yeux, le juge de paix est le seul officier de police judiciaire qui puisse être délégué. Quant aux autres officiers de police : commissaires de police, officiers de gendarmerie, le Code, dit-il, ne leur a donné de compétence qu'au cas exceptionnel de flagrant délit ; reconnaître au juge d'instruction le droit, hors ce cas, de les déléguer pour procéder à tel ou tel acte d'instruction, serait l'investir de la faculté de leur communiquer une compétence et de leur conférer des pouvoirs que la loi ne leur a pas donnés.

Cette opinion n'est point la nôtre ; selon nous, tous les officiers de police judiciaire sont, au contraire, investis de par leurs fonctions mêmes de la compétence nécessaire pour procéder aux actes d'instruction ; seulement, en même temps qu'elle leur donnait cette compétence générale, la loi faisait une très sage distinction, suivant qu'il s'agit ou non de flagrant délit. Dans le premier cas, à raison de l'urgence et de la nécessité de procéder, séance tenante, à toutes les mesures propres à rassembler les preuves de l'existence du délit et de l'identité de son auteur, les officiers de police auxiliaires auront non seulement la faculté mais le devoir de procéder à tous les actes d'instruction nécessaires, et d'ouvrir spontanément, en vertu de leur compétence, une instruction en arrière et en dehors du juge d'instruction. Dans le second cas, au contraire, lorsqu'il s'agira de crime ou délit non flagrants, lesdits officiers resteront toujours compétents ; mais comme la direction de l'instruction est alors concentrée tout entière entre les mains du juge d'in-struction, ils ne pourront plus agir de leur propre initiative ; il appartiendra au juge d'instruction, et à lui seul, de leur spécifier les actes d'instruction auxquels il croira bon qu'ils procèdent, il se servira pour cela des commissions roga-toires ; mais ces délégations ne leur donneront aucune com-pétence nouvelle : elles se borneront à les faire agir dans les limites mêmes de la compétence qui leur appartient, nous le répétons, de par la loi, en vertu de leurs fonctions, et en dehors de toute délégation. Nous estimons donc que tous les officiers de police judiciaire peuvent, comme les juges de paix, être délégués par commission rogatoire.

Quelles seraient, d'ailleurs, les conséquences de la théorie de M. Faustin Hélie et des restrictions qu'il apporte aux pouvoirs de délégation du juge d'instruction, soit quant aux actes, soit quant aux personnes ? Comme nous allons essayer de le démontrer, toute instruction deviendrait à peu près impossible. Aucun magistrat instructeur pourrait-il accomplir sa mission, si, d'une part, il lui était interdit de recourir aux officiers de gendarmerie, aux maires, et surtout aux commissaires de police, et si, d'autre part, il devait procéder *personnellement* aux perquisitions domiciliaires, aux saisies de pièces à conviction, etc., etc. ? N'arrive-t-il pas fort souvent qu'au cours d'une déposition qu'il reçoit, ou d'un interrogatoire auquel il procède dans son cabinet, le juge d'instruction croit nécessaire de contrôler immédiatement telle déclaration ou tels renseignements au moyen d'un témoignage qu'il faut recueillir à une certaine distance, avant toute entente entre le témoin et les personnes intéressées à lui dicter une réponse ? Le succès d'une perquisition ne sera-t-il pas souvent compromis si l'on ne peut, au même instant, y procéder dans les différents domiciles de l'inculpé, de ses complices, de ses amis, domiciles qui peuvent être fort éloignés les uns des autres ? La jurisprudence, dont nous parlerons tout à l'heure, offre de nombreuses espèces de ce genre. Conçoit-on que l'on impose au juge d'instruction, qui n'a pas le don d'ubiquité, l'obligation de faire en personne des perquisitions réclamant sa présence, au même instant, sur divers points de son arrondissement, alors que peut-être d'autres inculpations, beaucoup plus graves que celle donnant lieu à ces perquisitions, réclament son temps et ses soins ? L'inculpé détenu, qui prétend que l'on trouvera chez lui ou chez un tiers les preuves matérielles de son innocence, n'a-t-il pas le plus grand intérêt à ce que le juge d'instruction puisse déléguer un de ses auxiliaires pour vérifier immédiatement cette allégation, vérification qui abrégera peut-être sa détention préventive ? Enfin, il est une dernière considération qui, pour être secondaire, n'en a pas moins son importance. Cette délégation n'évite-t-elle pas le coût du transport des magistrats et les frais de taxe des témoins, qui constituent la majeure partie des frais de justice, lesquels, en cas de condamnation, seront mis à la charge du prévenu, et, si ce dernier est insolvable, incomberont au Trésor ?

A toutes ces objections, M. Faustin Hélie répond que la

nécessité du service ne saurait constituer un argument juridique opposable aux prescriptions légales. Ce serait parfaitement exact, si nous nous trouvions en présence d'articles du Code d'instruction criminelle s'expliquant expressément sur la question, et prohibant toute délégation en dehors des cas qu'ils prévoient ; mais aucune disposition semblable n'existe ; c'est donc d'une question d'interprétation qu'il s'agit. Dès lors, la « nécessité du service » devient un argument très juridique ; car la loi est faite pour être appliquée, et dès qu'il y a quelque incertitude, on doit prendre les termes de cette loi dans le sens et avec l'étendue qui en rendent l'application possible. Or, nous venons de voir à quelles insurmontables difficultés pratiques se heurte la théorie de M. Faustin Hélie. Ce n'est pas qu'il ne prévoie le cas où des perquisitions *simultanées* sur différents points de l'arrondissement seraient *nécessaires ;* il se demande comment le juge d'instruction y pourra suffire, et voici la solution, pour le moins bizarre, qu'il propose (n° 1803) : « La réponse est simple, il les fera successivement » ! Un système qui réduit à de tels expédients un jurisconsulte aussi éminent que M. Faustin Hélie nous paraît ipso facto très compromis.

Tous les arguments de la théorie adverse nous semblent réfutés, et la démonstration faite que le juge d'instruction a le droit de déléguer, non seulement le juge de paix, mais tous les officiers de police judiciaire pour procéder à tous les actes d'instruction. Toutefois, en ce qui concerne ceux de ses actes lésant un droit, ou entraînant une contrainte, nous accordons très volontiers que, chaque fois que le juge d'instruction pourra y procéder par lui-même, il agira sagement en le faisant ; mais, à cet égard, il a un pouvoir absolu d'appréciation ; il pourra recourir aux délégations dans tous les cas où il le croira nécessaire.

Notre théorie, qui est celle de plusieurs auteurs estimés (1), s'appuie, en outre, sur deux autorités d'une valeur

(1) Bourguignon, *Jurisprudence des Codes criminels,* I-1, page 195. — Legraverend, *Législation criminelle,* t. I, pages 239 et 285. — Massabiau,

toute particulière en cette question de pratique judiciaire, celle de la Cour de cassation et celle de la Chancellerie.

En effet, chaque année, de nombreuses procédures, où une partie de l'instruction a été effectuée au moyen de commissions rogatoires, sont soumises au contrôle de la Cour suprême. Loin de les critiquer, elle les a toujours formellement admises, et lorsque ces délégations étaient relevées comme moyens de pourvoi, elle les a approuvées. C'est ainsi qu'elle a décidé que « lorsque la découverte de la « vérité exige des perquisitions simultanées et sur divers « points éloignés les uns des autres, le juge d'instruction « peut commettre un ou plusieurs juges de paix pour procé- « der aux perquisitions de papiers, effets et autres objets; « son droit de délégation n'est pas restreint au seul cas « prévu par l'article 83 du Code d'instruction criminelle. » (6 mars 1841, *Journal du Palais*, 1843-2-148). Un autre arrêt, du 15 janvier 1869 (*J. du P.* 1869-1109), reconnaît aussi ce droit de déléguer un juge de paix pour opérer une visite domiciliaire. La Cour de cassation déclare que cette délégation peut également être confiée à un commissaire de police (7 décembre 1864. Dal. périod. 65-1-91) : « La visite « domiciliaire et la saisie de lettres missives opérées par un « commissaire de police sont régulières, lorsque le commis- « saire a agi en vertu d'une délégation du juge d'instruc- « tion, » dit cet arrêt; et l'un de ses motifs est ainsi conçu : « Considérant qu'il est de principe et de jurisprudence con- « stante que les juges d'instruction ont le droit de déléguer « aux officiers de police judiciaire l'accomplissement des « actes de leurs fonctions, et particulièrement le droit de « procéder aux perquisitions et saisies commandées par les « nécessités de l'information... » Même décision dans un arrêt du 13 juin 1872 (*J. du P.*, 1872-1163), rendu pourtant

Manuel du ministère public, t. II, n° 1618. — Duverger, *Manuel des juges d'instruction*, t. II, n° 382. — Dalloz, répertoire, V° *Instruction criminelle*, n°s 570 et sq. — Dutruc, *Journal du ministère public*, t. VII, page 60. — Berriat Saint-Prix, *Instruction criminelle*, n° 42.

sous la présidence de M. Faustin Hélie, ainsi, d'ailleurs,
qu'un arrêt du 8 juin de la même année (Dal. périod.
72-1-381) aux termes duquel : « Il n'est pas interdit au juge
« d'instruction de déléguer un officier de police judiciaire
« (le maire de la commune ou son adjoint, par exemple)·
« pour faire une perquisition au domicile d'un prévenu.'»
Enfin la Cour suprême a décidé que le juge d'instruction
pouvait déléguer l'audition de témoins à d'autres qu'aux
juges de paix, notamment aux commissaires de police
(14 juin 1866. Dal. 66-5-251. — 21 novembre 1879. Sirey,
80-1-188). Tous ces arrêts donnent à notre théorie une force
incontestable.

De son côté, la Chancellerie estime, elle aussi, que la
faculté de délégation des actes de l'instruction criminelle
est générale et ne doit être restreinte ni quant aux actes ni
quant aux personnes. Dès le 19 avril 1811, le garde des
sceaux adressait à ses procureurs généraux une circulaire
dans laquelle nous lisons : « Le droit de déléguer tient aux
« règles générales de la procédure criminelle; les articles
« 83 et 84 ne sont pas limitatifs... Le juge d'instruction ne
« doit se déplacer que dans des circonstances *graves* et
« *urgentes;* il doit aussi éviter de faire citer devant lui des
« témoins éloignés, et doit employer de préférence la voie
« de la délégation ». Nous retrouvons ces mêmes expressions dans les circulaires de la Chancellerie des 23 septembre 1812, 9 avril 1825, 20 novembre 1829, 16 août 1842,
12 mai 1845, 14 août 1876. Toutes recommandent au juge
d'instruction d'user le plus souvent possible des délégations,
d'éviter, autant que les circonstances le comportent, de
faire citer devant eux des témoins éloignés, enfin, de ne se
transporter en personne sur les lieux que dans les circonstances graves et urgentes, et seulement « en cas de nécessité démontrée ».

Aussi le système que nous avons adopté, d'après lequel le
juge d'instruction possède un pouvoir absolu de délégation,
est-il complètement entré dans la pratique et dans les

mœurs judiciaires. Un grand nombre de commissions rogatoires sont maintenant exécutées par des officiers de police
judiciaire auxiliaires. A Paris, les commissions rogatoires
sont presque exclusivement adressées aux commissaires de
police ; plusieurs d'entre eux n'ont pas d'autres fonctions
que d'exécuter les délégations des juges d'instruction de la
Seine ; on les désigne sous le titre de « commissaires aux
délégations judiciaires ». A Lyon, il y a également un
« commissaire aux délégations judiciaires » ; ses fonctions
consistent exclusivement dans l'accomplissement des divers
actes d'instruction, auditions de témoins, confrontations,
perquisitions, saisies de pièces à conviction, etc., dont l'exécution lui est confiée par les trois juges d'instruction établis
près le tribunal de Lyon, et, en certains cas, par le Parquet.

Quelques chiffres prouveront que la pratique sanctionne,
dans la plus large mesure possible, la théorie à laquelle
nous nous sommes rallié. Si nous consultons le dernier
compte publié par la Chancellerie, sur l'exercice de la
justice criminelle en France, compte se référant à l'année
1893, nous constatons que 44,802 commissions rogatoires ont
été décernées pendant cette année 1893 ; sur ce nombre,
15,425 ont été exécutées par des juges de paix, et 9,461 par
des commissaires de police. Or, en 1883, sur 30,405 commissions rogatoires décernées pendant le courant de l'année,
14,153 avaient été exécutées par des juges de paix, et 6,892
seulement par des commissaires de police. On voit donc que
le nombre de délégations confiées aux commissaires de
police s'est accru de près d'un tiers en dix ans, tandis que
celles données aux juges de paix pendant le même laps de
temps n'ont pas même augmenté d'un dixième.

CHAPITRE II

DES DÉLÉGATIONS DONNÉES PAR LE JUGE D'INSTRUCTION

Section I.

Des délégations données hors de l'arrondissement.

§ 1. — *Audition des témoins.* — En étudiant dans le précédent chapitre les principes qui régissent les délégations, nous avons dit que celles-ci étaient facultatives lorsque le magistrat instructeur ne doit agir que dans son arrondissement, et obligatoire lorsqu'une partie de l'information doit se faire au dehors : nous avons, toutefois, fait une restriction en ce qui concerne l'audition des témoins. Si des témoins résident hors de l'arrondissement du magistrat instructeur, celui-ci est-il tenu de les faire entendre par commission rogatoire devant le juge d'instruction de leur domicile, ou peut-il les citer directement par devant lui ? L'article 84 du Code d'instruction criminelle dispose : « Si « les témoins résident hors de l'arrondissement du juge « d'instruction, celui-ci *requerra* le juge d'instruction de « l'arrondissement dans lequel les témoins sont résidants, « de se transporter auprès d'eux pour recevoir leurs déposi- « tions ». Qu'on rapproche cette formule impérative des termes employés par l'article 83, lequel, visant le cas où les témoins habitent l'arrondissement du juge d'instruction, déclare « qu'il *pourra* commettre le juge de paix », et l'on sera tenté de conclure que la loi exige l'envoi de commissions rogatoires chaque fois que le témoin n'habite pas l'arrondissement du juge d'instruction, soit qu'on veuille épargner aux témoins de trop grands dérangements en ne les obligeant pas à quitter leurs occupations et leur domicile pour aller, très loin peut-être, faire leurs dépositions, soit qu'on craigne d'augmenter, dans une trop forte proportion, les frais de justice criminelle, ces déplacements étant toujours fort onéreux (1).

Ce serait une conclusion erronée, et le juge d'instruction a le droit de citer directement devant lui tous les témoins, quelle que soit la distance qui sépare leur domicile de son arrondissement. En effet, nombreux sont les cas où il est indispensable que les témoins soient ainsi directement cités devant le magistrat instructeur, s'il s'agit par exemple de confrontations soit entre témoins, soit avec le prévenu, ou bien d'une constatation d'identité, ou encore de l'examen de pièces à conviction ou de pièces arguées de faux, qui ne sauraient être déplacées, etc., etc. Comment, en pareilles circonstances, une commission rogatoire pourrait-elle utilement intervenir ? Il se peut aussi que, dans des affaires délicates, le juge d'instruction ait grand intérêt à interroger lui-même un témoin important domicilié hors de son arrondissement, afin de lui poser certaines questions dont l'opportunité échapperait à un magistrat simplement délégué et non au courant de tous les détails de l'instruction déjà faite.

L'argument de texte que semble contenir l'article 84 n'a aucune valeur. Cet article, en effet, doit être rapproché de celui qui le précède, et il ne vise que le cas où les témoins domiciliés hors de l'arrondissement sont, par suite de maladie, dans l'impossibilité matérielle d'obéir

---

(1) Jadis, l'article 168 de l'ordonnance de Blois imposait, dans ce cas, la délégation. (Muyart de Vouglans. *De l'instruction criminelle*, pages 227 et 228).

à la citation. Ce qui le prouve, c'est que le magistrat délégué est requis « de se transporter » auprès d'eux pour recevoir leurs dépositions. Devant la nécessité où se trouve le juge saisi d'adresser une commission rogatoire à son collègue, on comprend la formule impérative employée par l'article 84. Si l'article 83 laisse au juge la faculté d'option, c'est qu'il parle seulement des témoins domiciliés dans l'arrondissement du magistrat instructeur ; celui-ci peut, par conséquent, s'il le juge convenable, les entendre lui-même en se transportant à leur domicile.

On doit donc admettre qu'en dehors du cas expressément visé par l'article 84, le juge d'instruction a le droit de citer par devers lui tous les témoins que bon lui semble, qu'ils soient ou non domiciliés dans son arrondissement. C'est à lui à ne point abuser de cette faculté ; il ne doit imposer aux témoins des déplacements fort gênants pour eux et très onéreux pour le Trésor, qu'en cas de nécessité démontrée. C'est là, d'ailleurs, la pratique usuelle, conformément à une circulaire de la Chancellerie, en date du 23 septembre 1812, recommandant de déléguer l'audition des témoins chaque fois que leur présence n'est pas absolument nécessaire, surtout lorsqu'ils sont chargés d'un service public. Mais il n'appartient qu'au juge d'instruction d'apprécier cette nécessité.

Toutefois, il faut remarquer que les articles 510 et 514 du Code d'instruction criminelle contiennent une exception à ces règles. Aux termes de l'article 510, le ministre de la justice ne peut jamais être cité comme témoin, même devant la Cour d'assises. Si sa déposition doit être recueillie, l'article 511 prescrit qu'elle sera reçue et rédigée par le premier président de la Cour d'appel au chef-lieu de laquelle se trouvera le ministre ; si celui-ci est domicilié ou se trouve accidentellement dans un arrondissement autre que celui au chef-lieu duquel siège la Cour d'appel, ce sera le président du tribunal de cet arrondissement qui recevra la déposition. Le juge d'instruction, saisi de l'affaire adressera, dans ce but, une commission rogatoire à celui de ces deux magistrats qui sera compétent.

S'il faut recueillir la déposition de ministres autres que le ministre de la justice, de conseillers d'État, chargés d'une partie de l'administration publique, de généraux en chef actuellement en service, d'ambassadeurs ou autres agents de la République, accrédités près des pays étrangers, il convient, aux termes de l'article 514, de faire une distinction. Ces personnes sont-elles domiciliées ou résident-elles, même accidentellement dans l'arrondissement du magistrat instructeur ? Elles tombent sous l'application du droit commun et peuvent être citées directement devant ce magistrat. Au contraire, sont-elles domiciliées ou résident-elles hors de cet arrondissement, le juge d'instruction, saisi de l'affaire, ne peut les citer directement par devant lui ; il doit adresser à celui de ses collègues dans l'arrondissement duquel elles se trouvent une commission rogatoire pour recevoir leurs dépositions ; le magistrat délégué aura le droit de citer devant lui ces témoins. — S'il s'agit du témoignage d'un agent résidant auprès d'un gouvernement étranger, la commission rogatoire sera adressée au ministre de la justice, qui en fera le renvoi sur les lieux et désignera la personne qui recevra la déposition (art. 514).

Mais ce sont là des hypothèses exceptionnelles, et, dans tous les autres cas, les règles que nous avons énoncées plus haut s'appliqueront.

§ 2. — *Perquisitions, visites domiciliaires, saisies de pièces à conviction.* — Aux termes de l'article 90 du Code d'instruction criminelle : « Si les papiers ou les effets dont « il y aura lieu de faire la perquisition sont hors de l'ar- « rondissement du juge d'instruction, il requerra le juge « d'instruction du lieu où l'on peut les trouver, de pro- « céder aux opérations prescrites par les articles précé- « dents. »

La délégation était ici de toute nécessité, en raison

des limites imposées à la compétence du juge d'instruction. En effet, sauf l'exception apportée par l'article 464 du Code d'instruction criminelle, lorsqu'il s'agit des crimes de fausse monnaie, de falsification de billets de banque et de contrefaçon du sceau de l'État, ce magistrat ne peut exercer personnellement aucun acte de sa juridiction en dehors de l'arrondissement du tribunal auquel il est attaché. Donc, chaque fois qu'il y aura lieu de procéder à une des mesures d'instruction sus-énoncées hors de l'arrondissement du magistrat instructeur, celui-ci devra recourir aux commissions rogatoires.

§ 3. — *Interrogatoire du prévenu* — L'interrogatoire d'un prévenu peut-il être délégué ? L'article 103 du Code d'instruction criminelle prévoit un cas où la loi en donne l'autorisation. Lorsque, en vertu d'un mandat d'amener, un prévenu est arrêté plus de deux jours après la date de ce mandat, hors de l'arrondissement du juge qui l'a décerné, et à plus de cinq myriamètres du domicile de ce magistrat, ledit prévenu n'est pas tenu, aux termes de l'article 100 du Code d'instruction criminelle, de se rendre au mandat, à moins qu'il ne soit trouvé « muni d'effets, « de papiers ou d'instruments qui feront présumer qu'il est « auteur ou complice du crime ou délit à raison duquel « il est recherché ». Dans cette dernière hypothèse, le mandat d'amener recevra sa pleine exécution. Mais si le prévenu n'est trouvé nanti d'aucun des objets ci-dessus spécifiés, il a le droit de demander à être interrogé dans l'arrondissement où s'est faite l'arrestation. « Le juge « d'instruction, saisi de l'affaire, lisons-nous dans l'ar-« ticle 103, transmettra sous cachet, au juge d'instruction « du lieu où le prévenu a été trouvé, les pièces, notes et « renseignements relatifs au délit, afin de faire subir « interrogatoire à ce prévenu. »

L'article 103 est-il limitatif ? Doit-il être interprété stricto sensu, de telle sorte que, hors le cas expressément prévu, nulle délégation de l'interrogatoire d'un prévenu ne soit possible ? ou bien est-il simplement énonciatif, et le juge d'instruction saisi de l'affaire peut-il, en d'autres hypothèses, faire procéder par voie de commission rogatoire audit interrogatoire ? En principe, et en règle générale, le juge chargé d'instruire une affaire doit interroger lui-même le prévenu. C'est là un acte d'instruction d'une importance capitale, on peut même dire le plus essentiel. En effet, d'après les aveux ou les dénégations résultant de cet interrogatoire, la procédure tout entière va prendre telle ou telle direction. Donc, en principe, rien ne peut suppléer à la présence du prévenu, dont l'attitude, les gestes mêmes peuvent, à un moment donné, fournir de précieux indices. Par suite, il importe extrêmement que le juge chargé de l'instruction du procès interroge en personne l'inculpé.

Toutefois, on peut citer des cas qui, sans tomber sous l'application de la lettre même de l'article 103, relèvent, pour ainsi dire, de son esprit. Le prévenu est trouvé hors de l'arrondissement du juge saisi, mais il est malade, et trop gravement pour pouvoir être transporté ; il est, néanmoins, urgent qu'on l'entende soit pour qu'il puisse détruire les charges qui pèsent sur lui, soit pour qu'on reçoive ses révélations, ses aveux touchant ses complices. Ou bien encore, le prévenu est détenu dans une prison lointaine ; son extraction et son transport présenteraient de graves difficultés. Dans ces hypothèses, il serait évidemment fort utile soit au point de vue d'une bonne justice, soit au point de vue économique, de pouvoir adresser immédiatement une commission rogatoire au juge d'instruction dans l'arrondissement duquel se trouve le prévenu, afin qu'il procède à son interrogatoire. Le Code d'instruction criminelle permet-il cette délégation ? Les textes sont à peu près muets à cet égard.

L'article 266 dispose que le président des assises peut déléguer à un juge la mission d'interroger l'accusé dans la maison de justice, après le renvoi prononcé par la Chambre des mises en accusation. L'article 497 porte que, lorsque la Cour de cassation a à connaître d'une prévention criminelle contre un tribunal ou contre un juge, le président de la section saisie peut déléguer l'audition des témoins et l'interrogatoire des prévenus à un juge d'instruction pris même hors de l'arrondissement et du département où se trouveront ces derniers. Mais, dans le premier cas, il ne s'agit point d'un acte d'instruction, et, dans le second, les circonstances exceptionnelles qu'il prévoit, expliquent et justifient la délégation. Ces deux articles ne nous sont donc d'aucun secours. Reste l'article 237 : « Lorsqu'une cour d'appel évoque par devant elle une poursuite criminelle, un conseiller est désigné pour remplir les fonctions de juge instructeur (art. 236). Or, ce conseiller « entendra les témoins ou commettra pour recevoir « leurs dépositions un des juges du tribunal de première « instance dans le ressort duquel ils demeurent, inter- « rogera le prévenu, etc. ». Cet article, qui permet au conseiller instructeur de déléguer l'audition des témoins et paraît lui enjoindre impérativement d'entendre lui-même le prévenu, a été invoqué par Carnot et M. Faustin Hélie pour prouver que l'interrogatoire du prévenu ne saurait être délégué en dehors du cas prévu par l'article 103. Mais leur opinion n'a pas prévalu dans la pratique, où il est d'usage constant de faire entendre par commission rogatoire un prévenu dans les cas que nous avons énumérés ci-dessus, c'est-à-dire chaque fois que les circonstances le commandent impérieusement. Ces hypothèses étant exceptionnelles, l'article 237 statue de eo quod plerumque fit et n'interdit nullement, à notre sens, l'usage des commissions rogatoires. M. Faustin Hélie lui-même incline vers cette opinion, lorsqu'il reconnaît (n° 1910) que « le juge pourrait peut-être, « dans ces cas, en invoquant l'exception même de l'ar- « ticle 103, déléguer l'interrogatoire du prévenu, et conci- « lier, comme a voulu le faire cet article, les droits de « l'humanité avec les droits de la justice ». Telle est, selon nous, la solution qu'il convient de donner à la question, en attribuant à l'article 103 un caractère purement démonstratif. — Le même principe était, d'ailleurs, admis par notre ancienne jurisprudence : « On peut aussi déléguer, « dit Jousse, pour interroger l'accusé, lorsqu'il est arrêté « hors du ressort où s'instruit le procès et qu'il est hors « d'état d'être transféré. » Mais, nous le répétons, les juges d'instruction ne devront déléguer l'interrogatoire du prévenu qu'en cas de nécessité absolue.

§ 4. — *Des mandats.* — La mission de décerner des mandats peut-elle être déléguée ? « Les mandats étant exé- « cutoires dans toute l'étendue du territoire, déléguer le « droit de les décerner serait vraiment trop singulier ». Ainsi s'exprime M. Garraud sur le point qui nous occupe. Nous adopterions complètement cette opinion, si la question était ainsi posée. Un juge d'instruction est saisi d'une affaire et veut décerner tel mandat que de droit contre un prévenu d'ores et déjà connu et domicilié hors de son arrondissement ; peut-il, dans ce seul but, adresser au juge d'instruction du domicile une commission rogatoire, en vertu de laquelle ce dernier se substituerait au magistrat déléguant pour décerner le mandat dont s'agit ? Comme les mandats décernés par un juge d'instruction sont exécutoires dans toute la France, c'est évidemment le juge saisi qui devrait, en ce cas, décerner lui-même le mandat et le faire exécuter par les autorités compétentes. Mais la question doit être posée autrement, car il y a certaines hypothèses à prévoir. Ainsi, un juge d'instruction ouvre une information qui vise, soit comme auteur principal, soit comme complice, un individu domicilié hors de son arrondissement et qui est trop gravement malade pour pouvoir se rendre devant le magistrat instructeur ; au moment où ce dernier commence son instruction, il n'y a contre le prévenu que des charges très légères, dont l'interrogatoire seul permettra d'apprécier la valeur. Le juge saisi peut-il, en déléguant l'interrogatoire du prévenu, donner au magistrat délégué mission de décerner contre ce dernier un mandat de dépôt, dans le cas, par exemple, où les charges se préciseraient et s'aggraveraient en suite de l'interrogatoire ? Ou bien encore, une commission rogatoire est donnée pour l'audition d'un témoin ; mais le magistrat instructeur a quelques raisons de croire que ce témoin pourrait avoir participé aux faits reprochés au prévenu. Peut-il déléguer, en même temps que l'audition du témoin, le pouvoir de décerner contre lui un mandat, si ses réponses ne sont pas satisfaisantes et paraissent démontrer sa complicité ? N'y a-t-il pas un grand intérêt à s'assurer, le cas échéant, de la personne d'un homme que les questions à lui posées invitent à prendre la fuite en l'avertissant du danger qu'il court et de l'arrestation qui le menace ?

Pourtant, notre réponse doit être négative : le pouvoir de décerner un mandat ne peut être délégué. Cette solution est imposée par l'article 283 du Code d'instruction criminelle, ainsi conçu : « Dans tous les cas où les procureurs de la « République et les présidents sont autorisés à remplir les « fonctions d'officier de police judiciaire ou de juge d'in- « struction, ils pourront déléguer au procureur de la Répu- « blique, au juge d'instruction et au juge de paix, même « d'un arrondissement communal voisin du lieu du délit, les « fonctions qui leur sont respectivement attribuées, *autres* « *que le pouvoir de délivrer les mandats d'amener, de dépôt et* « *d'arrêt contre les prévenus* ». Cette disposition légale ne fait d'ailleurs que consacrer des principes incontestables. Nul ne peut déléguer les pouvoirs coercitifs dont il est armé par la loi ; c'est au magistrat saisi de l'affaire à apprécier si des mandats doivent ou non être décernés, et à les décerner lui-même, le cas échéant. En outre, les mandats étant des actes, non pas d'instruction, mais de juridiction, ne peuvent jamais faire l'objet de délégations.

Toutefois le texte de l'article 283 a donné lieu à une controverse. Il n'interdit expressément la délégation que des mandats d'amener, de dépôt et d'arrêt. Certains auteurs (1) en ont conclu qu'il était possible de donner commission rogatoire pour décerner le mandat de comparution. Sans doute, disent-ils, un mandat est un acte de juridiction, et le mandat de comparution comme les autres. Mais, dans les cas prévus par les articles 34, 80, 86, le magistrat délégué n'a-t-il pas le droit, dans l'exécution de la délégation, de faire véritablement acte de juridiction ? Dès lors, comment prétendre que des actes de juridiction ne peuvent faire l'objet d'une commission rogatoire, puisque nous trouvons dans le Code lui-même la preuve du contraire. Nous répondons que dans les hypothèses prévues par les articles précités, il n'est pas question d'actes de juridiction que le magistrat instructeur déléguerait expressément dans sa commission rogatoire, comme il devrait le faire s'il s'agissait de décerner un mandat de comparution. Ces textes édictent des dispositions qui sont commandées par la force même des choses, et donnent simplement au magistrat délégué les moyens d'action sans lesquels il lui serait impossible de s'acquitter de sa tâche ; mais aucun d'eux ne fait la moindre allusion au mandat de comparution. Il est donc impossible de raisonner par analogie, en s'appuyant sur des articles qui prévoient des hypothèses complètement différentes de celle que nous étudions, et l'argument que l'on veut en tirer n'a aucune valeur.

Mais alors, dit Duverger, « si vous supprimez le mandat « de comparution de la part du juge délégué, quel moyen « restera-t-il à ce magistrat pour mander le prévenu qu'il a « mission d'interroger ? » Nous avouons qu'il ne lui en restera aucun, car c'est uniquement par le mandat de comparution qu'on peut mettre l'inculpé en demeure de se rendre devant le juge d'instruction. — L'objection n'a pourtant rien qui nous embarrasse. — Comme nous l'avons dit plus haut, l'interrogatoire d'un prévenu ne peut, à notre

---

(1) Carnot, tome II, page 292. — Duverger, n° 372.

avis, être délégué que si celui-ci est ou notoirement malade,
ou détenu dans une prison et si son transfèrement présente
de sérieuses difficultés ; dès lors, le juge délégué n'aura ou
qu'à se transporter avec son greffier auprès du prévenu pour
l'interroger, ou qu'à le faire amener devant lui au moyen
d'un ordre d'extraction. Duverger se place « dans l'hypo-
« thèse où le juge d'instruction délégué aurait à faire venir
« devant lui, dans son cabinet, un prévenu libre et dispos ».
Or, il nous paraît inadmissible, qu'en ce cas, l'interrogatoire
puisse être délégué. Du reste, Duverger est obligé d'admettre
qu'on ne pourra, en pareille circonstance, user de commission rogatoire que s'il n'y a contre le prévenu que « des
charges très légères, de vagues présomptions ». Mais de
deux choses l'une : ou ces charges et ces présomptions sont
si légères et si vagues qu'il vaut mieux ne pas ouvrir d'information, ou elles ont une certaine précision, une certaine
gravité, et le juge d'instruction saisi devra alors citer
directement devant lui l'inculpé, au moyen d'un mandat de
comparution (1).

Nous concluons donc que le droit de décerner un mandat,
quel qu'il soit, ne peut être délégué. Cette opinion est
d'ailleurs confirmée par la jurisprudence, ainsi qu'en témoi-
gne un arrêt intéressant rendu par la chambre des mises
en accusation de la Cour de Douai, le 24 juillet 1835 *(Journal
du droit criminel*, tome VII, page 224). En voici les principales dispositions :

« Les mandats de comparution, d'amener, de dépôt ou
« d'arrêt sont des actes de juridiction ; la loi ne confie le

---

(1) Nous ne mentionnerons que pour mémoire l'étrange théorie soutenue
dans le *Journal du droit criminel* (tome VII, page 223), aux termes de
laquelle « s'il ne s'élève que de vagues présomptions, le juge d'instruction
« n'enverra à son collègue qu'une commission-rogatoire *pour entendre le
« prévenu comme témoin* » ! Cette transformation momentanée d'un prévenu
en témoin est inadmissible. Ce système méconnaît toutes les règles de la
procédure criminelle et semble ignorer notamment qu'un témoin doit prêter
serment de dire la vérité ; un prévenu ne saurait être astreint à ce serment
que le soin de sa conservation ou tout autre intérêt le pousserait à violer.

« pouvoir de les décerner qu'au magistrat qu'elle a chargé
« de l'instruction, et aucune disposition n'autorise ce magis-
« trat à déléguer ce pouvoir.

« Il n'est pas possible de distinguer entre le mandat de
« comparution et les autres mandats, puisque, aux termes
« de l'article 91 du Code d'instruction criminelle, le juge
« d'instruction qui a décerné le mandat de comparution
« doit, si le prévenu mandé fait défaut, ou si le fait prend le
« caractère de crime et si le prévenu ne s'est pas disculpé
« dans son interrogatoire, convertir ce mandat en tel autre
« qu'il appartiendra.

« Un juge d'instruction qui, dans une commission roga-
« toire, délègue à un autre juge d'instruction le droit de
« décerner un mandat de comparution, excède donc ses
« pouvoirs, et c'est avec raison que le juge délégué refuse
« d'exécuter ladite commission rogatoire. »

Toutefois la Cour de cassation admet une exception
qu'elle tire de l'article 484 du Code d'instruction criminelle. Lorsqu'un magistrat appartenant à un tribunal de
commerce ou de première instance est prévenu d'un crime
emportant la peine de forfaiture ou autre plus grave, « les
« fonctions ordinairement dévolues au juge d'instruction
« et au procureur de la République sont immédiatement
« remplies par le premier président et le procureur général
« près la Cour d'appel, chacun en ce qui le concerne, ou par
« tels autres officiers qu'ils auront respectivement et spé-
« cialement désignés à cet effet ».

La Cour de cassation, dans un arrêt du 5 mars 1841
(Dal. 41-1-358), a décidé que le premier président peut, en
vertu de cet article, déléguer le pouvoir de faire tous actes
d'instruction, « ce qui entraîne virtuellement la faculté de
« décerner les mandats, soit que la délégation s'en explique,
« soit qu'elle n'en fasse pas mention ».

Mais il convient de remarquer que, même en ce cas, il n'y
a pas, à proprement parler, délégation du droit de décerner
spécialement tel ou tel mandat. Le premier président

délègue toute l'instruction, et non pas tel ou tel acte déterminé. Il fallait bien alors nécessairement que le magistrat
commis pour faire l'information eût à sa disposition les
moyens d'accomplir sa mission ; c'est pour cela qu'il n'est
pas besoin que la délégation s'explique sur ce point. Nous
estimons que si le premier président procédait lui-même
à l'instruction de l'affaire, il ne pourrait pas, en donnant
une commission rogatoire déterminée, déléguer le droit de
décerner un mandat.

SECTION II.

Des délégations données dans l'arrondissement.

Nous ne présenterons ici que de très courtes observations,
ayant déjà exposé dans le chapitre précédent les solutions
que nous paraît comporter la question. Dans son arrondissement, le juge d'instruction pourra procéder par lui-même
à tous les actes d'information, chaque fois qu'il jugera son
intervention personnelle nécessaire ou utile. Mais il pourra
aussi recourir à l'emploi des commissions rogatoires et en
faire tout l'usage compatible avec la bonne marche des
affaires qui lui sont confiées.

En ce qui concerne l'audition des témoins, il pourra la
déléguer, que les témoins habitent ou non dans son canton,
qu'ils soient ou non dans l'impossibilité de se présenter pour
cause de maladie. Quant aux perquisitions, visites domiciliaires, saisies de pièces à conviction et autres actes de
l'instruction, rien ne s'oppose à ce qu'il en délègue aussi
l'exécution ; nous avons assez longuement motivé cette
opinion pour n'avoir pas à y revenir. Mais nous ferons
observer que, dans son arrondissement comme au dehors,
le juge d'instruction ne devra déléguer l'interrogatoire du
prévenu qu'en cas d'absolue nécessité.

En toutes ces hypothèses, le magistrat instructeur pourra déléguer, non seulement le juge de paix, mais d'une façon générale les officiers de police judiciaire auxiliaires énumérés à l'article 10, et particulièrement les commissaires de police.

La question de savoir si la faculté de décerner un mandat peut faire l'objet d'une commission rogatoire ne se pose même pas lorsque le magistrat instructeur agit dans son arrondissement ; elle suppose, en effet, que la personne déléguée est par elle-même investie du pouvoir de décerner un mandat, pouvoir dont elle userait dans les limites de la délégation : Or, les officiers de police auxiliaire ne peuvent décerner que le mandat d'amener (art. 40 et 49 du C. I. C.), qui, nous l'avons vu, est précisément un de ceux dont la loi prohibe formellement la délégation.

APPENDICE.

A. — Audition des témoins militaires.

Il peut arriver, au cours d'une information, que l'on ait à recueillir les dépositions de militaires ou de témoins attachés à l'armée et assimilés aux militaires, domiciliés dans un arrondissement autre que celui du juge saisi. Ce dernier devra alors, dans l'envoi de la commission rogatoire, suivre les prescriptions de la loi du 18 prairial de l'an ii, loi toujours en vigueur (1), et qui, sur bien des points, s'écarte du droit commun.

Un des principes qui régissent l'audition des témoins est que le juge d'instruction ne doit pas les entendre en forme d'interrogatoire, conformément aux textes du Code d'instruction criminelle (art. 73, 79, 80, 324, etc.) qui portent que

---

(1) Legraverend, *Législation criminelle*, tome I, page 280. Carnot, *De l'instruction criminelle*, tome I, page 394. Merlin, *Répertoire* V° *témoins judiciaires*, tome XIII, page 427.

les témoins seront entendus, et non point interrogés. Or, aux termes des articles 2 et 3 de la loi de l'an ii, le juge d'instruction doit rédiger la série de questions qu'il veut faire poser au témoin ; puis il en donne connaissance au prévenu ; il tient note des observations de celui-ci, les lui fait signer ou mentionne la cause pour laquelle il n'a pas signé ; après quoi, il envoie la commission rogatoire à destination de la manière que nous indiquerons ci-dessous. De même, si un prévenu, dans l'intérêt de sa défense et pour sa justification, veut faire entendre des témoins de la qualité sus-énoncée, l'article 4 l'autorise à rédiger la série des questions qui lui paraissent utiles à sa cause ; il la donne au magistrat instructeur qui l'envoie, par commission rogatoire, à son collègue compétent.

Immédiatement après avoir rempli sa mission, le juge délégué retourne la commission rogatoire ainsi exécutée au juge d'instruction saisi de l'affaire ; celui-ci communique au prévenu les réponses recueillies, sur lesquelles ce dernier peut présenter des observations que le juge d'instruction doit consigner par écrit ; l'inculpé a même le droit, aux termes de l'article 8, de requérir le magistrat instructeur de faire interroger une seconde fois les témoins en se conformant aux indications qu'il fournit ; mais une fois qu'il a été procédé à cette seconde audition, pour laquelle l'article 8 prescrit les mêmes formes que pour la première, le prévenu ne peut plus la faire renouveler ; autrement, il n'y aurait pas de raison pour que la procédure prît fin.

La loi du 18 prairial an ii prescrivait d'adresser la commission rogatoire à l'accusateur militaire de l'armée où les témoins seraient employés, sinon à la commission du mouvement des armées. Ces dispositions ne sont évidemment plus applicables. S'il est impossible, et c'est chose très rare, de savoir où se trouve le corps auquel appartient le témoin, on peut recourir au ministre de la guerre par l'intermédiaire du ministre de la justice. Dès que le lieu de la résidence du témoin est connu, il suffit d'adresser la commission rogatoire au juge d'instruction de l'arrondissement où il se trouve.

L'article 10 de la loi porte que les dépositions reçues par écrit, suivant les formes que nous venons d'indiquer, devront être considérées, par le juge d'instruction, comme dépositions orales, lues publiquement aux débats, et qu'elles pourront tenir lieu de la comparution personnelle, sauf aux juges à ordonner cette comparution, si elle leur paraît indispensable.

La loi de prairial an II, faite à une époque où les communications étaient fort difficiles, répondait à une double nécessité : 1° ne pas distraire du service militaire des hommes qu'une comparution personnelle devant le magistrat instructeur aurait pu en éloigner pour plusieurs jours, peut-être pour des semaines; 2° assurer, néanmoins, au prévenu la garantie que lui aurait donnée la présence du témoin en imprimant à la procédure un caractère contradictoire.

Une décision ministérielle du 23 septembre 1811 prescrit de recevoir, conformément à la loi du 18 prairial an II, le témoignage des marins embarqués sur les vaisseaux de l'État, lorsqu'ils ne se trouvent pas dans le lieu où siège le magistrat instructeur.

B. — Audition des consuls allemands.

En ce qui concerne l'audition, comme témoins, des consuls allemands en France, des prescriptions particulières ont été édictées par deux circulaires de la Chancellerie, en date du 19 mars et du 6 décembre 1888. Voici en quels termes s'exprimait le garde des sceaux dans la première de ces circulaires :

« Le mode de citation des consuls d'Allemagne en France,
« appelés comme témoins, a donné lieu à quelques diffi-
« cultés qu'il importe de faire cesser. Après examen de la
« question, et d'accord avec M. le Ministre des Affaires

« étrangères, j'ai décidé qu'il convenait d'adopter, en ma-
« tière pénale, la règle suivante applicable par voie de réci-
« procité à nos consuls en Allemagne.

« 1° Les consuls d'Allemagne en France, non sujets de
« l'empire, seront tenus de fournir leur témoignage en jus-
« tice lorsque les tribunaux le jugeront nécessaire, mais
« après avoir été cités par lettre officielle;

« 2° Les mêmes consuls, sujets allemands, ne pourront
« jamais être contraints à comparaître devant les tribu-
« naux, qui devront les inviter à se présenter devant eux,
« et, en cas d'empêchement, envoyer un délégué à leur
« domicile pour recueillir leur témoignage de vive voix ».

Comme on le voit, cette circulaire ne vise que les dépositions devant les tribunaux, et aux termes du paragraphe 2,
le seul mode de recevoir le témoignage d'un consul allemand, sujet de l'empire, empêché de se présenter à l'audience, est d'envoyer à son domicile un délégué qui recueil-
lera sa déposition de vive voix.

A ce double point de vue, la circulaire du 6 décembre 1888
a apporté des modifications. Le paragraphe premier de la
circulaire du 19 mars reste intact. Mais le second paragraphe reçoit la nouvelle rédaction suivante :

« Les mêmes consuls, sujets allemands, ne pourront
« jamais être contraints à comparaître comme témoins
« devant les tribunaux. Quand la justice aura quelque
« déclaration juridique ou déposition à recevoir d'eux, elle
« les invitera par écrit à se présenter devant elle, et, en cas
« d'empêchement, elle devra, suivant qu'elle l'estimera
« convenable, leur demander leur témoignage par écrit ou
« envoyer un délégué à leur domicile pour recueillir leur
« témoignage de vive voix. »

Il n'est donc plus seulement question des tribunaux, mais
de la justice, et nous estimons que les juges d'instruction
sont compris dans cette formule si générale. Si donc, un de
ces magistrats a besoin de recueillir le témoignage d'un

consul allemand, sujet de l'empire, il ne pourra le contraindre à comparaître devant lui; si ce consul se dit empêché de répondre à la citation, le magistrat instructeur devra donner commission rogatoire à un juge de paix ou à un officier de police judiciaire auxiliaire pour recevoir la déposition dont s'agit. Mais il pourra aussi, s'il le préfère, et c'est là la seconde innovation apportée par la circulaire du 6 décembre, demander au consul son témoignage par écrit, comme le pourrait faire également le tribunal devant lequel le consul allemand serait appelé à déposer.

CHAPITRE III

DES DÉLÉGATIONS DONNÉES PAR LE MINISTÈRE PUBLIC.

Quels sont les officiers du ministère public compétents pour déléguer des actes de l'instruction criminelle, et quelles sont les limites de leur compétence à cet égard? Ces deux questions importantes feront l'objet de ce chapitre.

En premier lieu, tous les officiers du ministère public peuvent-ils, le cas échéant, et sous les conditions que nous déterminerons ci-dessous, délivrer des commissions rogatoires ? — Il faut d'abord éliminer les membres du ministère public placés près les tribunaux de simple police, où il ne s'agit que de la poursuite de contraventions. Quant au procureur de la République, il a le droit incontestable de délégation, puisque l'article 52 le lui donne expressément. — Mais quels sont, sous ce rapport, les pouvoirs du procureur général? — Est-il officier de police judiciaire, et a-t-il, à ce titre, les mêmes droits que le procureur de la République? La question de savoir si l'article 52 lui est applicable, ne se posera évidemment que si ce dernier point est résolu affirmativement.

Certains auteurs, et notamment M. Le Poitevin (1), estiment que le procureur général a la plénitude des pouvoirs de l'action publique: c'est l'officier de police judiciaire par excellence. Dès lors, dans les hypothèses prévues par les articles 32 et 46 du Code d'instruction criminelle, c'est-à-dire dans les cas de flagrants délits et ceux assimilés, il a, lui aussi, la faculté de délégation.

(1) *Dictionnaire formulaire des parquets,* tome III.

Nous ne saurions adopter cette opinion. Pour nous, le procureur général n'est pas officier de police judiciaire. Armé d'un pouvoir de haute surveillance, il dirige l'exercice de l'action publique dans son ressort, mais il n'a pas le droit de *constater* lui-même les faits délictueux, pas plus que celui de procéder, en cas de flagrant délit, à des arrestations, perquisitions, etc.

Tous les textes du Code d'instruction criminelle sont en notre faveur. D'abord, l'article 9, qui énumère soigneusement et limitativement tous les officiers de police judiciaire, mentionne le procureur de la République et ses substituts, mais ne parle pas du procureur général, omission caractéristique assurément ; nous nous demandons comment nos adversaires pourraient l'expliquer. Puis, l'article 27, porte : « les « procureurs de la République seront tenus, aussitôt que les « délits parviendront à leur connaissance, d'en donner avis « au procureur général près la Cour d'appel, *et d'exécuter ses* « *ordres relativement à tous actes de police judiciaire* ».

Admettons un instant que le procureur général puisse avoir la qualité d'officier de police judiciaire. Le Code a complètement omis de l'indiquer à l'article 9 ; mais il va sans doute combler cette lacune dans les articles 271 et suivants, où il détermine les fonctions du procureur général près la Cour d'appel : là, nous allons, selon toute vraisemblance, constater que, si un délit parvient à sa connaissance soit directement, soit par une dénonciation, il pourra, non seulement charger le procureur de la République de poursuivre, mais encore exécuter lui-même, s'il lui plaît, les actes de la compétence des officiers de police judiciaire. Lisons donc les articles 274 et 275.

« Art. 274 : Le procureur général, soit d'office, soit par « les ordres du ministre de la justice, *charge le procureur de* « *la République de poursuivre les délits dont il a connais-* « *sance* ».

« Art. 275 : Il reçoit les dénonciations et les plaintes qui « lui sont adressées directement soit par la Cour d'appel,

« soit par un fonctionnaire public, soit par un simple citoyen,
« et il en tient registre. *Il les transmet au procureur de la
« République* ». Nous voyons bien, dans tous ces cas, le procureur général charger le procureur de la République de la
poursuite ; mais qu'on nous cite un texte lui donnant le droit
de procéder lui-même à la constatation du délit ? La législation italienne, qui reconnaît au procureur général la compétence d'un officier de police judiciaire, s'en est formellement
expliquée dans l'article 55 du Code de procédure pénale,
ainsi conçu : « Les actes de la compétence du procureur du
« roi peuvent être exercés par le procureur général de qui il
« dépend, quand celui-ci l'estime convenable ». Le silence
de notre Code sur ce point n'est-il pas significatif ?

D'ailleurs, si le procureur général avait, de par ses fonctions, les pouvoirs de la police judiciaire, pourquoi le législateur les lui aurait-il expressément conférés dans certains
cas spéciaux (1), tels que ceux prévus par les articles 330,
404, 480, 484 du Code d'instruction criminelle, articles qui,
en cas de crimes de contrefaçon de billets de banque ou de
sceaux de l'État, de faux témoignage ou de poursuites
contre des membres de l'ordre judiciaire, attribuent au
procureur général toute compétence pour procéder à certains actes ressortissant des fonctions d'officiers de police
judiciaire ? Les articles 330 et 484 sont particulièrement
typiques à ce sujet.

L'article 330 prévoit le cas où, au cours des débats devant
la Cour d'assises, la déposition d'un témoin paraît fausse ;
le président peut alors faire mettre immédiatement le
témoin en état d'arrestation. « Le procureur général, ajoute
« cet article, et le président ou l'un des juges par lui commis,

---

(1) Cette dérogation a même été étendue parfois à des cas trop peu graves
pour la justifier. Ainsi, nous voyons l'article 39 de l'ordonnance du 16 juillet 1828 charger le procureur général, concurremment avec les officiers ordinaires de la police, de « constater les contraventions aux lois sur la police
des voitures publiques ». Il n'est pas étonnant que la loi du 30 mai 1851
n'ait pas reproduit cette bizarre disposition.

« rempliront, à son égard, *le premier, les fonctions d'officier*
« *de police judiciaire*, le second, les fonctions attribuées au
« juge d'instruction dans les autres cas ». Ainsi, voilà un
témoin arrêté à la Cour d'assises, en présence du procureur
général, le plus souvent sur ses réquisitions, et la loi déclare
expressément que ce dernier remplira à son égard les fonctions d'officier de police judiciaire. Si le procureur général
était, de plein droit, investi de ces fonctions, s'il était,
comme le prétend le système adverse, l'officier de police
judiciaire par excellence, pourquoi cette désignation formelle
de la loi dans un article où un autre magistrat est, lui aussi,
et en même temps, investi exceptionnellement de fonctions
qui ne sont pas les siennes ?

L'article 484 est plus catégorique encore : « . . . . les
« fonctions *ordinairement dévolues au juge d'instruction et*
« *au procureur de la République* seront immédiatement
« remplies par le premier président et le procureur général
« près la Cour ».

De ce que la loi a cru devoir déterminer aussi nettement
ces cas de compétence, il résulte de toute évidence qu'en
dehors de ces dispositions formelles, le procureur général
n'a pas, par lui-même, qualité pour exercer les fonctions
d'officier de police judiciaire.

Comme le dit fort bien M. Garraud, dont l'opinion est
conforme à la nôtre (1) : « Il ne faut pas croire que les liens
« hiérarchiques qui unissent entre eux les membres du
« ministère public donnent, *de plein droit*, à chaque ma-
« gistrat supérieur, le droit de faire, *par lui-même*, les
« actes attribués aux agents placés immédiatement sous
« ses ordres. Chaque magistrat a ses attributions *propres*
« et sa compétence *spéciale ;* le procureur général ne peut
« pas plus agir aux lieu et place du procureur de la Ré-
« publique devant le tribunal correctionnel, que celui-ci
« ne peut se substituer au commissaire de police pour

---

(1) *Précis de droit criminel,* pages 473 et 575.

« exercer l'action publique devant le tribunal de simple
« police » (1).

Peut-être nous opposera-t-on l'article 45 de la loi du
20 avril 1810 sur « l'organisation de l'ordre judiciaire et
l'administration de la justice », article ainsi conçu : « Les
« procureurs généraux exercent l'action de la justice cri-
« minelle dans toute l'étendue de leur ressort. Ils veilleront
« au maintien de l'ordre dans les tribunaux ; ils auront
« la surveillance de tous les officiers de police judiciaire
« et officiers ministériels du ressort ». A notre sens, ce
texte ne confère point au procureur général le droit d'exercer personnellement les fonctions attachées à la qualité
d'officier de police judiciaire. Il signifie que le procureur
général a, dans son ressort, le droit de *poursuivre* les
crimes et les délits ; c'est ainsi que la Cour de cassation
l'a interprété dans un arrêt du 1ᵉʳ juillet 1813 (*J. du P.* 1813,
page 513), rendu sur les conclusions conformes du procureur général Merlin. Mais autre chose est la *poursuite*
d'un fait délictueux, autre chose sa *constatation*. Nous
venons de voir ce qu'est, pour le procureur général, le
droit de poursuivre, d'après le C. I. C. ; c'est le droit de
donner des ordres au procureur de la République pour que
celui-ci procède aux actes qui sont de sa compétence.
L'article 45 de la loi de 1810 ne fait donc que confirmer
les dispositions du Code que nous avons étudiées ; pas
plus que le Code, il ne donne au procureur général le droit
d'exécuter personnellement des actes que le procureur de
la République a seul qualité pour accomplir, par exemple
arrestations, perquisitions.

Nous n'hésitons pas, d'ailleurs, à regretter que le Code

---

(1) Le procureur général peut, il est vrai, aller, quand il lui plaît, remplacer le procureur de la République comme ministère public à l'audience
d'une Cour d'assises de son ressort, établie dans un département autre que
celui où siège la Cour. Mais ce pouvoir lui est expressément conféré par
l'article 284, C. I. C., tandis qu'aucune disposition semblable n'existe pour
la juridiction correctionnelle.

d'instruction criminelle ne confère pas, à cet égard, au procureur général, les mêmes pouvoirs qu'au procureur de la République ; nous estimons qu'il serait beaucoup plus logique que le chef hiérarchique puisse faire par lui-même, quand il le jugerait convenable, les actes dont il a le droit de prescrire l'exécution à ses subordonnés, et une disposition analogue à celle de l'article 55 du Code de procédure pénale italien devrait, à notre sens, être inscrite dans nos lois.

L'opinion que nous soutenons s'appuie sur l'autorité de Carnot (1), de Dalloz (2), de M. Faustin Hélie (3), de M. Garraud (4) ; elle a aussi pour elle la jurisprudence, comme le prouve l'arrêt ci-dessus cité, rendu le 1er juillet 1813, par la Cour de cassation.

Nous croyons donc avoir démontré que le procureur général, n'ayant jamais à procéder aux actes d'instruction qui sont, en certains cas, de la compétence du procureur de la République, ce dernier sera le seul, parmi les membres du ministère public, qui puisse recourir aux délégations.

Cherchons maintenant dans quelles limites il peut l'exercer. Nous l'avons déjà dit ; dans tous les cas où s'appliquent les termes des articles 36 et 42 du code d'instruction criminelle, auxquels se réfère l'article 52, on doit, sans hésitation, reconnaître au procureur de la République le droit de délégation que lui confère expressément ce dernier texte. Hors de ces hypothèses, lorsqu'il s'agira de délit non flagrant, à quelle solution faut-il s'arrêter ? Le procureur de la République peut-il parfois procéder à des actes d'instruction, lorsqu'il n'y a pas flagrant délit ? Si la

(1) *Instruction criminelle.* Tome II, page 52.

(2) *Jurisprudence générale ;* 2º *Instruction criminelle.* Titre I, chap. 3, section 1.

(3) *Instruction criminelle.* Tome III, page 108.

(4) *Loc. cit.* Cfrre aussi, dans le même sens, la traduction du Code de procédure pénale d'Italie, par de Marcy, 1re partie, page 49.

réponse à cette question est affirmative, nous aurons à examiner si l'exécution de ces actes ne peut être déléguée.

Certains auteurs, tels que Massabiau (1), de Molènes (2), Duverger (3), reconnaissent au procureur de la République et à ses auxiliaires le droit de recourir à certaines mesures d'instruction, en dehors de tout flagrant délit. « S'il y avait, « dit Duverger, urgence, péril en la demeure, impossibilité « d'obtenir à temps une délégation du juge d'instruction ou « d'espérer l'arrivée prompte de ce magistrat, soit qu'il « s'agit d'un *crime non flagrant*, soit d'un délit *flagrant ou* « *non*, le juge de paix serait autorisé, selon nous, par « son caractère d'officier de police judiciaire, à constater les « faits, à entendre les personnes présentes sur les lieux, à « interroger le prévenu, à saisir les instruments du crime « ou du délit, ou à les mettre sous le scellé. Toutefois il « devrait s'abstenir de visites domiciliaires, autant que « possible, et ne jamais passer outre, s'il rencontrait de « l'opposition ; il ne pourrait décerner de mandats d'aucune « sorte. » Il va sans dire que, par voie de conséquence, le même pouvoir appartiendrait au procureur de la République, dont le juge de paix n'est que l'auxiliaire.

Nous ne saurions adopter cette théorie, contraire, ce nous semble, à l'esprit et à la lettre du Code d'instruction criminelle. Il suffit de lire les discussions qui ont eu lieu au Conseil d'Etat, dans les séances des 4, 7 et 11 juin 1808 (Locré, tome XXV, pages 147 et 151), pour être assuré que les rédacteurs du Code ont voulu la proscrire. Cambacérès soutint que le pouvoir d'instruire, qui appartient exclusivement au juge, ne doit être conféré que dans le cas de flagrant délit aux officiers, chargés seulement de la recherche et de la poursuite des délits. « Dans le cas de « flagrant délit, dit-il, peu importe par qui le fait sera con-

(1) *Manuel*, tome II, page 232.
(2) *Des fonctions d'officier de police judiciaire*, page 70.
(3) *Manuel criminel des juges de paix*, page 79.

7

« staté. Il n'y a nul inconvénient, par exemple, à ce que le
« procureur impérial constate que l'on a trouvé un cadavre ;
« mais il serait très dangereux de lui accorder le même
« pouvoir hors du flagrant délit, de l'autoriser à s'introduire
« dans un lieu habité, sous prétexte qu'une personne, qui
« vient de décéder, a péri de mort violente, à se faire accom-
« pagner d'un chirurgien pour vérifier le fait, à prendre les
« déclarations de domestiques, à visiter les papiers et les
« endroits les plus secrets, à décerner des mandats contre
« qui il juge à propos, et à renvoyer devant le juge d'in-
« struction les personnes qu'il lui plaira de considérer
« comme suspectes. Le ministère de cet officier doit être
« borné à recueillir les renseignements et provoquer la
« justice, et ne jamais aller jusqu'à en exercer lui-même
« les fonctions. » Berlier parla dans le même sens : « En
« quelles circonstances, dit-il, importe-t-il le plus que nulle
« entrave n'existe ? C'est au premier moment d'un délit
« patent. S'agit-il d'un délit occulte ? Sans doute il faut le
« rechercher ; mais, comme il n'y a pas de traces du délit, ou
« que, s'il en existe, elles sont déjà anciennes, ce retard de
« quelques heures ou souvent de quelques jours, préjudi-
« ciera bien rarement à l'ordre public, et le ministère du
« juge d'instruction appliqué à ces sortes d'affaires, ajoutera
« aussi à la sûreté individuelle. » Le système proposé par
Berlier fut adopté par le Conseil d'Etat, le 18 juin 1808.

Il est donc certain que le législateur a restreint au cas de
flagrant délit, le droit attribué au procureur de la République, de faire des actes d'instruction. Du reste, la théorie
adverse mène à des contradictions qu'il est aisé de faire
ressortir ; elle autorise certains actes d'instruction, et en
exclut d'autres comme illégaux. Mais de deux choses l'une :
ou la loi donne au procureur de la République et à ses auxiliaires le droit de procéder à des actes d'instruction, même
en dehors du flagrant délit, et alors tous ces actes ont une
valeur légale, entière et incontestable, sans qu'il y ait à faire
de distinction entre tels ou tels d'entre eux ; ou bien elle le

leur refuse, et alors comment peuvent-ils procéder à un seul de ces actes ? Donc, en dehors des hypothèses prévues par les articles 36 et 42, l'article 47 doit être appliqué dans toute sa rigueur, et le procureur de la République ne peut que requérir le juge d'instruction d'informer (1). Par conséquent, dès que nous ne sommes plus dans le champ d'application de ces articles 36 et 42, visés expressément par l'article 52, le procureur de la République, n'ayant personnellement aucun pouvoir d'instruction, ne peut jamais recourir à aucune délégation. Ce système, qui est celui de Bourguignon (2), de Boitard (3), de Dalloz (4), de M. Faustin Hélie (5), est aussi celui de la Cour de cassation, qui l'a formellement consacré dans deux arrêts, l'un du 27 août 1840 (*J. du P.* 1841-1-490), l'autre du 19 août 1855 (Dalloz, 55-1-546).

Dans la première espèce, le procureur général de Riom avait, après les réponses faites par un accusé à la Cour d'assises, et en l'absence de toute ordonnance du président de la Cour, délégué un juge de paix pour vérifier lesdites allégations, dresser un état des lieux, etc. Le condamné se pourvoit : « Attendu, dit la Cour suprême, que de la combi-« naison des articles 32, 46, 47, 52, 61, 217, 241, 276 du Code « d'instruction criminelle, il résulte clairement que, hors le « cas de flagrant délit et celui assimilé au flagrant délit, la « loi n'attribue aux officiers du ministère public que le droit « de réquisition, et que les procureurs du roi, pas plus que « les procureurs généraux eux-mêmes, ne peuvent, sans « violer les règles de la compétence et sans intervertir « l'ordre des juridictions, faire aucun acte d'instruction, ni,

---

(1) Pour les officiers auxiliaires du procureur de la République, ce sera l'article 54 qui sera appliqué, et, hors le cas de flagrant délit, ils ne pourront que transmettre au procureur de la République les dénonciations à eux faites.

(2) *Codes criminels,* tome I, page 140.

(3) Pages 292 et sq.

(4) *Jurisprudence générale,* 2° *Instruction criminelle.*

(5) Tome IV, pages 101 et sq.

« par conséquent, déléguer pour faire ces actes aucun ma-
« gistrat ni officier de police judiciaire ».

L'arrêt de 1855 reproduit exactement et dans des termes
identiques les mêmes principes, et ajoute qu'ils sont « géné-
« raux et absolus ».

Il peut, toutefois, arriver qu'il y ait urgence de faire procéder à certaines constatations, et ce en dehors du cas de
flagrant délit. En voici un exemple emprunté à la jurisprudence. — Un individu est prévenu de coups et blessures
volontaires ; l'affaire a été mise à l'instruction. La victime a
été assez violemment frappée pour qu'on ait dû la transporter à l'hôpital ; là, une amélioration se produit, et les
médecins estiment que la guérison surviendra rapidement.
Le juge d'instruction termine sa mission, et, sur le réquisitoire du parquet, rend une ordonnance de renvoi devant le
tribunal correctionnel. Mais, entre la date de cette ordonnance et le jour de l'audience, l'état de la victime s'aggrave
subitement, elle meurt. Il y a, évidemment, le plus grand
intérêt à faire procéder à une autopsie pour établir les rapports de cause à effet qui peuvent exister entre les coups
portés et le décès. — Quelle est alors la situation ? Le juge
d'instruction a épuisé sa juridiction par l'ordonnance de
renvoi, et il ne peut plus être saisi ; d'autre part, il est impossible d'attendre que le tribunal ordonne un supplément
d'information. En ce cas, le ministère public aura incontestablement le droit et le devoir de requérir un médecin pour
faire l'autopsie ; mais le réquisitoire du parquet et tous les
procès-verbaux, dressés en exécution de ce réquisitoire, ne
devront pas être joints à la procédure comme actes d'instruction, et le jugement à intervenir ne pourra ordonner
qu'ils y restent annexés à titre de simples renseignements.
C'est ainsi qu'a jugé la Cour de cassation, dans une espèce
identique (19 avril 1855. — Dalloz 55-1-546). L'on voit donc
qu'il ne s'agit nullement de délégation d'un acte d'instruction, mais d'une simple demande de renseignements.

Les deux questions principales que nous nous étions

posées étant ainsi résolues, nous n'ajouterons plus qu'une remarque. Aux termes de l'article 52, le procureur de la République peut charger de partie des actes de sa compétence « un officier de police auxiliaire ». Mais ce texte ne dit pas que pareille délégation pourra être faite à un autre procureur de la République, tandis que les articles 83 et 84 reconnaissent au juge d'instruction le droit d'en déléguer un autre. En effet, et c'est là encore une différence avec le juge d'instruction, le procureur de la République n'aura jamais à adresser de commissions rogatoires hors de son ressort. Nous sommes, par hypothèse, en cas de flagrant délit ; or il n'y a flagrant délit que si le coupable est pris sur le fait, ou bien s'il est poursuivi par la clameur publique, ou, enfin, si, dans un temps voisin du délit, il est trouvé nanti d'effets, armes, instruments ou papiers faisant présumer sa culpabilité. On voit, par cette simple énumération, combien, dans toutes ces circonstances, l'instruction se trouve simplifiée. Tout se borne, en fait, à faire vérifier, en cas de dénégations, les allégations du prévenu soit sur l'emploi de son temps, soit sur la provenance de tel ou tel objet trouvé en sa possession. Il suffit alors au procureur de la République de se renseigner auprès de ses collègues compétents, ou par la voie télégraphique, ou par lettre missive, suivant l'urgence. Si l'affaire garde son caractère de flagrant délit et si elle est jugée comme telle par le tribunal, ces renseignements serviront d'éléments d'appréciation ; si, au contraire, à raison de son importance ou des difficultés qu'elle présente, elle est mise à l'instruction, le magistrat saisi complétera, par des commissions rogatoires régulières, les premiers renseignements recueillis par le parquet.

Lorsqu'il agira dans son arrondissement, le procureur de la République pourra charger un officier de police auxiliaire de procéder, mais uniquement au domicile du prévenu (1), à

(1) Le procureur de la République n'a pas le droit, même en cas de flagrant délit, de pénétrer dans d'autres domiciles que celui du prévenu. Le juge d'instruction seul est investi de ce pouvoir (art 36, 87, 88 C. I. C.

des perquisitions et à des saisies de pièces à conviction ; de même pour l'audition des témoins. Quant à l'interrogatoire, la question ne se pose même pas, puisque, en cas de crime ou de délit flagrant, le prévenu est presque toujours arrêté. et que, s'il est en fuite, le procureur de la République décernera un mandat d'amener, que le juge d'instruction immédiatement saisi transformera en mandat d'arrêt.

Aux termes de l'article 40 du Code d'instruction criminelle (1), le procureur de la République, s'étant transporté sur les lieux, peut, en effet, si le prévenu n'est pas présent, rendre pour le faire comparaître une ordonnance qui se nomme mandat d'amener. Ce droit appartient aussi aux juges de paix, officiers de gendarmerie, commissaires de police, agissant spontanément et de leur propre initiative au cas de flagrant délit ; mais il ne saurait être délégué par le procureur de la République, pour les raisons que nous avons données dans le chapitre précédent (Section I, parag. 4).

(1) L'article 40 du C. I. C. ne donnait au procureur de la République le droit d'arrestation préventive que s'il s'agissait d'un fait de nature à entraîner une peine afflictive ou infamante, c'est-à-dire d'un crime. La loi du 20 mai 1863 a étendu ces attributions au cas du simple délit flagrant.

CHAPITRE IV

DE DIVERS CAS DE DÉLÉGATION DES ACTES DE L'INSTRUCTION CRIMINELLE.

Il peut arriver qu'une cour d'appel, une cour d'assises ou un tribunal correctionnel, appelé à statuer sur un fait délictueux ou criminel, estiment qu'un supplément d'information est nécessaire pour éclairer complètement leur religion, soit que l'instruction préalable ait été insuffisante, soit que de nouveaux éléments d'appréciation se soient produits depuis la clôture de cette instruction. Le président de la Cour d'assises peut également ordonner un supplément d'information dans certaines hypothèses, alors que l'arrêt de renvoi est rendu par la chambre des mises en accusation et que la session n'est pas encore ouverte. Le plus souvent, ces instructions supplémentaires sont faites au moyen de délégations et de commissions rogatoires. Enfin les présidents de la Cour de cassation et des cours d'appel ont, eux aussi, à recourir aux délégations en certaines circonstances. Le présent chapitre est consacré à l'étude de ces divers cas de délégations.

Section I.

Des délégations faites en suite d'un supplément d'information ordonné par une cour d'appel ou par un tribunal correctionnel.

§ 1. — *Fondement de ces suppléments d'information.* — Les instructions supplémentaires ordonnées par les cours d'appel et les tribunaux correctionnels ne sont prévues par aucun

texte du Code d'instruction criminelle ; elles ont été instituées uniquement par la jurisprudence, qui a fait en cela
œuvre prétorienne. Leur existence a été consacrée pour la
première fois par la Cour de cassation, dans un arrêt du
19 mars 1825 (Sirey, 1825-1-83), aux termes duquel : « les
« tribunaux correctionnels ont le droit d'ordonner une
« instruction supplémentaire et par écrit, lorsqu'ils ne trou-
« vent pas que l'instruction déjà faite est suffisante ; car ils
« y sont dès lors autorisés par la loi même de leur institu-
« tion, qui leur fait un devoir de ne rien négliger, soit dans
« l'intérêt des prévenus, soit dans celui de la vindicte publi-
« que, pour arriver à la connaissance de la vérité ; mais les
« présidents de ces tribunaux ne peuvent ordonner seuls
« cette instruction ni la faire, s'ils ne sont commis à cet
« effet par le tribunal, puisque, ne tenant pas cette déléga-
« tion de la loi, ils ne peuvent la tenir que de la juridiction
« à laquelle ils appartiennent ».

Depuis, par divers arrêts, du 18 mars 1848, 12 janvier 1856,
19 mars 1858, la Cour suprême a confirmé des arrêts de
cour d'appel ayant ordonné, comme mesures d'instruction
supplémentaire, des descentes sur les lieux, expertises,
apports de pièces, etc. Toutefois, en 1877, la Cour d'Alger
ayant chargé un conseiller de faire un supplément d'information, le procureur général près cette Cour s'y opposa par
des conclusions formelles, alléguant, entre autres motifs,
que ces suppléments d'information n'étaient pas prévus par
le Code d'instruction criminelle, et que, dès lors, ils étaient
arbitraires et illégaux. Le 1er mars 1877, la Cour d'Alger
rendit un arrêt déclarant que « les tribunaux correctionnels
« et les cours d'appel peuvent charger un de leurs membres
« de faire un supplément d'information » (Sirey, 77-2-210).
Sur le pourvoi du procureur général, la Cour de cassation
rendit, le 21 juin 1877, un arrêt de rejet, dont un des consi-
dérants était ainsi conçu : « Attendu qu'il est de principe,
« en matière criminelle et correctionnelle, où les juges sta-
« tuent d'après leur conviction, de ne rien négliger pour

« arriver à la découverte de la vérité; qu'ainsi donc, s'ils
« trouvent insuffisante l'instruction de l'affaire, ils peuvent
« faire procéder à un supplément d'information par un de
« leurs membres ». Enfin, dans deux arrêts récents, l'un du
1er avril 1892 (Sirey, 92-1-333) et l'autre du 8 avril 1892 (Sirey,
94-1-521), la Cour de cassation a maintenu sa jurisprudence et
« décidé qu'aucune disposition de loi n'interdit aux tribunaux
« correctionnels d'ordonner une enquête supplémentaire,
« lorsqu'ils estiment que les preuves fournies sont insuffi-
« santes ».

La doctrine admet, elle aussi, la légitimité de ces suppléments d'information qu'impose la nécessité pratique (1).

§ 2. — *Caractère juridique de ces suppléments d'information.*
— Quel caractère convient-il d'attribuer à cette instruction
complémentaire ? Doit-on l'assimiler à un complément de
l'instruction préparatoire ou faut-il la considérer comme un
acte de la procédure de jugement ? Le silence absolu de la
loi sur ce point rend la question fort délicate. Nous avons
trouvé, à cet égard, sous l'arrêt précité du 8 avril 1892 (S., 94-
1-521), une note qui mérite notre attention.

L'arrêtiste combat « l'argumentation spécieuse qui assi-
« gnerait à la nomination du juge commis pour procéder au
« supplément d'instruction les effets d'une délégation judi-
« ciaire. Dans ce système, le juge délégué représenterait et
« remplacerait le tribunal qui le nomme. Déléguer, en effet,
« c'est commettre quelqu'un en sa place. Le juge commis,
« mis en la place du tribunal, doit donc procéder comme eût
« procédé celui-ci, s'il eût fait l'instruction complémentaire.
« Or, faite à l'audience, cette instruction aurait été contra-
« dictoire, et, à peine de nullité, le serment prêté par les
« témoins aurait dû être explicitement constaté par le
« greffier. Faite hors de l'audience par un juge commissaire,

______

(1) Massabiau. *Manuel du ministère public,* tome II, n° 2979. — Faustin
Hélie, tome VI, n° 2921.

« elle doit de même être contradictoire, et les notes du gref-
« fier doivent également indiquer, sous la même sanction
« de nullité, le serment qu'ont prêté les témoins ». Puis
l'arrêtiste déclare qu'au premier abord, ce système paraît à
l'abri de tout reproche, puisque c'est au Code d'instruction
criminelle qu'il emprunte le terme de « délégation », dont il
qualifie la nomination du juge commis (art. 266, 484-alin. 2,
488, 497, C. I. C.). Telle est, en outre, la signification du
mot « commettre » qu'emploient également d'autres textes
(83, 437, C. I. C.). « Enfin, ajoute-t-il, l'effet précis de la dé-
« légation, c'est-à-dire la substitution du juge délégué aux
« lieu et place du juge déléguant, paraît bien trouver sa
« justification dans l'article 266 du Code d'instruction crimi-
« nelle, qui porte que le président des assises, chargé d'en-
« tendre l'accusé lors de son arrivée dans la maison de
« justice, pourra « déléguer » ces fonctions à l'un des
« juges ».

Malgré toutes ces raisons, ce système semble inaccep-
table à l'arrêtiste. Le motif qu'il en donne est que « celui
« que la loi nomme à une fonction quelconque doit la rem-
« plir *personnellement ;* sans doute la loi autorise, dans cer-
« tains cas, la délégation des fonctions (art. 83, 84, 90,
« 237, 266, 484, 486, 497, C. I. C.). Mais ce sont des disposi-
« tions exceptionnelles qu'il est impossible d'étendre par
« voie d'analogie, parce que toute participation à l'œuvre
« de la justice exige une vocation légale expresse...... Or,
« aucun texte de loi ne confère à une cour ou à un tribunal
« le droit de confier à un de leurs membres le soin de pro-
« céder à un supplément d'instruction qu'il leur appartient
« de faire personnellement. Dès lors, il ne saurait être ques-
« tion de délégation ».

Toutefois, l'arrêtiste reconnaît l'extrême utilité pratique
de ces suppléments d'information, que la jurisprudence et la
doctrine ont consacrés depuis longtemps, et dont la suppression aboutirait, ainsi qu'il le déclare lui-même, « soit à obli-
« ger un tribunal à statuer sur des preuves insuffisantes,

« soit à le contraindre à suspendre le jugement des autres
« affaires, pour procéder par lui-même à la réunion des
« preuves ». Comment donc concilier cette pratique si utile
« avec la règle qui défend toute délégation en dehors des
« textes? » Le moyen paraît des plus simples à l'auteur de
la note : « Il faut renoncer à employer les mots « déléga-
« tion » et « commission », qui ont un sens juridique, pour
« se servir du mot plus juste de « mission ». — En cas de
« délégation, en effet, il y a une délégation de fonctions au
« délégué qui autorise le déléguant à utiliser, sans les
« refaire par lui-même, les actes du délégué (art. 489,
« 490, C. I. C.). Or, il ne peut y avoir une semblable dévolu-
« tion lorsque le tribunal, en dehors de toute disposition
« légale, charge un de ses membres d'une opération d'in-
« struction. La plénitude de la fonction reste entre ses
« mains, et, dès lors, le tribunal doit refaire les actes du
« juge qu'il a nommé, s'il veut les utiliser dans son juge-
« ment. Le juge enquêteur, qui n'est investi d'aucune des
« attributions du tribunal, se bornera donc à dégager ce qui
« peut aider à l'éclaircissement des faits, et ensuite le tribu-
« nal instruit lui-même rapidement, sans perdre de temps,
« en sachant où trouver les preuves qui lui sont nécessaires.
« Mais il ne peut se dispenser de faire cette instruction ».
Enfin, l'arrêtiste cite un arrêt de la Cour de cassation, du
7 fructidor de l'an ix, qui déclare que la loi du 18 pluviôse
de l'an ix (aujourd'hui les art. 153, 190, 319, C. I. C.),
établit un débat contradictoire entre le prévenu et les témoins, et que ce débat doit avoir lieu sous les yeux mêmes
du jury chargé de prononcer.

Cette théorie ne nous semble pas acceptable ; à nos yeux,
le magistrat commis par la cour ou par le tribunal, pour
procéder au supplément d'information, l'est en vertu d'une
véritable délégation. L'unique argument invoqué par notre
adversaire est la prétendue règle qui défend toute délégation en dehors des textes. Nous l'avons assez longuement
combattue plus haut (2ᵉ partie, chap. I), pour n'avoir pas à

revenir sur cette question. Le système que nous repoussons nous fournirait même un nouvel argument, s'il en était besoin, tant sont inadmissibles les conséquences auxquelles aboutit la théorie n'autorisant pas l'usage des commissions rogatoires hors les cas formellement prévus par la loi, si on veut l'appliquer logiquement et dans toute sa rigueur.

En effet, d'après cette théorie, il est impossible à la cour ou au tribunal d'utiliser, sans les refaire, les actes auxquels il a été procédé par le magistrat enquêteur, même s'il s'agit de toute autre mesure d'instruction que d'une audition de témoins ; la prohibition est formelle, absolue. Mais alors, à quoi bon ces délégations, en vue d'une instruction supplémentaire ? Qu'on les appelle missions ou commissions ou délégations, ne sont-elles pas le plus souvent complètement inutiles ? Sans doute, il y a bien un cas qui fait exception, celui où il s'agira de recueillir des dépositions de témoins ; car la juridiction déléguante pourra trouver dans le travail préliminaire du magistrat délégué des indications sur les nouveaux témoins, dont la comparution sera utile. Mais cette hypothèse est-elle la seule donnant lieu à un supplément d'information ? N'y a-t-il pas d'autres mesures, telles que descentes sur les lieux, expertises, recherches de pièces, etc. ? Evidemment si, et la meilleure preuve en est que la délégation et l'exécution de ces mesures ont fait l'objet de suppléments d'informations, approuvés par la Cour de cassation, dans ses arrêts du 18 mars 1848, 12 janvier 1856, 19 mars 1858. Or, que servirait de confier à un magistrat pareille tâche, même qualifiée de mission, si une fois l'instruction supplémentaire achevée, le premier devoir de la cour ou du tribunal devait être de la recommencer par lui même ? Qu'on nous permette de citer ici un fait personnel. Nous avons été délégué, au mois de juin 1894, par le tribunal correctionnel de Lyon, pour procéder à un supplément d'enquête, dans les circonstances suivantes : Un individu avait été vu chassant en temps prohibé, par des gendarmes en tournée de service ; ceux-ci longeaient la rive droite du Rhône, et c'est sur la rive gauche qu'ils avaient aperçu le prévenu en action de chasse. L'inculpé soutint, à l'audience, qu'à l'endroit où se trouvaient les gendarmes, le Rhône avait une telle largeur, qu'il était impossible de distinguer d'une rive à l'autre l'identité et même les gestes d'une personne. Les gendarmes affirmaient le contraire. Le tribunal, dont nous faisions partie, nous délégua à l'effet de procéder à la constatation matérielle de la réalité du fait allégué par le prévenu. D'après le système que nous combattons, le tribunal, une fois instruit des résultats de notre transport, aurait dû, pour pouvoir l'utiliser, refaire, par lui-même, l'acte pour lequel nous avions été délégué, et se transporter à son tour, tout entier, sur les lieux du délit. Peut-on raisonnablement adopter une théorie qui mène à de semblables conséquences ?

Il y a cependant, comme nous l'avons fait pressentir, toute une catégorie d'actes accomplis au cours d'un supplément d'information, dont la cour ou le tribunal ne pourront faire état que s'ils les recommencent eux-mêmes : ce sont les auditions de témoins ; mais, selon nous du moins, ce n'est nullement en vertu des motifs invoqués par l'arrêtiste. Si cette solution s'impose, ce n'est pas que la cour ou le tribunal ne puisse, à défaut de textes formels, déléguer ses pouvoirs ; c'est parce que le Code d'instruction criminelle, dans ses articles 153, 190, 319, exige impérieusement que la procédure soit *orale* devant la juridiction de répression, et que les témoins y soient entendus eux-mêmes en présence de l'inculpé. Telle est la signification de l'arrêt de la Cour de cassation du 7 fructidor de l'an IX, arrêt ne visant que les auditions des témoins. Nous sommes en présence de textes précis ; il est hors de doute qu'un jugement ou un arrêt faisant état de dépositions recueillies au cours d'un supplément d'information et non reproduites verbalement à l'audience, devraient, s'ils étaient déférés à la Cour suprême, être cassés comme ayant violé les dispositions des articles 153, 190 et 319.

Mais, par contre, la cour ou le tribunal resterait dans la plus absolue légalité en faisant état de toutes autres mesures d'instruction auxquelles aurait procédé le magistrat délégué ; rien ne les astreint à les recommencer par eux-mêmes, aucune disposition légale analogue aux articles précités n'existant en ces hypothèses, et les conséquences auxquelles aboutirait en fait pareil système étant inadmissibles. L'article 190, qui prescrit, à peine de nullité, la publicité de l'instruction aux débats, est respecté, comme le constate la Cour d'Alger dans son arrêt du 1er mars 1877 ci-dessus rapporté : « Ce principe, dit-elle, reste intact, « puisque, après avoir accompli sa mission, le magistrat « commis fait son rapport à l'audience, les débats sont « réouverts ».

Il convient donc, à notre sens, de faire une distinction essentielle. Lorsqu'il s'agira de l'audition des témoins, l'instruction complémentaire, ordonnée par une cour ou par un tribunal, devra être assimilée à un complément de l'instruction préparatoire (1) en vertu des principes posés par les articles 153, 190, 319 C. I. C. En conséquence, les témoins devront de nouveau être entendus à l'audience (2). Mais, ce cas excepté, toutes les autres mesures auxquelles il sera

______

(1) Aussi, serait-ce à tort, selon nous, que, dans son arrêt du 8 avril 1892, la Cour de cassation aurait cassé un arrêt en se basant sur ce qu'un conseiller, commis pour procéder à un supplément d'information, s'était borné à constater, dans le procès-verbal que des témoins avaient prêté serment, sans énoncer que le serment avait été prêté dans les termes sacramentels. Cette énonciation n'est, en effet, prescrite que dans la procédure du jugement et non dans la procédure d'instruction préparatoire. Mais la Cour suprême constatait, en outre, que la Cour, dont l'arrêt était attaqué, avait fait état des dépositions ainsi recueillies, sans entendre par elle-même les témoins qui avaient témoigné devant le conseiller commis. De ce chef, il est incontestable que l'arrêt incriminé était entaché de nullité.

(2) La Cour de cassation a fait, dans un arrêt du 29 septembre 1842 (*J. du P*, périod. 1842), une application intéressante du principe que, si l'irrégularité ou même l'omission de la prestation de serment n'est pas une cause de nullité dans l'instruction préparatoire, cette prestation doit être, au contraire, absolument régulière et complète, à peine de nullité, dans la procé-

procédé au cours de l'information supplémentaire constitue-
ront des actes de la procédure de jugement, dont la cour ou
le tribunal pourront faire état sans avoir à les recommencer, sous la seule condition que le magistrat délégué
fasse son rapport oral en audience publique, les débats
n'étant pas clos.

§ 3. — *Qui peut être délégué?* — Une instruction complémentaire est ordonnée par une cour ou par un tribunal; par
qui peut-il y être procédé? Quel est le magistrat que ces juridictions peuvent ou doivent déléguer? Nous examinerons
cette question, en supposant, d'abord, que le supplément
d'information a été prescrit par un tribunal correctionnel.
Deux hypothèses se présentent : ou bien la juridiction correctionnelle a été saisie par une ordonnance du juge d'instruction, ou bien le prévenu a été cité directement devant
elle, soit par le ministère public, soit par la partie civile.
Dans l'une et l'autre, il est interdit au tribunal de déléguer
le juge d'instruction pour procéder au supplément d'information.

Supposons d'abord le tribunal saisi par une ordonnance du
juge d'instruction; s'il commet ce dernier pour procéder à
l'information supplémentaire, il y a excès de pouvoir, et un
arrêt de la Cour de cassation du 15 janvier 1853 *(Bulletin*

dure de jugement. Il résulte de l'arrêt précité que, lorsque l'un des fonctionnaires visés par le décret du 4 mai 1812 (art. 4 et 6), invoque ce décret pour
ne pas comparaître en personne devant la Cour d'assises, où il est cité
comme témoin, et réclame son audition dans son propre domicile, le privi-
lège conféré par ce décret s'exerce de plein droit, et ne constitue pas seulement une cause qu'il soit loisible à la Cour d'apprécier. Le président de la
Cour d'assises est donc tenu de déléguer un magistrat pour recevoir la déposition de ce fonctionnaire. Cette déposition, reçue par un juge commis,
devant être envoyée close et cachetée au siège de la Cour, puis être lue aux
jurés et mise aux débats à peine de nullité, il en résulte qu'elle tient lieu de
la déposition orale que le fonctionnaire dispensé aurait faite devant le jury.

En ce cas exceptionnel, cette déposition, ainsi reçue en vertu d'une délégation, fait donc partie, non plus de la procédure de l'instruction préparatoire, mais de la procédure de jugement; elle doit, dès lors, sous peine de
nullité, être accompagnée du serment sacramentel prescrit par la loi.

criminel, n° 20, page 31), en donne les motifs : « attendu
« qu'une ordonnance de la chambre du conseil, rendue sur
« le rapport du juge d'instruction du tribunal de St-Quentin,
« avait renvoyé le prévenu devant la juridiction correction-
« nelle sous la prévention des faits prévus par les articles
« 406 et 408 du Code pénal ; que cette juridiction, saisie de
« la connaissance de cette prévention, a ordonné qu'il serait
« procédé à une information nouvelle devant le juge d'in-
« struction du même siège, qui ne faisait pas partie du
« tribunal saisi ; qu'ainsi, ce tribunal a renvoyé l'information
« dont il s'agit devant une juridiction qui avait épuisé ses
« pouvoirs, et commis ainsi un excès de pouvoir ».

Supposons maintenant le tribunal correctionnel saisi par
la citation directe du ministère public ou de la partie civile.
Peut-il, en ordonnant un supplément d'information, commettre, pour y procéder, « *le juge d'instruction* », sans rien
dire de plus ? Non ; par là, il transmettrait à une autre
juridiction, celle du juge d'instruction, la connaissance de
l'affaire ; ce serait donc de sa part un véritable dessaisis-
sement : or, le tribunal ne peut se dessaisir que par une
déclaration d'incompétence ou en statuant sur le fond. —
Cette solution est du reste donnée par la Cour de cassation,
dans un arrêt du 15 octobre 1853 (*Bullet. crim.*, n° 514,
page 600).

Mais le tribunal ne pourrait-il commettre le juge d'instruction pour le supplément d'information, en ayant la
précaution de déclarer que les pièces de l'information
supplémentaire lui seront directement adressées par le
juge commis ? Ne serait-ce pas une procédure régulière,
puisque, loin de se dessaisir, le tribunal dit expressément
que tous les résultats du supplément d'instruction lui seront
directement transmis ? M. Faustin Hélie répond affirmativement et trouve ce système très juridique. Nous ne saurions
partager cette opinion. Il est de principe, en effet, que le
juge d'instruction ne peut, hors les cas de flagrant délit, agir
directement sans avoir été requis par le ministère public,

seul maître de l'action publique. Or, aucun texte de loi ne confère à un tribunal correctionnel le droit de mettre le juge d'instruction en demeure de faire un acte de ses fonctions. La jurisprudence est formelle sur ce point. C'est dans ce sens qu'a été rendu un arrêt de la Cour de cassation du 31 août 1833 (S., 1834-1-62). Dans l'espèce de cet arrêt, le tribunal correctionnel de Bordeaux, saisi par une citation directe, avait commis rogatoirement un juge d'instruction du siège pour, « ladite instruction faite, et les « procès-verbaux qui seraient dressés être transmis directe- « ment, et, sans avis de la chambre du conseil, être pro- « cédé et statué ainsi qu'il appartiendrait ». Le tribunal de Bordeaux déclarait donc expressément ne pas se dessaisir ; néanmoins la Cour suprême a cassé cette décision. La même solution a été donnée par un arrêt de la Cour de cassation, du 1ᵉʳ avril 1892 (S., 92-1-333), dans les conditions que voici : le tribunal d'Agen, saisi par la citation directe du ministère public, avait rendu le jugement suivant : « délègue, sans se « dessaisir, M. le juge d'instruction du siège à l'effet de « compléter l'information, pour être ultérieurement et défi- « nitivement statué ». La Cour d'Agen rendit, le 12 décem- bre 1891, un arrêt annulant le renvoi ordonné par le tribunal devant le juge d'instruction ; il y eut un pourvoi qui fut rejeté par l'arrêt sus-visé, ainsi conçu : « Attendu « qu'il importe peu que le tribunal correctionnel ait déclaré « qu'il ne se dessaisissait pas du procès, et qu'il se réservait « de statuer ultérieurement sur le fond ; qu'en fait, par la « délégation donnée au juge d'instruction du siège, il met- « tait ce magistrat en demeure d'agir, en vertu des pouvoirs « qui lui sont propres et qui lui sont conférés par le Code « d'instruction criminelle ; qu'en procédant ainsi, le tribunal « d'Agen commettait un excès de pouvoir, le droit de saisir « le juge d'instruction n'appartenant qu'au ministère public. « Attendu, dès lors, que c'est à bon droit que la Cour « d'Agen a réformé le jugement qui lui était déféré.... « Rejette, etc. ».

De tout ce qui précède, il résulte que, de quelque façon que le tribunal correctionnel soit saisi, il ne peut jamais commettre le juge d'instruction du siège pris en cette qualité pour procéder au supplément d'information ; le seul magistrat apte à être délégué dans ce but sera un des membres du tribunal qui ont siégé dans l'affaire. Si ce magistrat se trouve être en même temps le juge d'instruction du siège, il n'en résulte aucune difficulté pour la validité de la délégation, à condition expresse qu'il soit désigné par son nom patronymique, et non par son seul titre de juge d'instruction. Ce n'est point en effet comme tel qu'il sera délégué, mais simplement comme juge appelé à statuer sur l'affaire. — Si un tribunal correctionnel commettait pour procéder au supplément d'information « le juge d'instruction du siège » sans autre désignation, alors même qu'en fait ce magistrat siégerait dans l'affaire, cette délégation n'en serait pas moins irrégulière, et le jugement qui la donnerait serait frappé de nullité. En effet, que le magistrat commis soit appelé à une autre fonction, qu'il s'absente, qu'il soit malade ou empêché, le tribunal, aux-termes de l'article 58 C. I. C., devra désigner un de ses collègues pour le remplacer. Ce dernier sera de plein droit investi de tous ses pouvoirs au point de vue de l'instruction, et lui seul pourra procéder au supplément d'information ordonné par le tribunal. Le magistrat délégué fera donc réellement fonction de juge d'instruction et sera commis en cette qualité ; or, nous venons de voir que cela ne se peut. Cette solution est confirmée par l'arrêt précité de la Cour de cassation du 1er avril 1892 : « attendu que le tribunal correctionnel d'Agen a, par juge-« ment interlocutoire, délégué « le juge d'instruction du « siège à l'effet de compléter l'information » ; attendu que « les fonctions de juge d'instruction au tribunal d'Agen « étaient à ce moment remplies par M. B..., qui siégeait à « l'audience correctionnelle le jour où le jugement a été « rendu ; mais que ce n'est pas en sa qualité de juge ayant « pris part audit jugement que ce magistrat a été délégué ;

« que les termes dans lesquels la délégation est formulée
« indiquent que c'est le juge d'instruction du siège qui a été
« désigné, quel que fût d'ailleurs le magistrat investi de ces
« fonctions ».

Le magistrat délégué par le tribunal est momentanément
investi des fonctions de juge d'instruction par le jugement
qui le commet et dans les limites apportées par ce jugement
à sa mission. Il pourra donc, à la condition de ne pas excéder
les termes de la délégation, exercer tous les droits du juge
d'instruction, et notamment subdéléguer les officiers de
police judiciaire auxiliaires de son arrondissement, et
adresser des commissions rogatoires aux juges d'instruction
des autres arrondissements. Il ne pourrait évidemment pas
subdéléguer le juge d'instruction de son arrondissement,
pas plus que dans un tribunal auquel sont attachés plusieurs
juges d'instruction, l'un d'eux, saisi d'une affaire, n'aurait le
droit de commettre rogatoirement l'un de ses collègues pour
procéder à certains actes d'instruction devant être accomplis dans l'arrondissement.

Supposons, maintenant, l'instruction complémentaire ordonnée par une cour d'appel, siégeant comme juridiction
d'appel des tribunaux correctionnels du ressort ; comme il
n'existe pas de juge d'instruction auprès de ces juridictions,
les diverses questions que nous venons d'examiner à propos
de la délégation de ce magistrat n'ont pas lieu de se poser.
La Cour devra nécessairement commettre, pour procéder
au supplément d'information, un des conseillers qui auront
siégé dans l'affaire. Pour déterminer les pouvoirs de subdélégation de ce dernier, il convient, croyons-nous, d'appliquer par analogie les dispositions des articles 235 et sq du
Code d'instruction criminelle ; ces textes confèrent à la
chambre des mises en accusation le droit de faire procéder
à une instruction complémentaire avant de statuer sur la
prévention. En ce cas, un des membres de cette chambre
est délégué pour remplir cette mission ; or, l'article 237
donne au conseiller ainsi commis le pouvoir de déléguer à

son tour « un des juges du tribunal » dans l'arrondissement duquel il y a lieu de faire les mesures d'instruction nécessaires ; comme l'article ne précise pas, le juge d'instruction est évidemment compris parmi ces juges du tribunal et peut, par conséquent, être subdélégué. En fait, le conseiller délégué commet, le plus souvent, pour procéder au supplément d'information, le juge d'instruction qui était saisi de l'affaire. Mais la cour ne pourrait le déléguer directement et de plano pour les mêmes motifs que nous avons donnés ci-dessus à propos des tribunaux correctionnels.

Une cour d'appel peut ordonner une instruction supplémentaire lorsqu'elle statue non pas seulement comme juridiction d'appel des tribunaux correctionnels du ressort, mais encore comme chambre des mises en accusation. Mais, en ce second cas, et à la différence du premier, des textes reconnaissent formellement à la cour, ainsi que nous l'avons déjà dit, le droit de faire procéder à des suppléments d'information : ce sont les articles 235 et sq du C. I. C.

La Chambre des mises en accusation est investie de ce pouvoir en diverses hypothèses. C'est, d'abord, lorsqu'elle estime insuffisante l'instruction d'une affaire qui lui est déférée (art. 228) ; puis, lorsqu'elle ordonne l'extension des poursuites dont elle est saisie, en y comprenant soit des faits connexes non retenus dans la première instruction, soit des personnes n'y figurant pas. Ou bien encore une chambre d'accusation étant saisie d'une procédure par le renvoi du juge d'instruction, croit y découvrir la trace d'un crime imputable au prévenu ou à un tiers, elle peut alors mettre l'action publique directement en mouvement, même d'office, c'est-à-dire sans réquisitions, à cet effet, du ministère public, et ouvrir une information. Ou bien, enfin, un crime ayant été commis, l'instruction en est confiée à un juge d'instruction ; mais, pour des motifs soit d'ordre politique, soit d'administration intérieure, il y aurait des inconvénients à laisser la direction de l'information au magistrat qui en est chargé, la chambre des mises en accusation peut, alors, évoquer la poursuite. En tous ces cas, prévus par l'article 235 (1), la chambre déléguera un de ses membres pour procéder à l'instruction (art. 236).

Ainsi que nous l'avons déjà dit, l'article 237 reconnaît à ce conseiller instructeur la faculté de subdéléguer un des juges du tribunal de première instance dans l'arrondissement duquel il y a lieu de procéder à telles ou telles mesures d'instruction. L'article 237 lui accorde expressément le pouvoir de déléguer l'audition des témoins. Mais, ce conseiller remplissant, aux termes de l'article 236, les fonctions de juge d'instruction, nous estimons que toutes les règles que nous avons posées pour ce dernier magistrat doivent lui être applicables, ainsi, d'ailleurs, qu'au conseiller délégué, non plus par la chambre des mises en accusation, mais par la chambre des appels des jugements rendus par les tribunaux correctionnels.

APPENDICE

Attributions du ministère public.

Le procureur de la République près le tribunal correctionnel, le procureur général près la cour d'appel pourront-ils, eux aussi, ordonner des suppléments d'informations et délivrer des commissions rogatoires dans ce but? Nous répondrons à cette question dans le paragraphe 2 de la section suivante, lorsque nous étudierons le point de savoir si le ministère public près la cour d'assises peut prescrire des instructions supplémentaires et donner des délégations à cet effet. Tout ce que nous dirons s'appliquera ici, mutatis mutandis. Nous pouvons, d'ores et déjà, énoncer comme une règle absolue que, dans tous les cas, et quelle que soit la juridiction auprès de laquelle fonctionne le ministère

____

(1) Cfrre Garraud. *Précis de droit criminel*, page 471.

public, celui-ci n'a jamais le pouvoir de procéder soit par lui-même, soit par délégation, à une instruction supplémentaire par lui ordonnée ; il peut simplement prendre ou faire prendre des renseignements. En pratique, la question s'est posée presque uniquement à propos du ministère public près la cour d'assises. C'est, pour cela, que nous renvoyons à la section suivante l'étude des motifs du principe que nous venons de poser.

Section II.

Des délégations données par le président de la cour d'assises : pouvoirs du procureur général.

Une fois l'arrêt de la chambre des mises en accusation rendu, mais avant l'ouverture de la session de la cour d'assises, il se peut qu'un supplément d'information soit nécessaire. Des renseignements reçus tardivement ou des révélations inattendues peuvent mettre sur la trace de nouveaux éléments de conviction, et rendre indispensable une instruction supplémentaire. Aussi le Code d'instruction criminelle a-t-il voulu que ces renseignements nouveaux puissent être reçus et constatés en tout état de cause et jusqu'au moment où commence l'instruction orale. Il n'a fait d'ailleurs, en cela, que reproduire les dispositions de la loi des 16-29 septembre 1791 (titre VI, art. 11 et 12), et du Code du 3 brumaire an IV (art. 317, 318 et 319). Les textes du Code d'instruction criminelle qui régissent la matière sont les articles 301, § 1, et 303, ainsi conçus :

« Art. 301. Nonobstant la demande en nullité (contre « l'arrêt de renvoi), l'instruction est continuée jusqu'aux « débats exclusivement ».

« Art. 303. S'il y a de nouveaux témoins à entendre, et « qu'ils résident hors du lieu où se tient la cour d'assises, « le président ou le juge qui le remplace pourra commettre,

« pour recevoir leurs dépositions, le juge d'instruction de
« l'arrondissement où ils résident, ou même d'un autre
« arrondissement ; celui-ci, après les avoir reçues, les
« enverra closes et cachetées au greffier qui doit exercer
« ses fonctions à la cour d'assises ».

Ce dernier article désigne expressément le président de
la cour d'assises comme pouvant procéder, soit par lui-
même, soit en recourant aux commissions rogatoires, à ce
supplément d'information. Il ne pouvait être question ici ni
du juge d'instruction dessaisi par l'ordonnance de renvoi
devant la chambre des mises en accusation, ni de la chambre des mises en accusation dessaisie, elle aussi, par l'arrêt
de renvoi devant la cour d'assises, ni enfin de la cour d'assises, dont la session n'est pas encore ouverte. Il ne restait
donc plus que le président de la cour d'assises ou le procureur général pour pouvoir procéder à cette instruction supplémentaire. Nous allons examiner successivement quels
sont, à cet égard, les pouvoirs de chacun de ces deux magistrats (1).

§ 1. — *Pouvoirs du président de la cour d'assises.* —
Ainsi que nous venons de le voir, le président tire sa
compétence, pour procéder à l'instruction supplémentaire,
du texte même de l'article 303 du Code d'instruction criminelle.

Quelles sont, tout d'abord, les mesures d'instruction dont
il peut, au cours de ce supplément d'information, déléguer
l'exécution ? L'article 303 lui reconnaît expressément le
droit de recourir aux commissions rogatoires pour l'audition
des témoins ; mais ce premier point a fourni matière à de
vives controverses en doctrine et en jurisprudence, jusqu'en
1836. Le président, agissant en vertu de l'article 303, ne
pouvait-il entendre que de nouveaux témoins, ou avait-il le
droit d'entendre derechef des témoins ayant déjà déposé

(1) Cfrre. Nouguier, *La Cour d'assises*, tome II, nᵒˢ 803 et sq.

devant le juge d'instruction? La Cour de cassation avait formellement adopté la première solution, dans un arrêt rendu le 12 mars 1836 (Sirey, 36-1-571) ; elle avait déclaré que le président ne pouvait, sans commettre un excès de pouvoir, entendre des témoins dont la déposition avait déjà été recueillie par le juge d'instruction. Puis, six semaines plus tard, le 22 avril 1836, elle rendit un arrêt absolument contradictoire, reconnaissant au président le droit d'entendre même les témoins qui avaient déposé avant l'arrêt de renvoi de la chambre des mises en accusation. Nous n'entrerons pas dans le détail des systèmes qui ont été proposés pour essayer de concilier ces deux arrêts qui nous semblent entièrement incompatibles ; nous nous bornerons à constater que l'arrêt du 22 avril 1836 a fixé d'une façon définitive la jurisprudence. La Cour de cassation a reconnu depuis, et à diverses reprises (22 avril 1847. Dal., périod. 47-4-302. — 4 et 16 décembre 1852. — *Bulletin*, 654 et 677. — 4 août 1854, *Bulletin* 419), que le président de la cour d'assises a le droit de procéder à un supplément d'information, qu'il s'agisse ou non de faits et de témoins nouveaux.

L'audition des témoins est la seule mesure d'instruction dont parle l'article 303 ; mais l'article 301 porte que « l'instruction est continuée ». Cette expression même montre que le président jouit, à cet égard, des pouvoirs les plus étendus, et qu'il a les mêmes attributions que les juges d'instruction ordinaires, principe dont la jurisprudence a fait de nombreuses applications.

Ainsi, le président peut : se transporter sur lieux, et en dresser un état descriptif (Cour de cassation, 4 février 1836, 18 janvier 1855. — *Bulletin*, 25) ; ordonner une expertise, ainsi que l'exhumation et l'autopsie d'un cadavre (Cour de cassation, 30 août 1844. — *Bulletin* 433) ; ordonner la vérification des livres d'un commerçant (Cour de cassation, 11 décembre 1856. — *Bulletin* 620), etc., etc.

Ce droit, pour le président de la cour d'assises, de procéder, par lui-même, à tous les actes que peut entraîner l'instruction supplémentaire, comporte incontestablement celui de recourir, dans ce but, à la voie des délégations, ainsi qu'il résulte de l'article 303 du C. I. C. et des principes généraux que nous avons posés en la matière. Ce magistrat est donc, au point de vue des actes, armé des mêmes pouvoirs de délégation qu'un juge d'instruction, ainsi que l'a d'ailleurs déclaré la Cour de cassation (2 janvier 1864, Dal., période. 65-5-225).

Mais quels sont ses pouvoirs quant aux personnes, et qui peut-il déléguer? Tout d'abord, et sans aucun doute, l'un de ses assesseurs. Après avoir déclaré, dans un arrêt du 24 janvier 1839 (Dal., période. 39-147), que « le pouvoir con-
« féré au président de la cour d'assises par l'article 303 lui
« donne le droit de confier à l'un des assesseurs de cette
« cour le soin de recueillir toutes les déclarations qu'il juge
« utiles à la manifestation de la vérité », la Cour de cassation a, dans un second arrêt, du 2 janvier 1864 (Dal., période. 65-5-225), maintenu cette opinion, en l'appuyant sur des motifs tellement précis qu'il n'est pas besoin d'insister. « La faculté de délégation est, pour le président de la
« cour d'assises, en ce qui concerne les actes de sa compé-
« tence, un droit général que l'article 303 du C. I. C. n'a
« aucunement pour objet de limiter et de restreindre. Si,
« dans le cas spécial où les nouveaux témoins à entendre
« résident hors du lieu où se tient la cour d'assises, l'ar-
« ticle 303 dispose que le président pourra commettre, pour
« recevoir leurs dépositions, le juge d'instruction de l'arron-
« dissement où ces témoins résident, cette disposition
« purement énonciative n'a rien de prohibitif dans ses
« termes et n'apporte aucune restriction à la *faculté générale*
« *de délégation ouverte au président pour tous les actes d'ins-*
« *truction qu'il croit devoir ordonner dans l'intérêt de la ma-*
« *nifestation de la vérité.* Il peut donc, quel que soit le lieu
« de la résidence des témoins qu'il s'agit d'entendre, dé-
« léguer, pour procéder à leur audition, soit un juge d'ins-
« truction, *soit celui de ses assesseurs qu'il lui convient de*

« *commettre*, sans être astreint, dans ce dernier cas, à
« l'obligation de désigner le plus ancien. »

Le président de la cour d'assises peut ensuite déléguer un
juge d'instruction. L'article 303 est formel sur ce point ; c'est
même le seul magistrat dont il parle expressément comme
pouvant être délégué. Cette faculté de délégation s'étend à
tous les juges d'instruction dans les arrondissements
desquels il y aura des mesures d'information à exécuter ;
tous pourront être rogatoirement commis. Cela résulte,
d'abord, des principes : une information, pour être utilement conduite, comporte souvent des actes très divers ;
souvent aussi ils doivent être accomplis dans des localités
différentes. Si le droit de délégation du président ne
s'exerçait pas avec une liberté complète, la découverte de
la vérité pourrait rencontrer les plus graves difficultés. De
plus, si la compétence territoriale du juge d'instruction lui
impose certaines limites lorsqu'il agit personnellement, n'a-
t-il pas, au contraire, le pouvoir d'exercer sa juridiction
dans toute la France, lorsqu'il agit par voie de commission
rogatoire ? Pourquoi en serait-il différemment lorsque le
président de la cour d'assises exerce les fonctions de magistrat instructeur ? Les attributions sont les mêmes, les
droits doivent l'être aussi. Puis, le texte même de l'article 303 impose cette solution ; la seule mesure d'instruction qu'il vise est l'audition de témoins, et il permet de
déléguer, non seulement le juge d'instruction de l'arrondissement où ceux-ci résident, mais même celui d'un autre
arrondissement. Or, comme on doit raisonner par analogie
sur cette disposition, l'on voit que le président de la cour
d'assises jouit, en principe, d'une liberté complète, et qu'il
peut déléguer tel juge d'instruction qu'il lui plaît.

Il y a, toutefois, une restriction imposée par l'article 431
du C. I. C., ainsi conçu : « Les nouveaux juges d'instruction,
« auxquels il pourrait être fait des délégations pour com-
« pléter l'instruction des affaires renvoyées, ne pourront
« être pris parmi les juges d'instruction établis dans le

« ressort de la cour dont l'arrêt aura été annulé. » Il en résulte que, si l'arrêt d'une cour d'assises a été annulé par la Cour de cassation, le président de la nouvelle cour d'assises devant laquelle l'affaire aura été renvoyée ne pourra, pour procéder à un supplément d'information, commettre un des juges d'instruction du ressort de la première cour d'assises. Cette disposition de la loi a pour but d'empêcher que les cours, dont les décisions ont été censurées, puissent exercer quelque influence sur la procédure à venir.

Si le président déléguait un magistrat incapable, tel qu'un des juges d'instruction visés par l'article 431, tous les actes auxquels il serait procédé par ce dernier seraient péremptoirement nuls ; mais une jurisprudence constante décide que cette nullité ne saurait s'étendre nécessairement, et dans tous les cas, à tout ce qui aura suivi, notamment aux débats et à l'arrêt de jugement. Pour que cette conséquence se produise, il faut que l'acte accompli par un magistrat irrégulièrement délégué « *ait porté préjudice à l'accusé* ». « Attendu, dit un arrêt de la Cour de cassation, « du 31 juillet 1847, dans une espèce identique, que, quel « que soit le vice de cette procédure, les demandeurs ne « pourraient s'en prévaloir qu'autant qu'il serait démontré « par eux que les actes d'instruction dont il s'agit pouvaient « leur être préjudiciables par l'influence illégale qui devait « en résulter sur la déclaration du jury qui a servi de base « à l'arrêt... » La même solution résulte d'autres arrêts de la Cour de cassation (23 novembre 1848, 17 janvier 1856, etc.).

Doit-on assimiler au cas d'annulation le cas de renvoi pour cause de suspicion légitime (art. 542 C. I. C.), et appliquer aux juges d'instruction du ressort de la cour dessaisie la disposition de l'article 431 ? Non, car ce texte, qui règle l'un des effets du renvoi à une autre cour, par suite de cassation, ne touche en rien aux suites de renvoi pour cause de suspicion légitime ; d'ailleurs, les motifs de ce renvoi peuvent fort bien ne pas atteindre les magistrats dessaisis.

Notre solution est conforme à celle donnée par la Cour de cassation dans l'espèce suivante. Un arrêt de la Cour suprême avait, par application de l'article 542, dessaisi, pour cause de suspicion légitime, la cour d'assises de la Haute-Loire, et avait renvoyé l'affaire devant la cour d'assises du Cantal. Un second arrêt de la Cour de cassation avait annulé, pour vice de forme, l'arrêt rendu par cette dernière cour, et avait renvoyé le procès devant la cour d'assises du Rhône. Le président de cette cour estima un supplément d'information nécessaire et envoya, dans ce but, une commission rogatoire au juge d'instruction du tribunal du Puy. Sur un nouveau pourvoi, basé sur la prétendue violation des articles 431 et 542 du Code d'instruction criminelle, la Cour de cassation rendit un arrêt de rejet et approuva la délégation faite par le président de la cour d'assises du Rhône (1). (17 février 1843, Dal., périod. 43-218).

Le juge d'instruction délégué par le président peut subdéléguer, à son tour, un officier de police auxiliaire pour exécuter la commission rogatoire à lui adressée. C'est l'application pure et simple des principes exposés plus haut (2ᵉ partie, chapitre Iᵉʳ), application confirmée par la jurisprudence. « L'article 303 n'est pas restrictif, et il ne s'oppose « pas à ce que le juge commis à l'effet de se transporter « dans un magasin et d'y compulser des registres, délègue, « lui-même, un commissaire de police pour exécuter cette « opération. » (Arrêt de la Cour de cassation du 11 décembre 1856. Bulletin, n° 620. »

Enfin, une jurisprudence constante reconnaît au président de la Cour d'assises le droit de déléguer, non seulement un juge d'instruction, mais encore un juge de paix, et même tout autre officier de police auxiliaire; les procédures ainsi faites n'ont jamais été censurées par la Cour de cassation. Loin de là, elle a déclaré que les dispositions de l'article 303

---

(1) La solution donnée par cet arrêt s'appliquerait évidemment dans le cas d'un renvoi ordonné, soit pour cause de sûreté publique, soit par suite d'un règlement du juge.

du C. I. C. n'étaient qu'énonciatives et devaient être complétées par celles de l'article 283 du même Code, aux termes duquel, dans tous les cas où les présidents sont autorisés à remplir les fonctions d'officier de police judiciaire ou de juge d'instruction, ils ont aussi le droit de déléguer aux juges de paix les fonctions qui leur sont attribuées.

On peut ici demander incidemment quelles sont les mesures autorisées par la loi contre les témoins qui, dûment cités au cours du supplément d'information, n'on point comparu. L'article 304 répond : « Les témoins qui n'ont pas « comparu sur la citation du président ou du juge commis « par lui, et qui n'auront pas justifié qu'ils en étaient légiti- « mement empêchés, ou qui refuseront de faire leurs dépo- « sitions, seront jugés par la cour d'assises et punis confor- « mément à l'article 80 ». On voit que le président ne peut pas, comme le ferait un juge d'instruction ordinaire, prononcer aucune peine ni prendre aucune mesure de contrainte contre le témoin récalcitrant. Ce droit appartient exclusivement à la cour d'assises qui statue sur les conclusions du ministère public, et sans autre formalité, notamment sans qu'il soit besoin de citer de nouveau le témoin défaillant. Mais l'article 81 doit être appliqué ici par analogie, et si l'arrêt est rendu par défaut, le témoin peut y former opposition et se faire décharger de la condamnation en produisant des excuses légitimes.

Le juge d'instruction délégué par le président pour procéder au supplément d'information, est-il, à la différence de ce dernier, armé des pouvoirs que confère l'article 80 ? Quelques auteurs, et notamment M. Faustin Hélie, l'admettent et soutiennent qu'une fois commis, le juge d'instruction agit dans la plénitude de ses attributions personnelles, et, par conséquent, peut invoquer l'article 80. Nous sommes d'un avis contraire en présence du texte formel de l'article 304, qui parle expressément du « juge commis par le président » ; cet article s'applique, selon nous, aussi bien au juge d'instruction délégué qu'au président lui-même.

Le magistrat commis pour procéder au supplément d'information doit, dès qu'il a rempli sa mission, se conformer au dernier paragraphe de l'article 303, ordonnant que les résultats de cette instruction supplémentaire seront, par lui, transmis, clos et cachetés, au greffier qui doit exercer ses fonctions à la cour d'assises. Ces pièces sont ensuite remises au président qui les examine et en ordonne la réunion au dossier de l'affaire, si le supplément d'information lui paraît avoir été régulièrement poursuivi.

§ 2. — *Pouvoirs du procureur général.* — Le procureur général a-t-il, en matière de supplément d'information, les mêmes pouvoirs que le président de la cour d'assises? Assurément, ce n'est pas dans les attributions ordinaires de ses fonctions qu'il pourra trouver le droit de procéder, par lui-même ou par délégation, à une instruction complémentaire ; car, à aucun moment, la loi ne l'investit, même temporairement, et en cas de flagrant délit, par exemple, des fonctions de juge d'instruction (1). Il faudrait donc ici une disposition expresse, analogue à celle de l'article 303, lui conférant le droit exceptionnel d'ordonner et de suivre une information supplémentaire. Cette disposition n'existe pas, et le silence de la loi, à cet égard, implique nécessairement, pour le procureur général, l'interdiction absolue du droit en question.

Cette règle, imposée par les principes, a, d'ailleurs, été reconnue et consacrée par la jurisprudence. La Cour de cassation, dans un arrêt du 27 août 1840 (*J. du P.*, 41-1-490), a, en effet, posé en principe qu'après l'arrêt de mise en accusation, le procureur général ne peut, sans excès de pouvoir, faire aucun acte d'instruction ni déléguer personne

____

(1) Tout ce que nous allons dire concernant les procureurs généraux s'appliquera aux procureurs de la République remplissant les fonctions de ministère public auprès des cours d'assises ; ces magistrats ont, il est vrai, le droit de procéder à des actes d'instruction, mais en cas de flagrant délit seulement, ce qui, évidemment, n'est pas l'hypothèse actuelle.

à cet effet, ce droit appartenant exclusivement au président de la cour d'assises. Des arrêts du 2 septembre 1847 (*Bulletin* 355), du 26 août 1847 (*Bulletin* 338) et du 23 novembre 1848 (*Bulletin* 417), donnent la même solution. Il est donc hors de toute contestation que le ministère public près la cour d'assises ne peut ni procéder ni faire procéder à un supplément d'information.

Toutefois, il faut faire ici une remarque importante. Il arrive souvent que, sans qu'il soit besoin de recourir à une instruction complémentaire proprement dite, il faut procéder à quelques vérifications, prendre certains renseignements. En ce cas, le ministère public garde toute sa liberté d'action, et il n'est nullement lié par la règle ci-dessus indiquée. Mais quand s'agira-t-il d'une information véritable, quand de simples recherches n'ayant pas ce caractère ? Cette question est presque impossible à résoudre théoriquement; la meilleure réponse consiste, croyons-nous, à citer, à titre d'exemples, quelques-uns des arrêts rendus en la matière par la Cour de cassation.

1er Arrêt, 9 novembre 1843, *Bulletin* 459 : « En droit, « le ministère public, chargé par la loi de dresser la liste « des témoins qui devront être assignés à sa requête pour « déposer devant la cour d'assises, doit employer tous « les moyens pour ne faire citer que des témoins dont « la déclaration peut être utile à la manifestation de la « vérité, et il ne lui est nullement interdit de prendre à « cet égard. même après l'arrêt de renvoi de la chambre « des mises en accusation, des renseignements par les « officiers de police judiciaire, ses auxiliaires légaux ».

2e Arrêt, 4 août 1854 , 9 mars 1855 (Dalloz, 55-1-545) : « Le procureur général peut, avant l'ouverture des débats « d'une affaire devant la cour d'assises, et afin d'obtenir « des renseignements sur certains faits parvenus à sa « connaissance, soit inviter un magistrat à procéder à l'au-« dition de témoins sans prestation de serment (1re espèce),

« soit charger son substitut de faire entendre ces témoins
« par la gendarmerie (2ᵉ espèce). Des renseignements ainsi
« recueillis ne sauraient être considérés comme des actes
« d'instruction qui sont en dehors des attributions du
« ministère public ».

3ᵉ Arrêt, 5 mars 1857, *Bulletin* 144 : « Il est de principe
« que, dans la recherche des crimes et délits, le ministère
« public, hors le cas de flagrant délit, est seulement investi
« du droit de requérir et de poursuivre, qu'il ne lui ap-
« partient pas de faire aucun des actes de l'instruction,
« qu'il ne pourrait y procéder sans violer les règles de la
« compétence et intervertir l'ordre des juridictions, puis-
« que ces actes forment l'attribution principale d'un ma-
« gistrat spécial.

« Mais il est du droit et du devoir des officiers du minis-
« tère public, comme de tous autres officiers de police
« judiciaire, de ne pas laisser dépérir et disparaître les
« preuves qui viennent à s'offrir.

« Le substitut du procureur impérial de Saumur, averti
« de la découverte ou de l'existence d'une lettre ou billet,
« qui pouvait devenir un indice précieux dans le procès
« criminel dont était saisie la cour d'assises d'Angers,
« a donc dû et pu valablement provoquer, sur ce point,
« des explications.

« Les procès-verbaux rédigés ou les déclarations reçues
« dans ce but, quelles que soient les formes dont ils sont
« revêtus, ne sont que de simples renseignements, n'ayant
« pas d'autre valeur, et ils ne peuvent, dès lors, constituer
« ni un empiètement sur les pouvoirs du juge d'instruction,
« ni une violation des règles de la compétence ».

4ᵉ Arrêt, 29 juin 1865 (Dalloz, périod. 65-5-226) : « Le
« ministère public, bien que l'arrêt de mise en accusation
« ait été rendu, peut régulièrement, à l'effet de connaître
« les témoignages qu'il peut avoir à produire à l'audience,
« faire faire une enquête dans les localités voisines du

« crime, par un juge de paix ou un brigadier de gendar-
« merie. — Cette enquête ne peut être considérée comme
« une instruction complémentaire, que le président seul
« aurait pu ordonner, si les déclarations recueillies ne l'ont
« pas été sous serment ».

Les procureurs généraux n'auront donc qu'à rapprocher
de ces diverses espèces les incidents de nature analogue
qui peuvent se produire dans la pratique ; ils pourront ainsi
discerner ce qui rentre dans les recherches permises de
ce qui, au contraire, n'appartient qu'à l'instruction proprement dite. Dans le doute, ils agiront prudemment en
signalant la difficulté au président de la cour d'assises, qui
pourra alors user de ses attributions.

En résumé, le ministère public n'aura jamais de commissions rogatoires régulières à délivrer, puisqu'il s'agira
toujours pour lui de simples renseignements à chercher et
jamais d'acte d'instruction à exécuter. Mais il devra prévenir par tous les moyens possibles, sauf l'instruction complémentaire, le dépérissement des preuves.

SECTION III.

Des délégations données par les cours d'assises.

Il y a deux hypothèses dans lesquelles une cour d'assises
peut donner des délégations et commettre rogatoirement un
magistrat instructeur.

La première se présente lorsque la cour d'assises renvoie
une affaire à une autre session, pour qu'il soit, dans l'inter-
valle, procédé à un supplément d'instruction qu'elle a ordonné et qui a été reconnu nécessaire au cours des débats.
Aucun texte, il est vrai, ne donne formellement à la cour le
pouvoir d'ordonner le renvoi pour ce motif ; mais les articles
331, 354 et 406 du Code d'instruction criminelle qui, dans certaines circonstances déterminées et notamment en cas de

faux témoignage, lui permettent de l'ordonner dans l'intérêt de la vérité, ont été, et à bon droit, étendues par la jurisprudence à l'hypothèse que nous envisageons. Telle est, en effet, la solution donnée par un arrêt de rejet de la Cour de cassation, en date du 28 décembre 1865 (*Bulletin*, 389) : « En prononçant, sur les réquisitions du ministère public, « le renvoi de l'affaire à une autre session, *pour être procédé* « *à une instruction supplémentaire*, la cour d'assises ne fait « qu'user, dans la limite de ses droits, du pouvoir qui lui est « attribué par les articles 331, 354, 406 du Code d'instruc- « tion criminelle, de renvoyer à une session suivante une « affaire, toutes les fois qu'il survient un événement qui lui « paraît exiger ce renvoi dans l'intérêt de la manifestation « de la vérité ».

Lorsque la cour d'assises ordonnera le renvoi dans ces conditions, elle déléguera un de ses membres pour procéder au supplément d'information, par analogie avec ce que prescrivent les articles 235 et 236 que nous avons déjà étudiés. Ce dernier pourra subdéléguer à son tour, pour l'exécution de la mission qui lui a été confiée, soit le juge d'instruction qui a fait la première information, soit tel autre juge d'instruction dont les circonstances rendent la subdélégation nécessaire.

Tout ce que nous avons dit précédemment, en étudiant les suppléments d'instruction ordonnés par les tribunaux correctionnels et par les cours d'appel et les délégations qui en sont la conséquence, trouvant ici son application, nous n'insisterons pas davantage.

La seconde hypothèse, dans laquelle une cour d'assises peut ordonner une instruction supplémentaire et donner des délégations dans ce but, est prévue par l'article 433 ; il vise le cas où la Cour de cassation, ayant annulé un arrêt d'une cour d'assises et renvoyé le procès devant une autre de ces juridictions, il y a lieu pour celle-ci de procéder à certaines mesures d'instruction. En voici le texte : « Lorsque le procès « aura été renvoyé devant une cour d'assises et qu'il y aura

« des complices qui ne seront pas en état d'accusation, cette
« cour commettra un juge d'instruction et le procureur gé-
« néral l'un de ses substituts, pour faire, chacun en ce qui
« le concerne, l'instruction, dont les pièces seront ensuite
« adressées à la cour d'appel, qui prononcera s'il y a lieu ou
« non à la mise en accusation ». Ce texte vise donc une
situation nettement déterminée ; il faudra que la cour d'assises de renvoi estime que les complices de l'accusé ne sont
pas compris dans l'acte d'accusation ; elle doit alors faire
procéder à une nouvelle instruction, et, dans ce but, commettre un juge d'instruction ; toutefois, lorsque celui-ci
aura rempli sa tâche, ce ne sera pas à la cour d'assises qui
l'a délégué qu'il devra transmettre les pièces, mais à la
chambre des mises en accusation de la cour d'appel, laquelle
décidera s'il y a ou non lieu de rendre un arrêt de renvoi.

La cour d'assises qui ordonne cette nouvelle instruction
devra se conformer aux prescriptions de l'article 431, que
nous avons déjà étudié dans la section précédente, et elle
devra avoir soin que les nouveaux juges d'instruction qu'elle
déléguera ne soient pas pris dans le ressort de la cour d'assises dont l'arrêt a été annulé.

Entre les deux hypothèses que nous venons d'envisager
successivement, il y a cette différence essentielle que, dans
la première, la cour d'assises ne peut déléguer qu'un de ses
membres, tandis que, dans la seconde, elle est tenue, aux
termes de l'article 433, de déléguer immédiatement un juge
d'instruction.

SECTION IV.

**Des délégations données par les premiers présidents de la
Cour de cassation et des cours d'appel.**

§ 1er. — *Du premier président de la Cour de cassation.* — Le
premier président et les présidents de chambre de la Cour

de cassation peuvent, en certains cas, être appelés à donner
des délégations et à délivrer des commissions rogatoires.
Ces hypothèses, étant très exceptionnelles, ne nous retien-
dront pas longtemps, non plus, d'ailleurs, que celles que
nous examinerons lorsqu'il s'agira du premier président de
la cour d'appel.

L'article 485 du C. I. C. prévoit le cas où : « un crime
« commis dans l'exercice des fonctions et emportant la peine
« de la forfaiture ou autre plus grave, sera imputé soit à
« un tribunal entier de commerce, correctionnel ou de
« première instance, soit individuellement à un ou plusieurs
« membres des cours d'appel, et aux procureurs généraux
« et substituts près ces cours ». Le ministre de la justice,
auquel ce crime aura été dénoncé, ordonnera au procureur
général près la Cour de cassation d'exercer des poursuites.
Si ce dernier ne trouve pas, dans les pièces à lui transmises,
tous les renseignements nécessaires, « il sera, sur son
« réquisitoire, désigné, par le premier président de la Cour
« de cassation, un de ses membres pour l'audition des
« témoins et tous autres actes d'instruction qu'il peut y
« avoir lieu de faire dans la ville où siège la Cour de cassa-
« tion (art. 487) ». — « Lorsqu'il y aura des témoins à
« entendre ou des actes d'instruction à faire hors de la ville
« où siège la Cour de cassation, le premier président de
« cette Cour fera, à ce sujet, toutes délégations nécessaires
« à un juge d'instruction, même d'un département ou d'un
« arrondissement autres que ceux du tribunal ou du juge
« prévenus (art. 488) ».

Comme on le voit, il ne s'agit que de l'instruction préalable à la mise en accusation du tribunal ou du juge prévenus. C'est sur la réquisition du procureur général que le
premier président délègue ainsi l'exécution de tous les actes
d'instruction nécessaires; mais jamais il ne peut, croyons-
nous, remplir lui-même les fonctions de magistrat instructeur et procéder personnellement aux actes d'instruction
dont la loi le charge de déléguer l'exécution. — Les articles

487 et 488 lui imposent en effet, dans tous les cas, la nécessité de recourir aux commissions rogatoires, et leurs formules impératives ne lui laissent pas la latitude de faire lui-même l'instruction.

« Après avoir entendu les témoins et terminé l'instruction
« à lui déléguée, le juge d'instruction mentionné en l'ar-
« ticle 488 renverra les procès-verbaux et les autres actes
« clos et cachetés au premier président de la Cour de
« cassation (art. 489) ».

Les dispositions de ce texte doivent, à notre sens, être étendues au conseiller délégué dans le cas de l'article 487 : après exécution de la commission rogatoire à lui donnée, il devra, pour le renvoi, se conformer aux prescriptions de l'article 489.

L'information préparatoire étant ainsi terminée, la procédure spéciale, prescrite par les articles 491 et suivants, est suivie, puis la chambre civile ou la chambre des requêtes, suivant les cas, est saisie, et fait fonction de chambre des mises en accusation : « son président remplira les fonctions « que la loi attribue aux juges d'instruction (art. 496) ». Ici, et à l'encontre de ce qui a lieu pour le premier président, nous trouvons un texte formel attribuant expressément, à celui des présidents de chambre compétent, les fonctions et les pouvoirs du juge d'instruction. Il pourra donc, s'il le juge convenable, procéder par lui-même à telle mesure d'information qu'il lui plaira, mais il pourra aussi, aux termes de l'article 497, « déléguer l'audition des témoins et l'intérro-
« gatoire des prévenus à un autre juge d'instruction pris
« même hors de l'arrondissement et du département où se
« trouvera le prévenu ».

Les articles 487 et 488, relatifs aux pouvoirs du premier président, parlent de la délégation de « *tous* actes d'instruction », de « *toutes* délégations nécessaires » tandis que l'article 497 ne parle que de la délégation de l'interrogatoire du prévenu et de l'audition des témoins. Faut-il en conclure que le président de chambre, dans les cas où il devra faire

œuvre de magistrat instructeur, sera dans l'obligation
d'exécuter personnellement tous les actes de l'information
autres que ceux dont la délégation est expressément autorisée par l'article 497 ? Nous ne le pensons pas ; le président
de chambre, investi par l'article 496 des fonctions de juge
d'instruction, doit avoir les pouvoirs de délégation de ce
magistrat.

§ 2. — *Des premiers présidents de cours d'appel.* — Lorsqu'un
juge de paix ou de police, ou un juge faisant partie d'un tribunal de commerce, un officier de police judiciaire, un membre du tribunal correctionnel ou de première instance, ou un
officier chargé du ministère public près l'un de ces juges ou
tribunaux (art. 483), sera prévenu d'avoir commis un crime
emportant la peine de forfaiture ou autre plus grave, « les
« fonctions ordinairement dévolues au juge d'instruction et
« au procureur de la République seront immédiatement
« remplies par le premier président et le procureur général
« près la cour d'appel, chacun en ce qui le concerne, ou par
« tels autres officiers qu'ils auront respectivement et spé-
« cialement désignés à cet effet (art. 484) ». Si nous rapprochons ce texte de celui de l'article 283 dont nous avons déjà
parlé, nous voyons que le premier président de la cour
d'appel pourra, par commission rogatoire, déléguer soit un
juge d'instruction, soit même un juge de paix pour procéder
à tous actes de l'information ; seule, la faculté de décerner
des mandats d'amener, de dépôt et d'arrêt ne peut être
déléguée.

CHAPITRE V

DES DÉLÉGATIONS DONNÉES PAR LE PRÉFET DE POLICE, A PARIS, ET PAR LES PRÉFETS, DANS LES DÉPARTEMENTS

L'article 9 du Code d'instruction criminelle ne mentionne ni le préfet de police de Paris, ni les préfets des départements parmi les personnes chargées « d'exercer la police « judiciaire sous l'autorité des cours d'appel » et, dès lors, ces fonctionnaires ne sauraient être légalement qualifiés d'officiers de police judiciaire. Mais, s'ils n'en ont pas le titre, ils en ont toutes les attributions et toutes les prérogatives, ainsi que cela résulte de l'article 10 ainsi conçu : « Les « préfets des départements et le préfet de police, à Paris, « pourront faire personnellement ou requérir les officiers de « police judiciaire, chacun en ce qui le concerne, de faire « tous actes nécessaires à l'effet de constater les crimes, « délits et contraventions, et d'en livrer les auteurs aux « tribunaux chargés de les punir, conformément à l'article 8 « ci-dessus ». Or, l'article 8 donne précisément la définition de la police judiciaire. Le seul résultat de l'omission, très intentionnelle, d'ailleurs, ainsi que nous le verrons, faite par l'article 9, c'est que le préfet de police et les préfets échappent, lorsqu'ils exercent la police judiciaire, au contrôle des cours d'appel. Mais ils ne sont pas seulement investis par l'article 10 d'attributions personnelles ; ce texte leur donne, en outre, le droit de requérir les officiers de police judiciaire ; ils peuvent donc déléguer ces derniers comme le pourraient faire le procureur de la République et le juge d'instruction, et ces délégations s'étendent à *tous actes* de

leur compétence. En conséquence, étudier et résoudre la
question de savoir quels sont, au point de vue qui nous
occupe, les pouvoirs du préfet de police et des préfets dans
les départements, c'est déterminer par là même les actes
dont ces fonctionnaires peuvent déléguer l'exécution (1).

L'article 10 contient une dérogation évidente au principe
de la séparation des pouvoirs, puisqu'il confie à un magistrat de l'ordre administratif des fonctions qui ressortissent
évidemment de la police judiciaire. D'où vient cette dérogation ? Quelles circonstances l'ont faite insérer dans le Code ?

Le Code du 3 brumaire an iv était en vigueur, lorsque fut
promulguée la loi du 28 pluviôse de l'an viii, dont l'article 16
créait un préfet de police à Paris ; l'arrêté du 12 messidor
an viii en fixa les fonctions. Aux termes des articles 38 et 39
de cet arrêté, « le préfet de police et ses agents pourront
« faire saisir et traduire aux tribunaux correctionnels les
« personnes prévenues des délits du ressort de ces tribu-
« naux. Ils pourront faire saisir et remettre aux officiers
« chargés de l'administration de la justice criminelle les
« individus surpris en flagrant délit, arrêtés à la clameur
« publique ou prévenus de délits qui sont du ressort de la
« justice criminelle ». Ces deux articles accordent donc au
préfet tous les droits de la police judiciaire, telle que la
définit l'article 20 du Code du 3 brumaire an iv ; aussi,
lorsque le premier projet de Code criminel fut présenté au
Conseil d'Etat, à la séance du 21 fructidor an xii, l'article 10
énumérait le préfet de police de Paris parmi les officiers de
police judiciaire (Locré, tome XXIV, page 130). Aucun débat
ne s'éleva sur une disposition ne faisant que reconnaître au

---

(1) Cfrre à cet égard : Faustin Hélie, *Loc. cit.*, tome IV, § 223, page 263.
Mangin, *Traité des procès-verbaux*, pages 155 et 156. Carnot, *Loc. cit.*,
tome I, page 137. Vivien, *Études administratives*, tomes II, pages 191 et
132. Dalloz, *Répertoire général ; V° Instruction criminelle*, titre I, chapitre III,
section I, n° 252. Arrêt de la Cour de cassation (toutes chambres réunies) du
21 novembre 1853 (*Journal du Palais*, 1854, page 356). Garraud, *Précis de
droit criminel*, page 578.

préfet de police des droits qu'il exerçait déjà notoirement. Il est même à remarquer que l'article 93 de ce projet le classait parmi ceux des officiers de police judiciaire auxquels il attribuait expressément le droit de dresser les procès-verbaux, d'entendre les témoins et de décerner mandat d'amener, même hors le cas de flagrant délit (Locré, XXIV, page 176). Donc, avant l'article 10 actuel, le préfet de police tenait, de l'arrêté du 12 thermidor an VIII, et il exerçait sans contestation les attributions de la police judiciaire.

Quant aux préfets des départements, il n'en fut pas question alors. Lorsque le projet du Code d'instruction criminelle vint en discussion dans les séances du 27 et 29 frimaire an XIII, le Conseil décida « qu'on insérerait « dans le Code des dispositions pour régler les rapports « entre les magistrats de sûreté et les préfets, considérés « comme agents de haute sûreté. » (Locré, tome XXIV, page 573). Le but qu'on se proposait était donc, d'une part, de mettre les pouvoirs du préfet de police, à Paris, en harmonie avec les dispositions du nouveau Code ; de l'autre, d'accorder aux préfets des départements des prérogatives analogues à celles qui appartenaient au préfet de police de la Seine. En exécution de la décision prise par le conseil, en frimaire an XIII, le projet du Code que l'on discuta en 1808, régla les rapports entre les préfets et les magistrats de l'ordre judiciaire ; les préfets des départements et le préfet de police, à Paris, étaient compris parmi les officiers de police judiciaire, mais les fonctions de cette police ne leur étaient attribuées que pour les crimes intéressant la sûreté de l'État. Cette double disposition ne tarda pas à être modifiée ; il parut bon, ainsi que le demanda Treilhard, « de retrancher les pré-« fets de la nomenclature des officiers de la police judi-« ciaire, pourvu que, par d'autres articles, on leur en « donnât les fonctions ». On voulait éviter par là que les préfets fussent placés, en tant qu'officiers de police judiciaire, sous la surveillance du procureur général. En

outre, on jugea utile de les autoriser à étendre l'exercice
de la police judiciaire à tous les crimes et délits quelconques. (Locré, tome XXV, pages 202, 204, 205).

Cette extension fut adoptée, grâce à l'intervention très
énergique de l'Empereur dans la discussion : « Le préfet,
« dit-il, comme chargé de la police administrative, veille
« sur les malfaiteurs, évente leurs projets, fait saisir les
« pièces à convictions et s'empare des coupables. Il sem-
« blerait donc utile qu'il pût aussi interroger sur le champ
« et constater les traces de tout crime quelconque..... La
« section lui donne la police judiciaire pour les cas qui
« intéressent la sûreté publique, parce qu'elle sait qu'il
« a tous les moyens de la bien exercer ; pourquoi l'em-
« pêcher de diriger ces mêmes moyens contre les autres
« crimes ? » En parlant ainsi, Napoléon craignait-il que la
magistrature, quoique fort mutilée et presque détruite par
l'Assemblée constituante, ne conservât, vis-à-vis du Gouvernement, l'indépendance des anciens Parlements, ou
prévoyait-il que les corps judiciaires, faibles et disséminés
à cette époque, n'auraient pas l'autorité suffisante pour
maintenir l'autorité de la loi ? La raison la plus plausible
est que l'Empereur redoutait les complots formés soit
contre sa vie, soit contre son pouvoir ; la nécessité de lutter
contre « les assemblées de conjurés », dont il fut si souvent question dans les discussions du Conseil d'État relatives à l'article 10, ne fut certainement pas étrangère
à la rédaction de cet article.

Après cet exposé sommaire des origines du texte que
nous étudions, nous devons en chercher l'exacte signification, et établir, avec précision, l'étendue des pouvoirs qu'il
confère aux préfets.

La Cour de cassation, dans un arrêt rendu, toutes chambres réunies, le 21 novembre 1853 (1), a décidé que les

(1) Le 15 mars 1853, le tribunal correctionnel de la Seine avait décidé
que l'article 10 du C. I. C. ne limite en rien les pouvoirs des préfets pour
la mission de rechercher les délits, d'en rassembler les preuves et d'en

préfets peuvent, en vertu de l'article 10, concentrer en leurs mains les fonctions habituellement séparées de procureur de la République et de juge d'instruction. Il y a lieu de ne se préoccuper ni du caractère de l'infraction recherchée, ni de la gravité, ni de l'urgence plus ou moins grande des actes à accomplir. Le préfet de police, à Paris, et les préfets des départements, procédant à la recherche des crimes, délits et contraventions, ne doivent pas rencontrer plus d'entraves que le juge d'instruction ; les attributions de police judiciaire qui leur appartiennent ne sauraient se concevoir autres que celles de l'instruction. Si ces attributions subissent de fortes restrictions lorsqu'elles sont exercées par les procureurs de la République et leurs substituts, c'est en vertu de dispositions expresses, qui ne concernent pas et ne peuvent pas concerner les préfets, aux pouvoirs desquels la loi n'a pas imposé les mêmes limites. Ainsi, comme le dit M. Garraud : « Les « préfets peuvent procéder eux-mêmes à des perquisitions « domiciliaires et à des saisies chez le prévenu ou chez « des tiers, même dans les bureaux de l'administration « des postes ; ils peuvent mettre en arrestation le prévenu « par mandat de dépôt, le faire citer devant eux par « mandat d'amener, et ces droits leur appartiennent, que « l'infraction soit ou non politique, qu'elle soit ou non « flagrante ».

livrer les auteurs aux tribunaux chargés de les punir. Le 28 mai 1853, arrêt confirmatif de la cour de Paris. Le 23 juillet, la chambre criminelle de la Cour suprême casse cet arrêt de la cour de Paris, et dit que le juge d'instruction a seul le droit de perquisitionner dans un bureau de poste et d'y saisir des lettres. Le 18 août, la cour de Rouen, qui était la cour de renvoi, statue dans le même sens que la cour de Paris. Enfin, le 21 novembre, la Cour de cassation, toutes chambres réunies, revient sur l'arrêt rendu le 23 juillet par sa chambre criminelle, et donne la solution que nous exposons.

La jurisprudence n'a jamais varié à cet égard depuis ce dernier arrêt, comme le prouvent les décisions de la Cour de cassation du 16 août 1862 (S., 63-1-221), du 19 janvier 1866 (S., 66-1-87), et de la cour de Lyon, du 23 juillet 1872 (D. 74-2-201).

En effet, l'article 10 n'établit aucune distinction : pour lui donner une interprétation restrictive, il faudrait, comme M. Faustin Hélie l'a fait dans la discussion de cet article (1), admettre que la police judiciaire et l'instruction sont choses essentiellement différentes : la police judiciaire serait confiée aux divers officiers énumérés dans les articles 9 et 10, et au juge d'instruction lui-même, en tant qu'il est officier de police judiciaire ; mais les pouvoirs de l'instruction proprement dite, seraient réservés au seul juge d'instruction, magistrat inamovible. Par suite, l'article 10 ne conférant pas aux préfets d'autre droit que celui de requérir les officiers de police judiciaire, ou de se substituer à eux par une action personnelle, il ne saurait être licite d'autoriser ces fonctionnaires à exercer des droits attribués au juge d'instruction , non plus comme officier de police judiciaire, mais comme juge chargé seul d'instruire et d'informer.

L'étude approfondie de cette question serait d'un vif intérêt ; mais comme elle excéderait le cadre de notre travail, nous devons nous borner à indiquer les objections qui nous semblent détruire ce système (2). Tout d'abord, cette distinction n'est pas écrite dans le Code d'instruction criminelle. Au contraire, le livre premier ayant pour titre : « *De la police judiciaire et des officiers de police qui l'exercent* », contient les chapitres relatifs à l'instruction tout aussi bien que ceux concernant ce que l'on pourrait appeler plus spécialement la police judiciaire. D'ailleurs, l'article 8 définissant la police judiciaire ne dit-il pas « qu'elle recherche les « crimes, les délits et les contraventions, *en rassemble les* « *preuves* et en livre les auteurs aux tribunaux chargés de « les punir »? Or, n'est-ce pas là le caractère et le but des actes du juge d'instruction, agissant soit en vertu des

(1) *Loc. cit.*, tome IV, § 223, page 181.

(2) Cfrre pour cette controverse le rapport de M. le conseiller Chegaray et les conclusions de M. de Royer, procureur général à la Cour de cassation, dans l'arrêt du 21 novembre 1853.

articles 87 et 88, soit en vertu de l'article 59 du C. I. C.?
De plus, l'article 9 donne expressément, au juge d'instruction, la qualité d'officier de police judiciaire, sans distinguer
entre les diverses attributions qui lui appartiennent comme
juge d'instruction. Les articles 59, 279, 280 le placent, pour
tous ses actes, comme juge d'instruction, sous la surveillance du procureur général, ainsi que tous les autres officiers de police judiciaire. Enfin, si le juge d'instruction est
inamovible, c'est en tant que juge, mais non en tant que
chargé de l'instruction ; cela est si vrai que le titre en vertu
duquel il exerce les fonctions de l'instruction est un titre
temporaire et révocable (art. 55). Il s'ensuit que, dans tous
les cas où le juge d'instruction constate des infractions ou
cherche à en rassembler des preuves, il fait acte de police
judiciaire; dès lors, les attributions qu'il possède en cette
qualité peuvent être exercées par les préfets, en vertu de
l'article 10.

Il est donc incontestable que, sous ce rapport, les préfets
ont des pouvoirs plus étendus que les procureurs de la
République; le droit de perquisition et de saisie, en tout
temps et en tout lieu, refusé à un magistrat de l'ordre judiciaire tel que le procureur de la République, est accordé au
préfet, qui, pour employer les expressions de M. le conseiller de Chegaray, « est étranger, par les habitudes de sa
« vie et par le caractère même de ses fonctions, à la pra-
« tique des lois judiciaires, au respect des formes et des
« garanties individuelles ».

Après avoir établi que le préfet de police, à Paris, et les
préfets dans les départements possèdent, en vertu de l'article 10, les mêmes pouvoirs que le juge d'instruction, il est
facile de déterminer leur droit de délégation. Ils pourront
donner des commissions rogatoires pour l'exécution de *tous
les actes* rentrant dans la compétence d'un juge d'instruction; il n'y a plus ici matière à une controverse comme
celle que nous avons étudiée lorsqu'il s'est agi de fixer, pour
le magistrat instructeur, l'étendue du droit de délégation.

Le texte de l'article 10 est précis et formel : Les préfets pourront « requérir les officiers de police judiciaire, chacun « en ce qui les concerne, de faire *tous actes nécessaires* ».

La seule différence à signaler entre les juges d'instruction et les préfets, est que ceux-ci, investis, par l'article 10, du droit de requérir « les officiers de police judiciaire » sans distinction, ont, sans aucun doute, le pouvoir d'adresser des commissions rogatoires, non seulement aux juges d'instruction, mais aux procureurs de la République. Ce qui le prouve encore, c'est que l'article 10 du projet de loi sur la réforme du Code d'instruction criminelle, tel qu'il a été voté par le Sénat en 1882, déclare que le préfet de police « peut requérir les officiers de police judiciaire, *autres que* « *le procureur de la République et ses substituts et le juge* « *d'instruction*, de faire tous les actes de police judiciaire « qui sont dans les attributions de chacun d'eux ». Or, cette restriction a été insérée parce que le Sénat a estimé que l'article 10 actuel, donnant aux préfets le pouvoir de commettre rogatoirement les procureurs de la République et les juges d'instruction, faisait de ces magistrats les agents des préfets, ce qui ne devrait pas exister dans une bonne législation.

Nous arrivons à un point spécial qui mérite examen. Lorsqu'un préfet, usant de la faculté à lui conférée par l'article 10, délègue les officiers de police judiciaire compétents à l'effet de procéder à tel ou tel acte d'instruction ; que doivent faire ces officiers, une fois leur mission terminée ? A qui sont-ils tenus de transmettre les procès-verbaux dressés par eux en exécution de la commission rogatoire ? Au préfet déléguant, ou directement à l'autorité judiciaire compétente, c'est-à-dire au procureur de la République ? M. Garraud adopte la première solution. « Lorsque les actes « d'instruction sont complets, dit-il, le préfet apprécie s'il « convient de donner suite à l'affaire, et, s'il ne peut saisir « les tribunaux de répression, il peut du moins, dans ce « but, requérir chacun des officiers de police judiciaire de

« faire ce qui le concerne (1). » Ce pouvoir d'appréciation implique nécessairement que tous les résultats de l'information, procès-verbaux, résultats des perquisitions, etc., ont été transmis au préfet par ceux qu'il a chargés d'y procéder.

D'autres auteurs, notamment Carnot (2), Bourguignon (3), Dalloz (4), soutiennent, au contraire, que les officiers de police judiciaire délégués ne doivent rendre compte de leurs actes qu'aux procureurs de la République ; c'est donc à eux qu'ils adresseront directement, et sans passer par l'intermédiaire du préfet, les pièces qu'ils auront eu à dresser dans l'exécution de la délégation qu'ils ont reçue de ce dernier. « L'officier de police judiciaire requis, dit Carnot, agissant « légalement dans l'ordre de ses fonctions, doit faire, « lorsqu'il a rempli ce que son devoir exige, ce que le préfet « aurait dû faire lui-même s'il avait agi personnellement, « c'est-à-dire livrer les auteurs des crimes et des délits aux « tribunaux chargés de les punir. Les réquisitions que font « les préfets emportent de droit l'ordre de constater le délit « et d'en livrer les auteurs aux tribunaux chargés de les « punir. »

D'après les partisans de cette théorie, elle a pour but « de « simplifier les rouages de l'instruction et de mettre plus de « célérité dans les poursuites. La communication qui serait « donnée au préfet des procès-verbaux et des premières « informations auxquelles il aurait été procédé par l'officier « de police judiciaire qu'il aurait requis, ne ferait qu'arrêter « la marche de l'instruction, sans qu'on pût s'en promettre « aucun avantage. » Aussi, dans le cas où l'officier de police judiciaire, requis par le préfet ne se serait pas conformé à sa réquisition, ce n'est pas à ce dernier qu'il appartiendra de réprimer sa négligence, c'est au procureur général,

(1) *Loc. cit.*, page 578.

(2) *Loc. cit.*, pages 138 et 139.

(3) *Loc. cit.*, tome I, page 63.

(4) *Loc. cit.*, V° *Instruction criminelle*, titre I, chap. III, section 1, n° 257.

usant en cela du droit de surveillance que lui confère
l'article 279 (Carnot, *loc. cit.*).

Nous n'hésitons pas à rejeter ce système et à nous rallier
à celui de M. Garraud. Selon les défenseurs de la théorie que
nous combattons, la délégation donnée par le préfet a épuisé
tous les pouvoirs de ce dernier ; il n'a plus à s'occuper de
l'affaire, de sorte que l'officier délégué, pendant tout le
temps que dureront ses opérations, reste maître absolu de
l'instruction ; son action n'a d'autres limites que celles,
nécessairement fort vagues en bien des cas, de la commission rogatoire donnée par le préfet, puisque, d'une part,
ce dernier n'a plus à connaître de l'affaire, et que, de
l'autre, le procureur de la République et le juge d'instruction
l'ignorent par hypothèse. Puis, quand ledit officier délégué
estimera que sa tâche est remplie, il en enverra les résultats
au procureur de la République. De telles conséquences sont-
elles admissibles ? Qui, d'ailleurs, mieux que le préfet
déléguant peut apprécier si la commission rogatoire par lui
donnée a été bien et fidèlement exécutée ? Nous estimons
donc que c'est à ce dernier que l'officier de police judiciaire
requis devra transmettre les résultats de son information,
résultats que le préfet examinera et enverra à son tour, s'il
le croit utile, au procureur de la République ; ce dernier
sera seul juge de la suite définitive qu'il convient de donner
à l'affaire, et appréciera s'il y a lieu de mettre l'action
publique en mouvement.

Cette question présente, d'ailleurs, un intérêt plus théorique que pratique. En fait, les préfets ne se soucient guère
de la recherche et de la constatation des crimes et des délits
de droit commun ; c'est exclusivement lorsqu'il s'agit de la
poursuite des crimes politiques qu'ils usent des pouvoirs que
leur confère l'article 10. Ainsi que le disait M. de Royer,
procureur général à la Cour de cassation (arrêt du 21 novembre 1853) ; « lorsque le ministère public se transporte,
« son action est provoquée par un crime connu, flagrant, qui
« vient de se commettre. Il y a nécessairement un ou

« plusieurs individus inculpés, ou du moins soupçonnés,
« auxquels peut s'appliquer le droit de perquisition restreint
« des articles 36 et 37. En ce qui concerne les préfets, leur
« mission est toute autre ; s'ils ne s'occupaient que de con-
« stater les crimes découverts et connus, leur mission
« serait à peu près nulle. Ils agissent le plus souvent
« lorsqu'il n'y a pas encore d'inculpés ; ils cherchent ceux
« qui devront l'être pour les livrer aux tribunaux. C'est là
« leur mission essentielle. » Il est bien certain que c'est
seulement aux crimes politiques que cette définition du rôle
des préfets peut s'appliquer. Il pourra donc arriver fort
souvent que l'information faite par l'officier de police judiciaire requis n'aboutisse à aucun résultat, aucune charge
n'ayant été relevée contre l'individu soupçonné. Que servirait, dès lors, de transmettre au parquet des procès-
verbaux purement négatifs et de carence, pour emprunter
un terme au Code de procédure civile ? N'est-il pas plus
logique de réserver au préfet, d'où émane la réquisition, le
droit d'apprécier si l'enquête peut être utilement transmise
au procureur de la République ?

Cette étude des pouvoirs des préfets en matière de délégation et l'examen que nous avons dû faire, à ce propos, des
dispositions de l'article 10 lui-même, nous amènent à conclure
que ce texte devrait disparaître de notre Code. Lorsqu'il a
été inscrit dans nos lois, le pouvoir judiciaire, tout nouvelle-
ment réorganisé, était très faible encore ; le gouvernement
impérial soupçonnant partout des complots et des conjura-
tions, craignant qu'un ministère public, encore mal constitué,
n'eût pas la force de les déjouer et de les prévenir, crut
nécessaire de lui adjoindre le concours des préfets. Aujour-
d'hui, il n'en est plus ainsi. Le préfet, fonctionnaire exclusivement administratif, complètement étranger aux règles de
l'organisation judiciaire, ne recevant d'ordres que du
ministre de l'intérieur et n'ayant à répondre de ses actes
que devant lui, est pourtant investi, comme le dit si juste-
ment l'exposé des motifs du projet de loi présenté au Sénat

en 1889 (1), « de la faculté d'opérer des perquisitions et des
« saisies dans le domicile des citoyens. de confisquer tempo-
« rairement au moins leur fortune et leur liberté, sans
« mandat d'aucune sorte de l'autorité judiciaire, et d'agir,
« hors le cas de flagrant délit, sans s'entourer d'aucune des
« formalités protectrices dont le ministère public lui-même
« ne saurait légalement se départir ».

En présence des abus pouvant résulter de ce pouvoir
exorbitant, surtout dans les temps d'agitation politique, la
suppression de ces dispositions surannées ne s'impose-t-elle
pas ? Non qu'une action rapide et énergique ne soit parfois
encore nécessaire pour sauvegarder la sécurité publique.
Pour prendre un exemple qui se présente, hélas ! tout naturellement à l'esprit, les récents et trop fréquents attentats
des anarchistes exigent qu'à un moment donné on puisse
procéder à des perquisitions et arrestations simultanées,
quand on espère ainsi réduire à l'impuissance ces ennemis
de toute société civilisée, et faire avorter un de leurs exé-
crables forfaits. Mais est-il impossible d'y parvenir autrement qu'en usant des moyens fournis par l'article 10 ? Tout
en donnant au gouvernement les armes indispensables à la
défense sociale, ne pourrait-on pas supprimer la si dangereuse puissance que la loi confère actuellement au préfet ?
Faut-il, sous prétexte de protection, exposer les citoyens à
tous les périls de l'arbitraire ? Grave question que nous
essaierons de résoudre bientôt, quand nous examinerons les
réformes apportées sur ce point par le projet du nouveau
Code d'instruction criminelle.

(1) *Journal officiel.* — Documents parlementaires. Session de 1889.
Chambre. Annexes, page 313.

CHAPITRE VI

DES FORMES DES COMMISSIONS ROGATOIRES

Une commission rogatoire ne peut jamais être verbale ; elle doit être donnée par écrit, porter en titre le nom et la fonction du magistrat de qui elle émane, et viser les articles de loi en vertu desquels elle est délivrée. Le magistrat délégué ne doit pas être désigné par son nom patronymique, mais par sa fonction, puisque c'est en vertu de cette fonction qu'il est délégué. Lorsqu'il y a plusieurs juges d'instruction attachés au même tribunal, chacun d'eux est légalement et compétemment saisi de l'exécution de la commission rogatoire. Ainsi l'a décidé la Cour de cassation dans un arrêt du 25 janvier 1849 (*J. du P.*, 49-1-297). Un autre arrêt de la Cour suprême, en date du 11 novembre 1867 (*J. du P.*, 68, page 22), déclare qu'une commission rogatoire n'est pas nulle parce que le nom patronymique du magistrat délégué s'y trouve indiqué ; les parties sont sans intérêt pour critiquer la désignation ainsi faite, lorsque le magistrat désigné par son nom exerçait encore sa fonction quand la délégation lui est parvenue. Mais, quelle décision prendre, si le magistrat, qui n'est que nominativement désigné, n'est plus en fonctions lorsque la commission rogatoire arrive à destination ? Dans ce cas, nous estimons que la délégation est nulle et qu'il y a lieu de surseoir à l'exécution de la commission rogatoire jusqu'à ce qu'elle ait été régularisée par le magistrat dél014ant. En effet, la personne désignée par son nom n'exerçant plus les fonctions qui, seules, lui donnaient compétence pour exécuter la délégation, ne saurait valablement procéder aux actes qu'elle prescrit; quant à son successeur, il n'aurait pas non plus qualité pour agir, puisque ce n'est pas « le juge d'instruction » par exemple, qui a été délégué, mais « M. X., juge d'instruction », c'est-à-dire une personne autre que le magistrat instructeur en fonction. — Notre opinion a pour elle l'autorité de la Cour suprême, car l'arrêt précité, du 11 novembre 1867, laisse clairement sous-entendre, et par à contrario, que, dans cette hypothèse, la commission rogatoire serait nulle et les parties auraient un intérêt et seraient fondées à l'attaquer.

Lorsque la commission rogatoire aura pour objet l'audition de témoins, elle devra très exactement désigner les prévenus si on les connaît, ou mentionner qu'ils sont inconnus. L'article 75 du Code d'instruction criminelle prescrit, en effet, de demander aux témoins s'ils sont domestiques, parents ou alliés des parties; mention doit être faite de leurs réponses. Il s'ensuit que les prévenus doivent être nettement désignés, ou qu'on doit indiquer s'ils sont inconnus, afin que le juge délégué puisse, suivant les cas, ou se conformer à l'article 75, ou indiquer dans son procès-verbal pourquoi il ne l'a pu faire.

La commission rogatoire doit qualifier le crime ou le délit qui donne lieu aux poursuites, c'est-à-dire l'énoncer en lui donnant le nom juridique qui lui convient, et spécifier, s'il y a lieu, les circonstances aggravantes.

Il est essentiel que la commission rogatoire contienne soit dans son texte même, soit dans une note annexée, toutes les indications et tous les renseignements de nature à éclairer le magistrat délégué et à lui permettre de remplir utilement sa mission. L'article 83 en fait, d'ailleurs, un devoir au juge déléguant. Ces prescriptions sont d'autant plus importantes que l'on ne doit pas joindre à la commission rogatoire les procès-verbaux et autres pièces de l'information. Le déplacement des minutes est interdit, à cause du danger de perte auquel il exposerait, par l'article 59 du décret du 18 juin 1811 ; seul, l'envoi des expéditions et extraits de pièces est permis, et encore dans des cas exceptionnels et avec autorisation du ministre de la justice. C'est donc très sagement que la loi impose au magistrat qui, saisi de l'affaire, en connaît toute la procédure ainsi que la nature de la prévention, le devoir d'indiquer avec précision au magistrat délégué les points sur lesquels il devra porter son attention, et de tracer le cercle dans lequel le juge ou l'officier de police délégué doit agir pour que la procédure devienne complète dans toutes ses parties (1).

Si la commission rogatoire est donnée pour procéder à l'interrogatoire d'un prévenu, on doit, conformément aux prescriptions de l'article 103 du C. I. C., y joindre « les pièces, notes et renseignements relatifs au délit » ; elle contiendra, en outre, un état des faits et une série de questions aussi complète que possible ; mais le juge délégué a toute liberté d'adresser au prévenu les demandes qui pourront lui être suggérées par les réponses de ce dernier (2).

S'il s'agit d'autres opérations, il faut avoir soin de donner les explications les plus complètes, surtout si l'on délègue un officier de police judiciaire auxiliaire. La Chancellerie, dans une circulaire du 16 août 1842, n° 6, le recommande expressément en ces termes : « Toutes les fois qu'on adresse « une délégation aux juges de paix, on doit y joindre des « instructions claires et précises sur les faits qu'ils sont « chargés de constater, sur le nombre et la nature des « opérations dont la direction leur est confiée ».

S'il s'agit de procéder à une audition de témoins, la commission rogatoire indiquera, avec le plus de précision possible leurs noms, prénoms, qualités, professions, demeures. Une pratique judiciaire prévoyante fait ajouter ordinaire-

____

(1) Fuzier Hermann, *Répertoire général alphabétique de droit français :* 2° *Commission rogatoire*, n°ˢ 118 et sq.

(2) Duverger, *loc. cit.*, tome II, n° 377.

ment à la liste des témoins dont l'audition est requise une formule ainsi conçue : « et tous autres témoins qui seraient « désignés par ceux dénommés, ... dont la déposition « paraîtrait utile à la manifestation de la vérité, etc. » De la sorte, si le magistrat délégué apprend, au cours de sa mission, que tel témoignage serait utile à recueillir, il peut le faire sans sortir des limites de la commission rogatoire qui lui a été adressée.

Si la délégation a pour but de faire procéder à une visite domiciliaire ou à une saisie de papiers ou autres pièces à conviction, il faudra préciser le domicile dans lequel on devra perquisitionner et la nature des objets à saisir.

En résumé, quelle que soit l'étendue de la commission rogatoire quant à son objet, le juge devra apporter à sa rédaction le plus grand soin, et s'attacher à ce qu'elle contienne les indications les plus nettes sur la mission soit du magistrat, soit surtout de l'officier de police judiciaire auxiliaire délégué.

CHAPITRE VII

DE L'EXÉCUTION DES COMMISSIONS ROGATOIRES

SECTION I.

Qui peut être délégué par le juge d'instruction ? Par qui peut-il être délégué lui-même ?

§ 1. — *Quelles personnes peut déléguer le juge d'instruction.* — Nous avons étudié précédemment (2me partie, chap. I), dans son principe, le droit de délégation que possède le juge d'instruction quant aux personnes qui peuvent être déléguées. — Bornons-nous donc à rappeler ici que nous avons reconnu au juge d'instruction le pouvoir de délivrer des commissions rogatoires et aux autres juges d'instruction et à tous les officiers de police judiciaire auxiliaires. Nous allons maintenant en reprendre l'énumération, afin d'examiner et de résoudre, au fur et à mesure qu'elles se présenteront, les questions spéciales qui peuvent se poser à propos de chacun d'eux.

Commençons toutefois par éliminer une hypothèse très particulière qui se réalise fort rarement ; elle s'applique aux cas prévus par l'article 511 du C. I. C., dans lesquels le juge d'instruction délègue les premiers présidents de cours d'appel et les présidents de tribunaux de première instance pour recueillir le témoignage du ministre de la justice et autres grands dignitaires désignés par l'article 510. C'est l'unique circonstance où un juge d'instruction puisse commettre rogatoirement un magistrat hiérarchiquement supérieur. D'ailleurs, cette délégation n'est pas une faculté, mais une obligation pour le juge saisi ; la loi ne voulant pas qu'un simple juge d'instruction recueille les dépositions des personnages précités, ordonne qu'elles le soient par le représentant le plus élevé de l'ordre judiciaire de leur résidence, premier président de la cour, ou président du tribunal, suivant le cas.

En dehors de cette hypothèse, absolument spéciale, nous le répétons, quelles personnes pourront être déléguées par le juge d'instruction ? S'il s'agit d'actes d'instruction auxquels il doit être procédé hors de l'arrondissement du magistrat saisi, ce dernier devra nécessairement s'adresser à ses collègues immédiats, les juges d'instruction compétents ratione loci, si nous pouvons ainsi parler. Il ne pourrait déléguer un simple juge du tribunal. — Lorsqu'un conseiller à une cour d'appel fait, dans les cas prévus par les articles 235 et 236, les fonctions de juge d'instruction, l'article 237 lui confère expressément le droit de commettre, pour l'audition des témoins, « un des juges du tribunal de « première instance, dans le ressort duquel ils demeurent ». Il peut donc à son gré commettre soit le juge d'instruction, soit un simple juge ; mais cette disposition de l'article 237 doit être strictement limitée au cas qu'elle prévoit ; la faculté qu'elle confère au conseiller chargé de l'information ne saurait être étendue à un juge d'instruction ordinaire, qui ne peut que déléguer un autre juge d'instruction , si celui-ci est momentanément empêché, le magistrat qui le remplace a de plein droit qualité pour exécuter la commission rogatoire.

S'il s'agit d'actes auxquels il doit être procédé dans l'arrondissement du juge d'instruction saisi, celui-ci pourra déléguer tous les officiers de police judiciaire auxiliaires en général.

Touchant les juges de paix, la question ne souffre aucune difficulté. Les articles 83 et 84 du C. I. C. prévoient en effet expressément, que des commissions rogatoires peuvent leur être données ; les auteurs qui, comme M. Faustin Hélie, interprètent dans le sens le plus restrictif les dispositions du C. I. C. en cette matière, le reconnaissent sans hésiter.

Quant aux commissaires de police et aux maires, une jurisprudence constante, que nous avons signalée, a décidé qu'ils pouvaient, eux aussi, être délégués par le juge d'instruction.

Mais, en ce qui concerne les officiers de gendarmerie (1), on s'est demandé si, hors le cas de flagrant délit, ils peuvent être délégués pour procéder à un acte d'instruction. Cette question a été résolue négativement dans un ouvrage qui se trouve dans toutes les brigades de gendarmerie, et que les officiers de cette arme considèrent comme un guide. sinon officiel, tout au moins autorisé. C'est le *Dictionnaire de la gendarmerie* (2), où on lit : « Sauf le cas de flagrant délit, « où l'urgence justifie l'exception, le droit de procéder à un « acte d'instruction ne peut appartenir qu'à un juge ; « en indiquant le juge de paix et le juge d'instruction pour « l'audition des témoins qui sont dans l'impossibilité de se « transporter, la loi a nécessairement voulu que les autres « actes d'instruction susceptibles de délégation ne puissent « être confiés qu'à l'un de ces deux magistrats. Si, hors le « cas de flagrant délit, les officiers de gendarmerie ne peu- « vent pas être délégués pour recevoir des dépositions, il « doit en être de même lorsqu'il s'agit de recevoir des infor- « mations, de procéder à une perquisition, de faire une « expertise ou d'appliquer une mesure de contrainte à « l'occasion de faits sur lesquels une instruction judiciaire « est commencée ».

La solution donnée dans cet article ne surprend pas quand on sait que ces lignes sont à peu près littéralement empruntées à M. Faustin Hélie (n⁰ˢ 1905 et 1912). Mais il est

---

(1) Cfrre, Laloë, Exécution des commissions rogatoires par les officiers de gendarmerie, *J. du P.*, 1886-1-43.

(2) *Dictionnaire de la gendarmerie*, par Cochet de Savigny et Parreire. revu par le commandant Kerchner (2ᵉ édition, 1883), V⁰ Commissions roga- toires, § juges d'instruction.

.regrettable que les auteurs du *Dictionnaire de gendarmerie* aient puisé à cette source les principes qu'ils énoncent ; on peut craindre qu'un officier de gendarmerie, invoquant l'autorité de cet ouvrage, se refuse à exécuter une commission rogatoire à lui adressée par un juge d'instruction, et compromette ainsi le succès d'une information judiciaire.

Pourtant, il est incontestable qu'aux termes mêmes de l'article 9 du Code d'instruction criminelle, les officiers de gendarmerie sont officiers de police judiciaire auxiliaires, et que, par suite, ils peuvent être délégués par le juge d'instruction au moyen de commissions rogatoires. Nous avons vu que, d'après M. Faustin Hélie, les juges de paix seuls peuvent être délégués, opinion que nous avons assez longuement discutée et combattue (2e partie, chap. I) pour n'avoir pas à y revenir ; nous croyons avoir démontré que tous les officiers de police judiciaire auxiliaires peuvent être délégués pour procéder à des actes d'instruction. Les officiers de gendarmerie ne sauraient faire exception à cette règle que si le décret du 1er mars 1854, qui règle le service de cette arme, contenait, à cet égard, une restriction expresse ; il n'en est rien, tout au contraire. En effet, l'exécution des commissions rogatoires par les officiers de gendarmerie y est prévue d'une manière formelle, même en dehors des cas de flagrant délit, pour lesquels aucune contestation n'est possible.

L'article 286 de ce décret dit que les officiers de gendarmerie, considérés comme officiers de police judiciaire, dépendent du ministère de la Justice pour le service qu'ils exécutent en cette qualité, « soit en cas de flagrant délit, « *soit en vertu de commissions rogatoires* ». On ne peut s'exprimer en termes plus précis, ni établir une distinction plus nette. De même, l'article 241 stipule que les officiers de gendarmerie peuvent se transporter dans toute leur circonscription « lorsqu'ils agissent en leur qualité d'officiers de « police judiciaire, soit directement en cas de flagrant délit, « *soit en vertu d'une commission rogatoire* ». Enfin, l'article

291 porte : « La maison de chaque citoyen est un asile où la
« gendarmerie ne peut pénétrer sans se rendre coupable
« d'abus de pouvoir, sauf les cas dénommés ci-après :
« 1° Pendant le jour, elle peut y entrer pour un motif for-
« mellement exprimé par une loi, *ou en vertu d'un mandat*
« *de perquisition délivré par l'autorité compétente* ». Nul ne
contestera, croyons-nous, qu'un officier de gendarmerie fasse
partie de la gendarmerie ; il peut donc accomplir toutes les
missions confiées à la gendarmerie en général, entre autres
celle d'exécuter un mandat do perquisition décerné par le
juge d'instruction, seule autorité compétente en dehors du
cas de flagrant délit.

Loin d'apporter aucune modification aux principes que
nous avons posés et qui sont communs à tous les officiers de
police judiciaire auxiliaires, le décret de 1854 ne fait que les
corroborer en ce qui concerne les officiers de gendarmerie,
et nous estimons, comme M. Laloë, que « l'officier de gen-
« darmerie qui refuserait d'exécuter une commission roga-
« toire à lui adressée par un juge d'instruction manquerait
« à son devoir et engagerait sa responsabilité ».

Lorsqu'un officier de police judiciaire auxiliaire est
délégué par le juge d'instruction pour procéder à l'audition
de témoins, peut-il entendre ces derniers sous la foi du
serment, si bien que leurs dépositions aient autant de
valeur que si elles avaient été recueillies par le magistrat
instructeur lui-même ? Ou bien ne le peut-il qu'à titre de
renseignements et sans qu'aucune force probante soit
attachée à son procès-verbal ?

Cette dernière opinion a pour elle des partisans dans la
doctrine (1). « Il faut remarquer, dit M. Duverger, que les
« officiers de police judiciaire, autres que le juge de paix,
« ne peuvent être chargés par le juge d'instruction que des

___

(1) Dalloz. *Rep.* 2° *Instruction criminelle*, n° 583 ; Duverger, *Manuel du
juge d'instruction*, tome II, page 329 ; Faustin Hélie, tome V, page 689 ;
Legraverend, tome I, page 246.

« actes que le procureur impérial lui-même pourrait leur
« confier pour l'accomplissement des articles 32, 35, 36, 38,
« 39, 44, 87, 88, 89, 90 du C. I. C. ; qu'ainsi, un commissaire
« de police, un officier de gendarmerie, un maire, ne
« pourraient être délégués, en vertu des articles 83 et 84 du
« C. I. C. pour entendre des témoins, *si ce n'est à titre de*
« *simples renseignements*, et non dans une information juri-
« dique à laquelle un juge seul peut procéder. » Ainsi, sauf
l'exception faite pour le juge de paix, aucun officier de
police judiciaire auxiliaire ne peut être commis rogatoirement pour entendre des témoins, si ce n'est à titre de
simples renseignements.

Nous ne saurions adopter ce système ; nous estimons que
tous les officiers de police judiciaire auxiliaires peuvent être
délégués par le juge d'instruction pour procéder à l'audition
de témoins qui seront entendus sous la foi du serment.

Nous croyons avoir établi plus haut (2ᵉ partie, chap. Iᵉʳ)
qu'ils ont tous, de par la loi même, en dehors d'une délégation quelconque, compétence pleine et entière pour procéder aux actes de l'instruction ; en cas de flagrant délit, ils
doivent, usant des pouvoirs que leur confère cette compétence, faire immédiatement et de leur propre initiative, tous
actes utiles à la découverte de la vérité ; en dehors de ce
cas, la loi leur prescrit de n'user de ces pouvoirs que
lorsqu'un juge d'instruction le leur a ordonné par une commission rogatoire. En d'autres termes, et pour donner à
notre pensée une forme juridique, nous prétendons que les
officiers de police judiciaire auxiliaires possèdent, de par la
loi même et d'une manière continue, la *jouissance* du
droit de procéder à tous les actes d'instruction ; mais ils
n'en ont *l'exercice* de plano, sans qu'il soit besoin d'aucune
intervention étrangère, qu'au cas de flagrant délit ; hors de
là, l'exercice de ce droit ne leur appartient qu'autant que
l'autorité compétente, le juge d'instruction en l'espèce, les
a, par sa délégation, mis en demeure d'en user. Cette
distinction nous paraît résulter nettement de la loi même ;

elle a voulu ne laisser aux officiers de police auxiliaires le libre exercice du droit si étendu et si dangereux de procéder à tous les actes d'instruction, qu'autant que les circonstances de fait l'exigent, alors qu'il y a urgence à saisir et à réunir sur-le-champ toutes les traces du crime ou du délit qui vient de se commettre. A ce moment, d'ailleurs, il est sans péril de permettre à un officier de police auxiliaire d'user des droits dont il a la jouissance, précisément parce que, le fait délictueux venant de se commettre, les recherches sont singulièrement plus faciles. Mais dès qu'il ne s'agit plus de flagrant délit, l'œuvre du magistrat instructeur devient beaucoup plus délicate ; il importe, en outre, qu'il y ait unité de direction ; voilà pourquoi la loi n'autorise alors les officiers de police auxiliaires à user de leur compétence qu'autant qu'ils y sont invités par une commission rogatoire dont les termes délimitent nettement le champ d'action de l'officier délégué.

Il suit, de là, que l'officier de police judiciaire auxiliaire, procédant en vertu d'une commission rogatoire régulière à l'audition de témoins, se meut dans les limites de la compétence pleine et entière qu'il tient de la loi même ; il devra faire prêter serment aux témoins, comme le juge d'instruction l'aurait fait ; les dépositions ainsi recueillies auront autant de force et de valeur que si elles l'avaient été par le magistrat instructeur en personne.

Les partisans de la doctrine que nous combattons devraient, pour être logiques, déclarer que tout acte d'instruction, auquel il sera procédé en vertu d'une commission rogatoire par un officier de police auxiliaire, ne vaudra que comme simple renseignement, et qu'il n'aura toute sa force probante, toute sa valeur légale, qu'autant qu'il émanera du magistrat instructeur lui-même. Pourtant, la plupart d'entre eux disent le contraire. M. Duverger, notamment, déclare que « le juge d'instruction a le droit incontestable de dé-
« léguer un juge de paix, un commissaire de police, un
« maire, un officier de gendarmerie, pour faire les perqui-

« sitions domiciliaires dont il est parlé dans les articles 87
« et 88 », et il combat l'opinion de Carnot, d'après laquelle
les résultats de ces perquisitions ne doivent valoir que
comme simples renseignements. « Je ne vois pas pourquoi,
« dil-il, un officier auxiliaire obtiendrait moins de croyance,
« ayant opéré par délégation au cours de la procédure,
« qu'ayant agi d'après ses propres pouvoirs dès l'origine du
« procès, au moment où le délit se commettait ou venait de
« se commettre ». Pourquoi M. Duverger est-il d'un avis
opposé, lorsqu'il s'agit, non plus de perquisitions, mais
d'audition de témoin, alors pourtant que son raisonnement
s'applique avec autant de justesse dans les deux cas ? C'est
là une contradiction que nous ne pouvons expliquer.

Notre théorie (1) s'appuie sur l'autorité de la jurisprudence de la Cour de cassation qui, dans deux arrêts, l'un
du 14 juin 1866 (D., 66-5-251), et l'autre du 21 novembre 1879
,S., 80-1-188), a ainsi jugé : « Les dispositions de l'article 84
« du Code d'instruction criminelle, qui autorisent les juges
« d'instruction à commettre des juges de paix pour *recevoir*
« *des dépositions de témoins*, ne sont pas limitatives ni restric-
« tives, et, dès lors, le juge d'instruction peut, au lieu de
« commettre un juge de paix, déléguer à cet effet un com-
« missaire de police ».

En principe, un juge d'instruction ne peut déléguer directement les officiers de police auxiliaire d'un autre arrondissement ; il doit, en ce cas, et par application de l'article 84,
transmettre sa commission rogatoire au juge d'instruction
de l'arrondissement dans lequel elle devra être exécutée.
Nous estimons, toutefois, que cette règle comporte une
exception, lorsqu'il y a flagrant délit. En effet, en ce cas,
l'article 283 donne au procureur de la République le droit
de déléguer au juge de paix, *même d'un autre arrondisse-*

---

(1) Cfrre dans le même sens : Fuzier Hermann, *Répertoire général ;*
2° Commissions rogatoires, n° 96 ; Le Poitevin. *Dictionnaire des parquets,*
édition de 1894 ; V° Commissions rogatoires, n° 4.

ment, les fonctions qui lui sont alors momentanément attribuées, c'est-à-dire celles du juge d'instruction. Cette disposition doit être étendue aux juges d'instruction, dont les pouvoirs, pour la constatation des crimes et des délits, sont plus étendus que ceux du procureur de la République. D'ailleurs, il y a souvent grand avantage à ce qu'un magistrat instructeur, lorsqu'un crime vient d'être commis sur les limites de son arrondissement, puisse immédiatement se faire assister par les officiers de police judiciaire de l'arrondissement voisin, sans être obligé d'envoyer au chef-lieu de cet arrondissement, souvent fort éloigné, une commission rogatoire dont l'exécution serait forcément tardive, au détriment des recherches et de la découverte de la vérité. Ajoutons que la loi ne prohibe pas cette extension de l'article 283, qu'imposent parfois les nécessités du service.

Le juge d'instruction peut encore adresser des commissions rogatoires aux rapporteurs près les tribunaux militaires et maritimes, qui jouent le rôle de véritables juges d'instruction auprès de ces juridictions ; mais comme, d'après un arrêt de la Cour de cassation, du 11 février 1830 (S., 30-1-285), le juge d'instruction n'est pas tenu de procéder à l'audition des témoins, militaires ou non, en vertu d'une délégation à lui adressée par un capitaine rapporteur, lorsqu'il y a un conseil de guerre permanent dans le lieu où les témoins doivent être entendus, nous pensons que, par réciprocité, un juge d'instruction ne peut déléguer un officier rapporteur, s'il se trouve un tribunal civil dans le lieu où il doit être procédé à l'exécution de l'acte.

Enfin, un juge d'instruction peut déléguer des magistrats étrangers, mais c'est là une question qui sera traitée ci-dessous, dans notre neuvième chapitre.

§ 2. — *Par qui le juge d'instruction peut-il être délégué ?* — Nous nous bornerons ici à une simple énumération, la plupart des cas dans lesquels ces délégations ont lieu ayant été étudiées ci-dessus.

Le juge d'instruction peut être délégué : par le président

de la commission du Sénat, chargée de l'instruction des attentats contre la sûreté de l'État (loi du 10 avril 1889, art. 7 et 8) ; par les premiers présidents de la Cour de cassation ou des cours d'appel (art. 283, 488, 497 du C. I. C.) ; par les présidents des cours d'assises (art. 303 et 283) ; par les cours d'assises (art. 433) ; par les conseillers chargés d'une instruction (art. 237) ; par les juges d'instruction, ses collègues (art. 84, 90, 103) ; par les préfets (art. 10), et, enfin, sous la restriction ci-dessus exposée, par les officiers rapporteurs près les tribunaux militaires ou maritimes (art. 223 de la loi des 18 et 19 prairial an II, loi du 13 brumaire an V, art. 13 ; Code de justice militaire, art. 102 ; Code de justice militaire maritime, art. 132.)

Section II.

Devoirs et droits des magistrats et officiers de police judiciaire auxiliaire délégués.

Lorsqu'une commission rogatoire a été légalement donnée et régulièrement transmise à un juge d'instruction, celui-ci est tenu de l'exécuter. En effet, chargé par la loi d'accomplir dans son ressort tous les actes de l'instruction criminelle, il ne peut, lorsqu'il en est légalement requis, refuser son concours à ces mêmes actes, quoique motivés par des faits survenus hors de ce ressort. Refuser purement et simplement d'exécuter la commission rogatoire, sans motiver ce refus, ce serait de sa part un véritable déni de justice. Mais le magistrat déléguant n'aurait nulle qualité pour lui adresser des observations ; il devrait se borner à en référer au procureur général. Toutefois, une décision du ministère de la justice, en date du 25 mai 1830, dit qu'en cas de refus pur et simple, l'ordonnance du juge d'instruction refusant devrait être frappée d'opposition par le ministère public.

Cependant, le magistrat délégué peut estimer qu'il n'est

pas compétent, soit *ratione materiæ*, s'il croit que l'acte d'instruction auquel il doit être procédé ne rentre pas dans ses attributions, soit *ratione loci*, si cet acte doit être accompli hors des limites de sa juridiction ; il doit alors le déclarer dans une ordonnance qui peut donner lieu ou à un recours contentieux, ou à un règlement de juges. Ainsi, le juge d'instruction près le tribunal de Rennes ayant été délégué par un capitaine rapporteur pour entendre des témoins militaires et non militaires, rendit une ordonnance pour déclarer son incompétence, en se fondant sur ce que les capitaines rapporteurs n'ont, aux termes des articles 223 de la loi du 18 prairial an II et 13 de la loi du 13 brumaire an V, le droit de déléguer des juges d'instruction que dans le cas où il n'existe pas de conseil de guerre sur les lieux. Cette ordonnance, confirmée par la chambre des mises en accusation, fut déférée à la Cour de cassation ; mais le pourvoi fut rejeté (11 février 1830. — S., 30-1-285).

Si l'exécution d'une commission rogatoire soulève des incidents contentieux, quelle sera la juridiction appelée à en connaître ? Celle dont dépend le magistrat déléguant, ou celle dont relève le magistrat délégué ? Cette question s'est posée en pratique, pendant l'année 1869, dans l'espèce intéressante que voici : Au cours d'une poursuite correctionnelle en abus de confiance dirigée devant le tribunal correctionnel de Saint-Jean-d'Angély, contre un négociant de cette ville, le juge d'instruction près ledit tribunal donna commission rogatoire à son collègue de Cognac à l'effet de saisir, comme élément de preuve du délit d'abus de confiance, les livres du prévenu ; ces livres se trouvaient déposés chez un avocat de Cognac, par suite d'un procès commercial, alors terminé, au cours duquel ce dernier avait plaidé pour le négociant. Le juge d'instruction de Cognac, ainsi investi d'une délégation régulière, procéda à l'opération requise. Mais l'avocat, chez qui la saisie de pièces à conviction avait été faite, forma un recours contre la commission rogatoire devant la cour d'appel de Bordeaux ;

celle-ci, chambre des mises en accusation, se déclara incompétente, par ce motif que le magistrat déléguant, auteur de l'ordonnance de saisie, relevait, non pas de sa juridiction, mais de celle de la cour de Poitiers, dans le ressort de laquelle se trouve le tribunal de Saint-Jean-d'Angély. Cette décision fut déférée à la Cour de cassation, qui rejeta le pourvoi par un arrêt dont voici le sommaire : « Le magis- « trat qui agit en vertu d'une commission rogatoire ne fait « point acte de juridiction propre et personnelle ; en consé- « quence, la juridiction dont relève le magistrat déléguant « est seule compétente pour statuer sur le recours formé « contre la commission rogatoire » (15 mai 1869. *Journal du Parquet*, 1870, page 321).

Le magistrat délégué n'est plus tenu, comme dans l'ancien droit (1), de rendre une ordonnance, notifiée au prévenu, dans laquelle il déclare accepter la délégation. Il lui suffit aujourd'hui de viser, en tête de ses actes, la commission rogatoire en vertu de laquelle il agit ; et même cette formalité, bien que d'un usage constant dans la pratique, n'est pas prescrite à peine de nullité, ainsi qu'il résulte d'un arrêt de la Cour de cassation qui a décidé que « le juge « d'instruction, chargé de l'exécution d'une commission « rogatoire, n'est pas tenu de constater, dans les actes « d'information auxquels il procède, qu'il agit en vertu d'un « pouvoir délégué, si, d'ailleurs, ces actes sont conformes à « la commission rogatoire qu'il a mission d'exécuter » (25 janvier 1849. D., P., 49-1-31).

En principe, le juge d'instruction délégué ne doit faire que les actes dont l'exécution lui a été confiée ; en agissant autrement, il commettrait un excès de pouvoir. Par exemple, délégué uniquement pour une audition de témoins, il ne pourrait se livrer à une perquisition. Il faut, toutefois, lui reconnaître le droit de procéder à tous les actes qui sont l'accessoire ou la conséquence de ceux spécifiés dans la

(1) Jousse, tome III, n° 154.

commission ; ainsi, commis pour procéder à la saisie d'une pièce de comparaison, s'il en trouve plusieurs, il peut assurément les saisir toutes.

Quels sont les pouvoirs du juge délégué pour procéder à une audition de témoins, lorsque ceux-ci produisent de faux certificats de maladie, ou sont défaillants? Supposons une commission rogatoire adressée par un juge d'instruction à un de ses collègues, par application de l'article 84. Le magistrat délégué ayant cité les témoins par devant lui, reçoit des certificats médicaux attestant qu'ils ne peuvent obéir à la citation, se transporte et constate que les témoins auraient pu comparaître, les certificats de maladie ayant été donnés par complaisance. En pareil cas, l'article 86 arme le juge d'instruction d'un double pouvoir : il peut, premièrement, décerner un mandat de dépôt contre le témoin et contre le médecin ; en second lieu, prononcer l'amende prévue par l'article 80, qui est de cent francs au maximum. Au cas de commission rogatoire, lequel des deux juges d'instruction sera compétent pour décerner le mandat et pour prononcer l'amende? Sera-ce le déléguant ou le délégué ? L'article 86 décide que ce sera ce dernier ; il dit, en effet que la peine sera prononcée par le juge d'instruction *du même lieu*, c'est-à-dire par celui qui a fait le transport. La raison en est claire : lui seul peut valablement apprécier si le témoin était ou non en état de se conformer à la citation. Sans doute, ce n'est pas à son ordonnance, mais bien à celle du magistrat déléguant qu'il a été contrevenu ; néanmoins le pouvoir d'appliquer les sanctions de l'article 86 découle, pour le magistrat délégué, de la délégation même qui lui a été faite.

Si, par application de l'article 84, 2°, le juge d'instruction commis a subdélégué un juge de paix pour procéder à l'audition du témoin prétendu malade, ce juge de paix, en cas de fraude constatée, sera-t-il armé des pouvoirs conférés par l'article 86 ? Non, car cet article stipule expressément que « la peine portée, en pareil cas, sera

« prononcée par le juge d'instruction du même lieu *et sur*
« *la réquisition du procureur de la République* » ; ce qui
rend impossible l'intervention directe du juge de paix.
Celui-ci devra donc se borner à en référer au juge d'instruction qui l'a subdélégué.

Lorsque les témoins seront défaillants, le juge d'instruction délégué aura incontestablement aussi, en vertu de
l'article 80, le droit de leur infliger l'amende et de décerner contre eux mandat d'amener pour les contraindre ;
mais lui seul aura cette faculté, que nous refusons à
l'officier de police judiciaire auxiliaire commis, et ce, par
application *à pari* de l'article 86.

Le juge d'instruction délégué pourrait contraindre les
dépositaires publics à lui remettre les pièces arguées de
faux ou devant servir de comparaisons (art. 452, 454), requérir la force publique, se faire assister d'experts, réprimer les injures et voies de fait qui le troubleraient
dans l'exercice de ses fonctions (art. 504, 505).

Le magistrat instructeur, commis rogatoirement, peut
subdéléguer à son tour un officier de police judiciaire
auxiliaire pour l'exécution de la commission rogatoire à
lui transmise. Il donne alors une seconde commission
rogatoire contenant la première, au bas de laquelle il
établit la subdélégation.

Mais, en aucun cas, un officier de police judiciaire auxiliaire ne possède cette faculté de subdélégation ; elle n'appartient qu'au juge d'instruction ou au procureur de la
République. Des difficultés s'étaient produites à cet égard
entre des juges de paix et des commissaires de police,
les premiers s'étant crus en droit de subdéléguer les
seconds. Une circulaire du ministre de l'intérieur, en date
du 21 juillet 1854 (Dalloz, 1855-3-51), a condamné, en ces
termes, les prétentions des juges de paix : « Soit comme
« agents de l'autorité administrative, soit comme agents
« de l'autorité judiciaire, les commissaires de police sont
« indépendants des juges de paix, et n'ont, en droit strict,

« aucun ordre à en recevoir pour l'exercice de leurs fonc-
« tions. Jamais, par conséquent, les commissaires de police
« ne peuvent être délégués par les juges de paix pour
« un acte quelconque d'information. Ils sont, en effet,
« officiers de police judiciaire au même titre que les com-
« mandants de gendarmerie et les juges de paix, et, dans
« aucun cas, ils ne sauraient être considérés comme les
« auxiliaires des juges de paix..... La délégation faite par
« le procureur impérial ou le juge d'instruction aux juges
« de paix est toute personnelle, et le juge de paix qui en
« est investi n'a pas le droit de la faire passer, au moyen
« d'une sous-délégation, au commissaire de police, et de
« le charger ainsi d'actes pour lesquels lui-même a été
« requis ». Toutefois, la circulaire dit, en finissant, que
« rien ne saurait s'opposer à ce que les juges de paix,
« chargés d'une information, s'adressent officieusement
« aux commissaires de police, pour en obtenir une coopé-
« ration souvent indispensable ».

Le ministère-public a-t-il à intervenir pour l'exécution
des commissions rogatoires ? Cette question se pose à un
double point de vue. Et d'abord, le juge d'instruction qui
décerne une commission rogatoire doit-il, avant de la
transmettre, la communiquer au ministère public, pour
que celui-ci y joigne son réquisitoire ? Massabiau (1) sou-
tient l'affirmative ; selon lui, l'intervention du procureur
de la République est indispensable pour l'exécution des
actes prescrits par le juge d'instruction ; aux termes des
articles 47 et 72 du C. I. C., cette intervention est spécialement nécessaire s'il s'agit d'expertises ou d'auditions de
témoins, ce qui est l'objet le plus fréquent des commissions
rogatoires.

L'opinion contraire, la bonne à notre avis, invoque, pour
démontrer que la communication préalable ne s'impose
aucunement, et qu'il n'y a nul besoin d'un réquisitoire du

____

(1) *Loc. cit.*, tome II, n° 1857.

ministère public, les dispositions de l'article 85 du C. I. C.;
d'après cet article, les communications auxquelles donnent
lieu les transmissions des commissions rogatoires peuvent se faire directement, et sans que le procureur de la
République intervienne. On dit encore, et à bon droit:
ou bien il s'agit d'un cas de flagrant délit, et comme alors
le juge d'instruction réunit tous les pouvoirs, il n'y a
même pas matière à discussion ; ou bien, et ce sera le cas
le plus fréquent, il s'agit d'une instruction ordinaire ; alors
le juge d'instruction, en vertu de la réquisition d'informer
à lui adressée par le procureur de la République, a le droit
de procéder par lui seul et sans l'intervention de ce dernier (sauf en ce qui concerne le mandat d'arrêt), à tous les
actes d'instruction qui lui semblent utiles, notamment aux
délégations. Ce système, qui est celui de presque toute
la doctrine (1), est aujourd'hui adopté par la pratique.

Il convient, toutefois, de remarquer que la loi ne contient
aucune disposition interdisant aux juges d'instruction de
s'entendre amiablement avec le ministère public; en fait,
cette communication officieuse a lieu dans divers parquets,
particulièrement dans celui de la Seine. Toutes les commissions rogatoires envoyées par les juges d'instruction près
le tribunal de la Seine sont accompagnées d'un réquisitoire
du parquet, dans lequel il est dit simplement : « Soit fait
ainsi qu'il est requis ».

Puis, et c'est la seconde face de la question, le juge d'instruction, qui reçoit une commission rogatoire, doit-il
la communiquer au ministère public pour que celui-ci en
requière l'exécution? Non, car aucun texte ne lui impose
cette obligation ; il n'a, d'ailleurs, nul besoin d'un réquisitoire
du parquet pour pouvoir exécuter la commission rogatoire ;
c'est la délégation même qui le saisit et le met dans l'obli-

---

(1) Bourguignon, *Manuel d'instruction criminelle*, tome I, page 174.
Duverger, *loc. cit.*, tome II, n° 376. Delamarte Feline, *Manuel du juge
d'instruction*, page 296. Faustin Hélie, *loc., cit.*, tome IV, page 554. Dalloz,
répertoire. V° *Inst. crim.*, n° 589.

gation légale d'agir et de remplir la mission qui lui est confiée.

Si un juge d'instruction, adressant une commission rogatoire à un officier de police auxiliaire de son ressort, se trompe dans la désignation de ce dernier, et si, par exemple, il délégue, aux lieu et place du juge de paix dans le canton duquel habitent les témoins à entendre, le juge de paix d'un autre canton, l'officier de police ainsi commis par erreur devra immédiatement retourner la commission rogatoire au magistrat déléguant. En effet, les cantons d'un même arrondissement ne sont jamais assez éloignés du chef-lieu pour que ce renvoi puisse entraîner des retards préjudiciables à la bonne marche de l'information, et le procédé est régulier. Mais s'il s'agit d'une commission rogatoire adressée à un autre juge d'instruction, il se peut qu'une très longue distance sépare la résidence du juge déléguant de celle du juge délégué. Le principe général est que, même en ce cas, le magistrat irrégulièrement commis doit retourner la commission rogatoire, afin que le magistrat déléguant la rectifie. Toutefois, s'il y a urgence, et si les distances sont longues, le juge délégué par erreur peut transmettre directement la commission rogatoire à celui de ses collègues à qui elle était réellement destinée, en libellant ce renvoi au bas de la délégation ; il devra en aviser immédiatement le juge d'instruction qui l'avait commis.

Il va sans dire, que le juge d'instruction délégué pour procéder à un acte d'instruction quelconque agit exactement comme l'eût fait le magistrat déléguant, se conforme aux mêmes règles et applique les mêmes principes.

Section III.

Envoi et renvoi des commissions rogatoires.

§ 1. — *Envoi.* — Les commissions rogatoires doivent toujours être envoyées en minute (1), closes, cachetées et signées. Le juge déléguant a le droit de transmettre directement la commission rogatoire au juge délégué, sans passer par l'intermédiaire du parquet. Ce droit résulte des articles 85, 303, 489, 512, 516 du C. I. C., qui, parlant de l'exécution des commissions rogatoires soit par un juge d'instruction, soit par les magistrats auxquels la loi attribue, en certains cas, les fonctions et les pouvoirs du juge d'instruction, disent tous qu'après avoir accompli sa mission, le magistrat délégué devra en retourner les résultats *au juge déléguant.* Si le renvoi de la commission rogatoire exécutée se fait ainsi, pourquoi en serait-il autrement lorsqu'on l'expédie pour être mise à exécution? Cependant, en pratique, l'envoi se fait généralement par l'intermédiaire du parquet ; l'article 28 du C. I. C. porte, en effet, que le procureur de la République « pourvoira à *l'envoi,* à la notification et à l'exécution des « ordonnances qui seront rendues par le juge d'instruction ». Mais si le juge déléguant croit opportun de transmettre directement la commission rogatoire au juge délégué, il en a incontestablement le droit ; il peut aussi correspondre directement avec lui pour tout ce qui concerne l'exécution de la délégation. Lorsque le procureur de la République est chargé d'envoyer une commission rogatoire, il la transmet à son collègue près le tribunal auquel appartient le juge délégué.

(1) Décret du 18 juin 1811, article 19. — Instruction du 7 juin 1814. — Gillet, page 161. — Décision du ministre de la justice, du 5 mars 1825.

Dans les tribunaux auxquels sont attachés plusieurs juges d'instruction, il arrive parfois que c'est le parquet qui répartit entre eux les commissions rogatoires ; telle est la pratique suivie à Paris. A Lyon, où il y a trois juges d'instruction, chacun de ces magistrats est, à tour de rôle, chargé, durant une semaine, de l'exécution de toutes les délégations qui, pendant ce laps de temps, sont transmises au parquet.

§ 2. — *Renvoi*. — Nous venons de voir que, en fait, les commissions rogatoires sont envoyées par l'intermédiaire du parquet, mais qu'elles peuvent l'être aussi directement par le magistrat déléguant au magistrat délégué. Les mêmes règles s'appliquent au renvoi des commissions rogatoires une fois exécutées.

De même que la commission rogatoire est envoyée en minute, les pièces constatant les opérations pratiquées par le juge commis doivent aussi être envoyées en minute et non en expédition. L'article 59 du décret du 18 juin 1811 le déclare formellement. Le magistrat délégué doit retourner, non-seulement la commission rogatoire elle-même, mais toutes les notes ou pièces qui y étaient annexées. Le greffier dresse et signe un inventaire de toutes les pièces, celles-ci ayant été préalablement cotées par le juge commis. S'il y a lieu, on y joint un état des pièces à conviction. Un état des frais, dressé par le greffier, mais vérifié et signé par le juge, doit toujours être annexé.

Au cas où le président de la cour d'assises, procédant au supplément d'information prévu par l'article 303 du Code d'instruction criminelle, a donné des délégations, les commissions rogatoires, une fois exécutées, devront être retournées, non au président, mais au greffier en fonction auprès de la cour d'assises (art. 303 in fine.).

Si un juge de paix ou un autre officier de police judiciaire auxiliaire a été subdélégué par le juge d'instruction de son arrondissement pour exécuter une commission rogatoire décernée par le juge d'instruction d'un autre arrondissement, à qui cet officier de police auxiliaire doit-il faire le renvoi ? Est-ce au juge délégué ou au juge déléguant ? Carnot (1) et M. Faustin Hélie (2) disent que le renvoi doit être fait directement au juge déléguant, invoquant en leur faveur l'article 85, aux termes duquel « le juge qui aura reçu « les dépositions les enverra closes et cachetées au juge « d'instruction saisi de l'affaire », disposition reproduite par les articles 303, 489, 412, 416, qui prévoient des transmissions de la même nature. Ces différents textes ne distinguent pas, dit-on, et ordonnent le renvoi direct au juge commettant *par le juge qui aura reçu les dépositions*. D'ailleurs, ajoute-t-on, cette transmission immédiate évite des frais et des lenteurs inutiles.

Cette théorie n'est pas la nôtre. Avec MM. Duverger (3) et Fuzier Hermann (4), nous estimons que l'officier de police auxiliaire subdélégué doit, après avoir exécuté la commission rogatoire, la transmettre au juge qui l'a commis ; c'est à ce dernier seul, en effet, qu'il doit rendre compte de ses actes. Il n'en résulte aucune augmentation de frais, puisque la franchise postale existe entre les juges d'instruction. Si ce renvoi au juge délégué peut parfois occasionner quelque retard, il a, par contre, de sérieux avantages. D'abord, il est possible que l'officier de police subdélégué n'ait pas rempli convenablement sa mission ; on comprend combien il est utile que le juge d'instruction commis examine la procédure pour refaire au besoin les actes défectueux ou combler les lacunes. Puis l'information faite par l'officier de police subdélégué peut rendre nécessaire d'entendre de nouveaux témoins ou de prendre des renseignements complémentaires en dehors de la circonscription de cet officier de police judiciaire, mais dans l'arrondissement du juge délé-

---

(1) *Loc. cit.*, article 85, n° 2.
(2) *Loc. cit.*, tome V, page 693.
(3) *Loc. cit.*, tome II, n° 391.
(4) *Loc. cit.*, n° 166.

gué ; si la commission rogatoire était retournée directement au juge requérant originaire, celui-ci devrait déléguer de nouveau le juge d'instruction déjà commis ; d'où une perte de temps beaucoup plus grande que celle dont parlent nos adversaires.

L'officier de police auxiliaire doit donc renvoyer la commission rogatoire après exécution au juge qui l'a subdélégué. Du reste, c'est là l'usage constamment suivi. Rien ne s'oppose, au surplus, en cas d'urgence, à ce que le magistrat subdéléguant autorise son subordonné à transmettre directement au juge requérant originaire le résultat de ses informations.

§ 3. — *Examen des commissions rogatoires exécutées.* — Dès que le juge d'instruction qui avait délivré une commission rogatoire la reçoit après exécution, il doit l'examiner et s'assurer que la délégation par lui donnée a été fidèlement exécutée. S'il n'en est pas ainsi, et qu'il s'agisse d'une commission rogatoire envoyée hors de son arrondissement, il peut ou la renvoyer pour qu'elle soit complétée, ou en délivrer une nouvelle ; si elle a été envoyée dans son propre arrondissement, il peut, en outre, refaire par lui-même les actes des officiers de police judiciaire qu'il a commis, comme il le peut lorsque ces officiers ont agi, sans son concours, dans une affaire dont l'instruction lui est ensuite dévolue (art. 60 C. I. C.). Mais, en aucun cas, il ne peut prononcer l'annulation des actes irréguliers ; ce droit n'appartient qu'à la chambre des mises en accusation; c'est ainsi qu'il a été jugé qu'un premier président de cour d'appel, agissant comme juge d'instruction, dans les cas prévus par l'article 484 du C. I. C., ne peut, sans excès de pouvoir, annuler les actes irréguliers faits sur sa délégation par un officier de police judiciaire. (Cour de cassation, 27 août 1818, S., Chron.).

Appendice.

Des commissions rogatoires envoyées aux colonies.

Les juges d'instruction sont obligés parfois d'adresser des commissions rogatoires à leurs collègues dans nos colonies. Souvent alors, pour hâter la marche de la procédure, ils croient devoir user de la voie télégraphique, sans songer aux frais considérables qu'entraîne ce mode de correspondance, frais que le Trésor supporte en fin de compte, lorsque les condamnés sont insolvables, ce qui arrive ordinairement.

Aussi une circulaire de la Chancellerie du 20 novembre 1888 est-elle intervenue pour édicter les prescriptions suivantes : le magistrat de la métropole devra désormais adresser directement le texte de sa dépêche à la Chancellerie (direction des affaires criminelles), qui la fait parvenir au service des colonies ; la réponse suit la même filière en sens inverse. Par là, outre qu'on réalise des économies dans le coût de la transmission, les magistrats, sachant que leurs télégrammes sont contrôlés à la Chancellerie, ne recourront à la voie télégraphique qu'en cas de nécessité démontrée.

La circulaire a soin d'ajouter qu'il importe de n'user de ce mode de correspondance qu'avec la plus grande circonspection, l'administration des colonies ne jouissant pas de la franchise avec nos établissements coloniaux, et les frais étant, par suite, toujours considérables.

CHAPITRE VIII

DES MODIFICATIONS RELATIVES AUX COMMISSIONS ROGATOIRES CONTENUES DANS LE PROJET DE LOI SUR LA RÉFORME DU CODE D'INSTRUCTION CRIMINELLE.

Le Code d'instruction criminelle, tel qu'il a été rédigé en 1808, appelle depuis longtemps des réformes. Elles font l'objet d'un projet de loi qui, successivement discuté au Sénat et à la Chambre des députés, n'a pas encore été voté et ne paraît pas près de l'être. Dès 1870, une commission extraparlementaire avait été chargée d'examiner les modifications à introduire dans une œuvre qui, sous maint rapport, n'est plus en harmonie avec l'état présent de notre société ; les funestes événements qui survinrent bientôt ne lui permirent pas d'accomplir sa mission. — Au mois d'octobre 1878, sur l'initiative de M. Dufaure, garde des sceaux, une nouvelle commission fut réunie sous la présidence du ministre de la justice pour reprendre le travail entrepris en 1870 ; elle élabora un projet de loi qui fut présenté au Sénat, le 27 novembre 1879, par M. Le Royer, garde des sceaux. Le 6 mai 1882, le Sénat en commença l'étude, et, le 5 août suivant, il votait ce projet de loi, après avoir apporté quelques modifications au texte proposé par la commission. Le projet fut alors transmis à la Chambre des députés ; d'octobre à novembre 1884, il fut l'objet d'une première lecture ; mais les pouvoirs de cette Chambre expirèrent avant qu'on eût pu procéder à

une seconde délibération. — Le 28 janvier 1886, une nouvelle commission était nommée, et le 20 janvier 1887,
M. Bovier-Lapierre, rapporteur, déposait son rapport sur
le bureau de la Chambre. Au moment où, au mois de
novembre suivant, on allait en aborder la discussion, survinrent les incidents Wilson et la démission de M. Grévy,
qui la firent ajourner. On y revint le 16 janvier 1888, date
à laquelle la discussion générale fut close, et on vota le
passage aux articles ; mais ce n'est pas avant le 28 mars
1889, que la discussion fut reprise. Cette fois encore, les
pouvoirs de la Chambre expirèrent avant qu'on ait pu aboutir à un vote définitif. Le 10 décembre 1889, M. Thévenet,
garde des sceaux, déposa le projet sur le bureau de la
nouvelle Chambre ; puis il n'en fut plus question jusqu'au
15 janvier 1891, jour où M. Bovier-Lapierre déposa une
seconde fois son rapport sur le projet de loi ; mais la légis-
lature s'acheva encore sans que la discussion en ait même
été commencée. La Chambre actuelle n'a pas encore jugé
à propos de tirer cet infortuné projet de loi de l'abandon
dans lequel il paraît indéfiniment enseveli.

La délégation des actes de l'instruction criminelle et les
commissions rogatoires n'y figurent qu'à titre tout à fait
accessoire, car la procédure criminelle, proprement dite,
a très peu préoccupé le législateur ; tout autre était le but
de la réforme. Voici en quels termes M. Dufaure indiquait,
aux membres de la commission, le travail auquel il les
avait conviés : « Faut-il rendre l'instruction contradictoire,
« autoriser la présence des défenseurs et du ministère
« public ? Vaut-il mieux, au contraire, conserver la pro-
« cédure inquisitoriale, mais en accordant à l'accusé, après
« l'interrogatoire, la faculté de communiquer librement
« avec un avocat ? » Et M. Grandperret, président de la
commission, disait au Sénat, le 6 mai 1882, au début d'un
discours d'ensemble sur le projet : « Le rapport présenté,
« au nom de notre commission, fait connaître que le projet
« de loi dont la discussion commence a pour objet prin-

« cipal d'organiser la défense de l'inculpé pendant les in-
« formations judiciaires ».

Néanmoins, le projet de loi contient des réformes relatives aux délégations faites par le juge d'instruction ;
l'article 10 a également subi des modifications ; aussi de-
vons-nous, à ce double point de vue, examiner les chan-
gements que l'on se propose d'apporter à notre procédure
criminelle. Nous ne parlerons pas des commissions rogatoires délivrées par le procureur de la République, car le
projet ne modifie en rien ses attributions à cet égard ;
l'article 187 reproduit purement et simplement l'article 52
actuel. Il en est de même des délégations données par
des magistrats chargés exceptionnellement de procéder
à des instructions, présidents de cours d'assises, etc.;
aucun changement n'est apporté de ce chef par le projet.

<h2 style="text-align:center">SECTION I.</h2>

Des délégations données par le juge d'instruction.

§ 1. — *Esprit de ces réformes.* — Remarquons tout d'abord
que, outre les divers articles où il est parlé du droit de
délégation accessoirement à certaines mesures d'instruction, le projet de loi en offre deux qui visent spécialement
les commissions rogatoires ; ils sont inscrits sous la rubrique « des commissions rogatoires ». C'est là une innovation importante ; nous allons, pour la première fois, trouver un texte traitant spécialement cette question et
indiquant très nettement quels seront, en cette matière,
les pouvoirs du juge d'instruction. Nous ne serons donc
plus réduit à raisonner par analogie avec des articles ne
prévoyant d'autre mesure d'instruction que l'audition des
témoins, ou, par comparaison avec les pouvoirs du procureur de la République. Comme les articles se référant

au droit de délégation du juge d'instruction ont, au cours des débats parlementaires de la Chambre et du Sénat, subi diverses modifications, nous croyons devoir présenter, côte à côte, les divers textes successivement adoptés ou proposés, d'abord tels qu'ils avaient été soumis au Sénat, en 1879, par la commission qu'avait nommée M. Dufaure, puis tels qu'ils ont été votés par le Sénat en 1882, enfin, tels qu'ils ont été rédigés par la commission de la Chambre, chargée de faire le rapport.

Projet de la commission du Sénat.

Texte voté par le Sénat.

Projet de la commission de la Chambre.

TITRE II. — DE L'INSTRUCTION

*Section II. — Des transports, de la per-
quisition et de la saisie.*

Art. 40. — Hors le cas de flagrant délit, le juge d'instruction peut seul opérer
une perquisition, sauf ce qui est dit aux
commissions rogatoires.

Section IV. — De l'audition des témoins.

Art. 61. — Lorsqu'il est constaté, par
un certificat médical, que des témoins se
trouvent dans l'impossibilité de comparaître sur la citation qui leur est donnée
par le juge d'instruction, ce magistrat se
transporte en leur demeure, quand ils
habitent dans la ville ou dans le canton.

Si les témoins habitent hors de la ville
ou du canton, le juge d'instruction peut
commettre le juge de paix de leur habitation à l'effet de recevoir leurs dépositions, et il envoie à ce juge de paix des
notes et instructions qui font connaître
les faits sur lesquels les témoins doivent
déposer.

TITRE II. — DE L'INSTRUCTION

*Section II. — Des transports, des per-
quisitions et de la saisie.*

Art. 53. — Hors le cas de flagrant délit, le juge d'instruction opère par lui-
même les perquisitions, sauf ce qui est
dit aux commissions rogatoires.

Section IV. — De l'audition des témoins.

Art. 76. — En cas de maladie dûment
constatée des témoins ou d'un empêchement de toute autre nature, le juge d'instruction peut se transporter auprès
d'eux, ou commettre le juge de paix du
lieu où ils se trouvent à l'effet de recevoir leurs dépositions.

S'il commet le juge de paix, il lui envoie des notes et instructions qui font
connaître les faits sur lesquels les témoins sont appelés à déposer.

TITRE II. — DE L'INSTRUCTION

*Section II. — Des transports, des per-
quisitions et de la saisie.*

Art. 52. — Hors le cas de flagrant délit, le juge d'instruction opère lui-même
les perquisitions, assisté du greffier du
tribunal.

Section IV. — De l'audition des témoins.

Art. 76. — *Idem.*

Art. 62. — Si les témoins résident hors de l'arrondissement du juge d'instruction, celui-ci peut requérir le juge d'instruction de l'arrondissement dans lequel ils habitent de se transporter auprès d'eux pour recevoir leurs dépositions.

Art. 63. — Le juge qui a reçu les dépositions, en conséquence des articles 61 et 62, les enverra closes et cachetées au juge saisi de l'affaire.

Section XII. — Des commissions rogatoires.

Art. 134. — Le juge d'instruction peut déléguer tout juge de paix du ressort de son tribunal, et tout juge d'instruction pour entendre un ou plusieurs témoins.

Il peut adresser à tout officier de police judiciaire des ordres de saisie, ou les commettre pour toute opération rentrant dans leurs attributions.

Art. 77. — Si les témoins résident hors de l'arrondissement du juge d'instruction, celui-ci peut requérir, dans les mêmes conditions et avec les mêmes pouvoirs, le juge d'instruction de l'arrondissement dans lequel ils résident, de recevoir ou faire recevoir leurs dépositions.

Art. 78. — *Idem.*

Section XI. — Des commissions rogatoires.

Art. 153. — Le juge d'instruction peut requérir, par commission rogatoire, tout juge de son tribunal, et tout juge de paix du ressort de son tribunal et tout juge d'instruction de procéder à tous actes d'instruction dans les lieux soumis à la juridiction de chacun d'eux.

Il ne peut les requérir de procéder à l'interrogatoire de l'inculpé.

Il ne peut adresser aux officiers de police judiciaire que des ordres de saisie et les charger que des opérations ren-

Art. 77. — *Idem.*

Art. 78. — *Idem.*

Section XI. — Des commissions rogatoires.

Art. 155. — Mêmes dispositions que dans l'article 153 voté par le Sénat, *sauf la suppression du dernier paragraphe* concernant la délégation des commissaires de police pour procéder aux perquisitions en cas de nécessité. Cette disposition, votée par le Sénat, n'a pas été maintenue par la commission de la Chambre.

Art. 135. — Le juge ou fonctionnaire délégué exerce, dans les limites de la commission rogatoire, tous les pouvoirs du juge d'instruction.

Titre III. — Du crime et du délit flagrants

Art. 172. — Dans le cas de crime ou délit flagrant, les juges de paix et les officiers de gendarmerie dressent les procès-verbaux, reçoivent les déclarations des témoins, font les visites et les autres actes qui sont, audit cas, de la compétence du procureur de la République, le tout dans les formes et suivant les règles établies à la section précédente. (Du procureur de la République.)

Art. 173. — Les maires, adjoints de maires et commissaires de police reçoivent également les dénonciations et font les actes énoncés en l'article précédent, en se conformant aux mêmes règles.

trant dans les attributions de chacun d'eux.

Les commissaires de police peuvent, en cas de nécessité, être chargés de procéder à des perquisitions.

Art. 154. — Le juge ou l'officier de police judiciaire chargé exerce, dans les limites de la commission rogatoire, tous les pouvoirs du juge d'instruction.

Titre III. — Du crime et du délit flagrants

Art. 182. — Dans le cas de crime ou de délit flagrant, les juges de paix, les officiers de gendarmerie, les maires et adjoints au maire et les commissaires de police font tous les actes qui sont, audit cas, de la compétence du procureur de la République, le tout suivant les règles établies à la section précédente.

Art. 77. — *Idem*.

Titre III. — Du crime et du délit flagrants

Art. 184. — Mêmes dispositions, sauf l'adjonction des mots « le préfet de police, à Paris », avant « les juges de paix ».

La simple lecture de ces différents textes montre que le projet de réforme du Code d'instruction criminelle restreint les pouvoirs du juge d'instruction, en matière de commissions rogatoires, au double point de vue : 1° des actes pouvant faire l'objet d'une délégation ; 2° des personnes qui peuvent être déléguées. Avant d'examiner en détail ces restrictions, nous croyons utile de donner ici, soit un extrait de l'exposé des motifs qui accompagnait le projet de loi lorsqu'il a été déposé, en 1879, sur le bureau du Sénat, par M. le Royer, soit un extrait du rapport fait par M. Bovier-Lapierre, en 1887, à la Chambre. Nous connaîtrons ainsi l'esprit qui a présidé à la rédaction du projet, et nous pourrons mieux en étudier la lettre.

L'exposé des motifs, en ce qui concerne soit les perquisitions, soit les commissions rogatoires elles-mêmes, est ainsi conçu : « l'article 39 règle les conditions du droit de « perquisition dans tous les lieux où pourraient se trouver « des objets dont la découverte serait utile à la manifestation « de la vérité. La perquisition peut avoir lieu même au « domicile d'un tiers, mais elle ne peut être faite que par un « magistrat de l'ordre judiciaire. Si le magistrat donne à « cet effet une commission rogatoire, ce ne peut être qu'à un « juge ou à un juge de paix. Pareil droit ne peut être délé- « gué à un commissaire de police ; car on ne peut, par « délégation, conférer à une personne le droit de faire « d'autres actes que ceux rentrant habituellement dans les « fonctions dont elle est investie. Mais les commissaires de « police, étant compétents pour faire les perquisitions en cas « de flagrant délit, pourraient aussi, en pareil cas, être « commis rogatoirement à cet effet. Quant aux commissions « rogatoires, l'article 134 contenait primitivement, ainsi que « l'article 40 auquel il renvoie, le droit, pour le juge d'in- « struction, de déléguer l'ordre de perquisition, non seule- « ment à un juge d'instruction ou à un juge de paix, mais à « un commissaire investi, à titre permanent, d'une déléga- « tion spéciale. Cette rédaction, qui constituait une déro-

« gation aux articles 87, 88 et 89 du Code d'instruction
« criminelle, n'a pas été maintenue. Il en résulte que, con-
« trairement à la pratique suivie à Paris et dans quelques
« grandes villes, c'est le juge d'instruction saisi, ou un de
« ses collègues, ou le juge de paix qui, seuls, pourront opérer
« une perquisition au domicile d'un citoyen. Cette opération
« si grave, qui peut intéresser des tiers, exige, chez celui
« qui l'exécute, beaucoup de tact et de délicatesse. Comme
« toutes les mesures qui constituent une atteinte à la liberté
« de l'individu et à l'inviolabilité du domicile, elle ne doit
« être confiée qu'à des magistrats dont le caractère est à lui
« seul une garantie contre l'arbitraire ».

En 1887, M. Bovier-Lapierre disait dans son rapport : « Le
« droit du juge d'instruction de déléguer à un magistrat ou
« à tout autre officier de police judiciaire certains actes de
« l'instruction, a donné lieu à des controverses nombreuses.
« Quelle est l'étendue de ce pouvoir de délégation ? Le Code
« confère aux juges d'instruction le droit de déléguer aux
« juges de paix de leur habitation l'audition des témoins qui
« habitent hors du canton de son domicile. L'article 90
« l'autorise encore à déléguer à un juge d'instruction le
« droit de faire une perquisition, s'il doit y être procédé
« hors de son arrondissement.

« Malgré la clarté de ces textes limitatifs, la jurispru-
« dence paraît lui reconnaître les mêmes droits qu'au pro-
« cureur de la République qui, au cas de flagrant délit, peut
« charger un simple officier de police auxiliaire de partie
« des actes de sa compétence.

« Il importait de faire cesser ces controverses. Nous avons
« décidé, avec le Sénat, que tous les actes de l'information
« pourraient être délégués par le juge d'instruction aux
« magistrats de l'ordre judiciaire, dans les lieux soumis à
« leur juridiction. A ce principe général, une seule exception
« est faite pour l'interrogatoire. L'interrogatoire est l'acte
« principal de l'instruction ; hors le cas de flagrant délit, le
« magistrat chargé, à titre permanent, de la poursuite, doit
« avoir seul qualité pour y procéder.

« En matière d'audition de témoins, les articles 76 et 77
« déterminent les cas et les conditions de la commission
« rogatoire. On remarquera qu'ils autorisent la délégation,
« alors même que les témoins habiteraient dans le canton
« du domicile du juge d'instruction.

« Tous autres officiers de police judiciaire ne pourront
« être délégués que pour des opérations rentrant dans les
« attributions de chacun d'eux. Comme le Sénat, la commis-
« sion a pensé que le juge d'instruction pouvait leur donner
« des ordres de saisie. Mais, contrairement à l'opinion du
« Sénat, la commission n'a pas voulu que des commissaires
« de police puissent être chargés par délégation de procéder
« à des perquisitions ».

On voit que soit au Sénat, soit à la Chambre, on s'est
prononcé contre la jurisprudence qui avait reconnu au juge
d'instruction des pouvoirs étendus en matière de délégation.
Examinons maintenant quelles sont les restrictions apportées, d'abord quant aux personnes, puis quant aux actes (1).

§ A. — *Restrictions apportées quant aux personnes.* — Le
projet de réforme a singulièrement réduit le rôle des commissaires de police en matière de commissions rogatoires.
Défense est faite aux juges d'instruction de recourir à eux
soit pour les auditions de témoins, soit pour les perquisitions.

En effet, en ce qui concerne l'audition des témoins, les
articles 76 et 77 du projet autorisent le juge d'instruction à
déléguer les juges de paix pour recevoir les dépositions des
témoins, fussent-ils domiciliés dans son canton (2). C'est là
une indication strictement limitative, et si ces articles
étaient définitivement votés, il est certain que les commis-

---

(1) C'est le projet rédigé par la commission de la Chambre qui servira de
base à notre étude, puisque c'est lui qui, le cas échéant, serait proposé aux
Chambres.

(2) Le projet de la commission du Sénat avait, on se le rappelle, imposé
au juge d'instruction l'obligation de se transporter *lui-même* chez les témoins
malades domiciliés dans son canton ou dans sa résidence.

saires de police ne pourraient plus être délégués pour procéder à l'audition des témoins. L'article 76 du projet donne, il est vrai, au juge d'instruction, le droit de déléguer cette mesure d'information, quel que soit le motif qui empêche le témoin de se rendre devant le magistrat instructeur, alors que l'article 83 du Code d'instruction criminelle ne parle que du témoin malade. Mais ce dernier texte n'ayant été considéré que comme énonciatif, en fait, l'extension résultant de l'article 76 du projet ne changera rien à la pratique judiciaire actuelle ; ce n'est donc qu'une compensation fort insuffisante aux inconvénients multiples résultant de l'impossibilité de confier aux commissaires de police l'audition des témoins (Cfrre 2ᵉ partie, chapitre II).

Bien plus regrettable encore est le projet de la commission, lorsqu'il interdit aux juges d'instruction de confier aux commissaires de police le soin de procéder à des perquisitions. Le Sénat avait voté qu'en cas de nécessité, ces derniers pourraient toujours être chargés de cette mission ; mais la commission de la Chambre supprima ce paragraphe, vivement combattu par M. Bovier-Lapierre, et le projet de loi, tel qu'il a été élaboré par cette commission, fait au juge d'instruction une obligation absolue d'opérer lui-même toutes les perquisitions, sauf en cas de flagrant délit. On veut bien alors lui permettre de déléguer un juge de paix, magistrat de l'ordre judiciaire, pour procéder à cette mesure d'information ; mais l'article 52 du projet porte expressément qu'en toute autre circonstance, le juge d'instruction devra agir par lui-même. Le Sénat, tout en posant en principe que le magistrat instructeur devra procéder en personne aux perquisitions, avait eu la sagesse de renvoyer à la section des commissions rogatoires, où la délégation des commissaires de police, aux fins de perquisition, était permise en cas de nécessité. La commission de la Chambre a supprimé tout cela ; non contente d'éliminer d'une façon absolue les commissaires de police, elle ne permet aux juges d'instruction de recourir aux juges de paix qu'en cas de flagrant délit.

Nous n'hésitons pas à dire que c'est là une innovation déplorable, propre à entraver et à paralyser bien souvent la marche soit d'une information spéciale et déterminée, soit même de toutes les affaires confiées à un juge d'instruction. Du jour où ce magistrat devra procéder lui-même aux perquisitions dans tout son arrondissement, il lui faudra forcément ou laisser en souffrance les procédures qu'il est chargé de suivre, et la détention préventive des inculpés se prolongera d'autant, ou bien, en présence d'une telle conséquence, renoncer à une mesure d'instruction qui est un des plus sûrs moyens d'atteindre la vérité. Que s'il est nécessaire de procéder à des perquisitions simultanées, ce qui peut arriver même hors le cas de flagrant délit, dans quelle situation se trouvera le juge d'instruction convaincu, à bon droit, que les traces du crime ou du délit vont disparaître, faute par lui de pouvoir faire opérer simultanément lesdites perquisitions ? Nous n'insisterons pas davantage sur les multiples et graves dangers de cette réforme, les ayant déjà étudiés plus haut (2ᵐᵉ partie, chapitre I), mais nous signalons là un des nombreux obstacles apportés par le projet de loi en question à l'accomplissement de la tâche du juge d'instruction. Nous verrons d'ailleurs, dans la section suivante, combien la suppression de l'article 10 du Code d'instruction criminelle par le projet, rend nécessaire le maintien du droit, pour le juge d'instruction, de déléguer les commissaires de police aux fins de perquisitions.

Reconnaissons toutefois que, si le projet restreint ainsi, quant à la délégation des commissaires de police, les pouvoirs des juges d'instruction, il leur donne des auxiliaires nouveaux et assez inattendus : nous voulons parler des juges du tribunal. Le Sénat, et, après lui, la commission de la Chambre, reconnaissent au juge d'instruction le droit de requérir tout juge de son tribunal de procéder à tous actes d'instruction. Ici encore nous constatons combien est défectueuse la rédaction du projet et, pourtant, le temps n'a certes pas manqué pour l'étudier tout à loisir.

Observons tout d'abord que le projet de la commission du Sénat ne parlait pas des juges du tribunal, ce qui était logique, puisque cette commission déclarait, dans l'exposé des motifs, que « l'on ne peut, par délégation, conférer à une personne le droit de faire d'autres actes que ceux rentrant habituellement dans les fonctions dont elle est investie », ce qui, au surplus, est très exact. Or, les juges des tribunaux civils n'ont pas, que nous sachions, comme fonctions habituelles de procéder à des actes d'instruction. Pourtant, lors du vote, le Sénat ajouta ces magistrats au texte de l'article 153, sans que les débats parlementaires puissent fournir aucun renseignement à cet égard, car tous les articles qui nous occupent, et notamment l'article 153, furent adoptés sans discussion. La commission de la Chambre a accepté cette rédaction, et le rapport de M. Bovier-Lapierre ne fait même pas allusion à cette innovation, pourtant assez surprenante.

Quelles sont les limites des pouvoirs de délégation du juge d'instruction, lorsqu'il en use à l'égard d'un juge du tribunal ?

En premier lieu, devant les termes formels des articles 76 et 77 du projet, il est impossible, ainsi que nous l'expliquerons ci-dessous, de reconnaître au juge d'instruction le droit de déléguer un autre magistrat que le juge de paix pour procéder à l'audition des témoins empêchés. Dans aucun de ces deux articles, il n'est fait allusion aux juges du tribunal ; c'était là pourtant une innovation assez importante pour que le projet s'en soit nettement expliqué, s'il avait voulu les assimiler sur ce point aux juges de paix.

D'autre part, en ce qui concerne les perquisitions, l'article 52 réserve formellement au juge d'instruction *seul* le droit d'y procéder, hors le cas de flagrant délit ; ici donc encore la délégation d'un juge du tribunal est impossible. Mais, du moins, deviendra-t-elle licite si elle est donnée en cas de flagrant délit ? Tout d'abord une remarque capitale s'impose. Aucun texte du projet ne classe les juges des tribunaux civils parmi les officiers de police judiciaire. Si, dans le chapitre ayant trait aux attributions de ces derniers, nous parcourons l'article 9 (cfrre ci-dessous) qui énumère ces officiers, nous ne trouvons pas les juges civils mentionnés une seule fois. Il est de toute évidence que cette qualité d'officier de police judiciaire ne peut résulter de la délégation du juge d'instruction; elle est donnée par la loi d'une façon générale et permanente à ceux qu'elle en a investis dans l'article 9, et il ne saurait dépendre du magistrat instructeur de la conférer temporairement, pendant la durée de l'exécution de la commission rogatoire, à celui de ses collègues du tribunal qu'il lui plairait de déléguer. Donc, les juges des tribunaux civils ne sont pas officiers de police judiciaire, et nous reportant alors au passage de l'exposé des motifs que nous avons déjà cité et où il est dit qu' « on « ne peut, par délégation, conférer à une personne le droit « de faire d'autres actes que ceux rentrant habituellement « dans les fonctions dont elle est investie », nous nous demandons comment, même en cas de flagrant délit, les juges civils pourront être délégués pour procéder à des perquisitions. Ainsi que nous l'avons dit plus haut, les actes rentrant habituellement dans les fonctions dont sont investis ces magistrats ne sont pas précisément des actes d'instruction ; ils n'ont aucune compétence personnelle pour agir en cas de flagrant délit ; comment une délégation pourrait-elle leur conférer des pouvoirs que la loi ne leur donne pas? C'est là une question qui se pose pour tous les actes d'information quels qu'ils soient, et non pas seulement pour les perquisitions, et il nous semble impossible de répondre à cette objection.

Il n'y a pas d'autre ressource pour donner à l'article 155 une interprétation qui le rende applicable, que de reconnaître au juge d'instruction le droit de déléguer les juges du tribunal dans les mêmes conditions et pour les mêmes actes que les officiers de police judiciaire (sous la restriction faite ci-dessus pour l'audition des témoins), mais sans que cette

délégation confère au juge commis la qualité d'officier de
police judiciaire que la loi seule peut donner.

Mais alors apparaît immédiatement un très sérieux inconvénient. Si un juge civil, délégué par un magistrat instructeur, apporte de la négligence dans l'exécution de la commission rogatoire, s'il ne s'acquitte pas de sa mission avec
toute la conscience qu'on était en droit d'attendre, quelle
sera la sanction de cette négligence ? comment rappeler ce
magistrat à l'accomplissement de ses devoirs ? Pour les
officiers de police judiciaire, depuis le garde-champêtre
jusqu'au juge d'instruction, il n'y a point de doute, car l'article 9 du projet les place sous la double autorité des cours
d'appel et des procureurs généraux. Il y a donc pour eux
une sanction immédiate en cas de négligence apportée à
l'exercice de leurs fonctions. Mais les juges des tribunaux
civils, n'étant pas officiers de police judiciaire, échappent
complètement, de ce chef, à la surveillance des cours et des
procureurs généraux. La seule sanction légale est de les
déférer à la Cour de cassation, jugeant disciplinairement ;
cela revient à dire qu'il n'y aurait, en fait, aucun moyen de
réprimer la négligence d'un juge commis, car on ne défère
un magistrat à la Cour suprême que pour des faits d'une
haute gravité.

L'innovation du projet de loi, autorisant la délégation d'un
juge du tribunal comme auxiliaire du juge d'instruction, est
donc fâcheuse et regrettable, à quelque point de vue qu'on
l'envisage. Si, d'ailleurs, elle passe jamais dans une loi,
tout fait prévoir que les juges d'instruction ne voudront pas
enlever leurs collègues à leurs travaux du tribunal pour les
employer à des missions rentrant si peu dans leurs fonctions
habituelles, et que, dans la pratique, la délégation du juge
civil par le juge d'instruction restera chose tout à fait
exceptionnelle.

§ B. — *Restrictions apportées quant aux actes.* — Les restrictions apportées aux délégations par le projet, en ce qui

concerne les actes, sont relatives à l'interrogatoire de l'inculpé, aux perquisitions et à l'audition des témoins.

L'article 155 porte expressément que le juge d'instruction ne peut donner de commissions rogatoires pour qu'il soit procédé à l'interrogatoire du prévenu. Nous avons indiqué plus haut (2e partie, chap. II, section III) les motifs pour lesquels nous estimons que, sous l'empire du Code d'instruc-tion criminelle, l'interrogatoire du prévenu peut, en certains cas, faire l'objet d'une délégation ; mais l'article 155 du projet l'interdit formellement. Tout au moins, lorsqu'il s'agira d'un prévenu arrêté, en vertu d'un mandat d'amener, dans les circonstances prévues par l'article 103 du C. I. C., son interrogatoire pourra-t-il faire l'objet d'une commission rogatoire, adressée par le juge saisi au juge d'instruction dans l'arrondissement duquel l'arrestation a été faite ? Non ; cette situation est prévue et réglée par les articles 102, 103, 104 et 105 du projet. L'article 105 déclare qu'au cas où l'inculpé arrêté, en vertu d'un mandat d'amener, est trouvé nanti d'effets, de papiers ou d'instruments faisant présumer qu'il est auteur ou complice du crime ou délit à raison duquel il est recherché, le mandat d'amener sera exécuté, quelle que soit la distance à laquelle le prévenu a été trouvé. Mais, si le prévenu n'a en sa possession aucun objet suspect et qu'il soit arrêté à plus de cinq myriamètres de l'arrondis-sement de l'officier qui a délivré le mandat, il devra être conduit devant le procureur de la République dans l'arron-dissement duquel il a été trouvé ; ce magistrat l'interroge sur son identité, lui demande s'il consent à être transféré devant le juge saisi, et, en cas de réponse négative, avise immédiatement l'officier qui a signé le mandat (art. 103). Le juge d'instruction saisi décide aussitôt, s'il y a lieu, d'or-donner le transfèrement (art. 104) ; si oui, le prévenu est transféré ; si non, il est remis en liberté. On voit que c'est le juge d'instruction saisi, et lui seul, qui peut procéder à l'interrogatoire ; le projet ne reproduit pas la disposition de l'article 103 du C. I. C. La délégation de l'interrogatoire du prévenu est donc prohibée d'une façon absolue par le projet.

Quant aux perquisitions, nous avons été amené à en parler en détail, lorsque, dans le paragraphe précédent, nous avons étudié les restrictions apportées au rôle des commissaires de police. Il nous suffira donc de résumer cette question en disant que le projet de loi, tel qu'il est proposé à la Chambre par la commission, met le juge d'instruction dans la nécessité de procéder lui-même aux perquisitions dans tous les cas où il ne s'agira pas de crimes et de délits flagrants ; c'est dans ces dernières hypothèses seulement qu'il pourra recourir aux commissions rogatoires pour qu'il soit procédé à ces actes d'information.

Enfin, relativement à l'audition des témoins, une dernière restriction est apportée aux pouvoirs du magistrat instructeur. Alors qu'une grande partie de la doctrine et une jurisprudence constante lui reconnaissent, sous l'empire du Code d'instruction criminelle, le droit de déléguer des commissaires de police pour recueillir les dépositions de témoins, l'article 76 du projet déclare que le juge de paix seul peut être commis rogatoirement à cet effet. C'est là une rédaction réfléchie et une indication voulue. En effet, le projet de loi, tel qu'il avait été arrêté par la commission du Sénat, imposait au juge d'instruction, dans l'article 64, l'obligation de se transporter *lui-même* chez les témoins malades domiciliés dans son canton ou dans sa résidence. En outre, cet article ne prévoyait que la maladie comme motif pouvant empêcher les témoins de se rendre devant le magistrat instructeur. Le Sénat fit subir à ce projet une double modification, d'abord, en décidant que les dispositions de l'article 76 s'appliquaient à toutes les causes d'empêchement des témoins, quelles qu'elles fussent ; puis et surtout, en autorisant le juge d'instruction à déléguer, en ce cas, le juge de paix. Ces amendements ont été repris par la commission de la Chambre. L'article 76 a donc été étudié et discuté spécialement ; c'est avec intention que le juge de paix seul a été désigné ; d'ailleurs, cela résulte du rapport précité de M. Bovier-Lapierre. Ce texte ne peut donc être considéré comme simplement énonciatif ; il doit, au contraire, être interprété stricto sensu. Ici encore, nous renvoyons à ce que nous avons dit (2e partie, chap. Ier) sur l'utilité que présentait, selon nous, l'autorisation donnée à un juge d'instruction de déléguer les commissaires de police pour recueillir les dépositions des témoins, et sur les regrettables conséquences qu'entraîne une réforme comme celle que nous venons d'exposer.

En résumé, nous estimons que le projet de loi sur la réforme du Code d'instruction criminelle n'apporte que de fâcheuses modifications en ce qui touche les commissions rogatoires délivrées par le juge d'instruction. Animés d'un louable désir de sauvegarder la liberté individuelle et d'assurer le respect du domicile privé du citoyen, les auteurs de ce projet ont voulu réagir contre les pouvoirs conférés par le Code d'instruction criminelle et reconnus, par la jurisprudence, aux juges d'instruction en matière de délégations ; ils ont vu un danger dans l'exercice de ces pouvoirs s'ils s'étendaient jusqu'à déléguer de simples commissaires de police pour procéder à des auditions de témoins et à des perquisitions. Ils ont alors proposé des réformes qui, bien qu'inspirées par d'excellents sentiments, auraient pour effet, si elles étaient adoptées, de compliquer outre mesure la tâche déjà si difficile des juges d'instruction. Comme nous l'avons déjà dit : ce ne sont pas les lois qui font les mœurs, ce sont les mœurs qui font les lois. Or, en présence du développement que prennent les commissions rogatoires délivrées par les juges d'instruction, en voyant aussi chaque année les magistrats instructeurs, si prudents dans l'exercice de leurs délicates fonctions, si soucieux de leur responsabilité, recourir de plus en plus aux commissaires de police, ne devrait-on pas reconnaître qu'il y a là une nécessité de fait, et respecter une situation consacrée, en quelque sorte, par la pratique de chaque jour ? Si des réformes devaient intervenir, n'était-ce pas pour sanctionner par des textes précis les droits que la jurisprudence attribue aux magistrats instructeurs ? L'usage constant de ces droits a-t-il donné lieu à des abus constatés, a-t-il provoqué de justes plaintes? La liberté individuelle et l'inviolabilité du domicile ont-elles jamais été compromises? On nous permettra donc de déplorer que les auteurs du projet se soient engagés dans la voie que l'on sait, et de souhaiter que, si quelque jour ce projet vient enfin en discussion, il ne soit voté qu'avec des modifications profondes dans le sens que nous indiquons. C'est seulement ainsi, croyons-nous, que, tout en assurant à la liberté individuelle le respect auquel elle a droit, il sera possible de défendre la société contre les malfaiteurs qui l'attaquent sans relâche et avec une audace toujours croissante.

Section II.

Des délégations données en vertu de l'article 10 du Code d'instruction criminelle.

L'article 10 du C. I. C. a tout particulièrement été visé dans le projet de réforme que nous étudions; l'exposé des motifs déposé sur le bureau du Sénat, le 27 novembre 1879, ainsi que le rapport fait par M. Bovier-Lapierre à la Chambre, le 20 janvier 1887, s'y arrêtent longuement, et une très intéressante discussion s'est produite à son sujet, dans la séance de la Chambre en date du 4 novembre 1884, entre M. Ribot, garde des sceaux, et M. Goblet, rapporteur. Il y aurait, sans doute, grand profit à la suivre dans le détail; mais une pareille étude suffirait presque à fournir la matière d'un ouvrage; aussi nous bornerons-nous à un résumé qui touchera du moins aux points les plus importants de la question (1),

(1) Cfrre. Guillot, *Des principes du nouveau Code d'instruction criminelle,* chapitre VII et XII.

Le projet, tel qu'il est sorti des travaux de la commission de la Chambre, c'est-à-dire tel qu'il est actuellement rédigé, contient, au point de vue qui nous occupe, deux grandes réformes. D'abord, il supprime complètement l'article 10 du C. I. C., abroge d'une façon absolue les pouvoirs des préfets dans les départements, et ne laisse subsister ceux du préfet de police, à Paris, qu'en les assimilant à ceux de tous les officiers de police judiciaire, auxiliaires du procureur de la République ; en second lieu, il place le préfet de police, agissant en cette dernière qualité, sous l'autorité des cours d'appel et sous le contrôle des procureurs généraux.

Examinons d'abord la première réforme. Les critiques que nous avions précédemment formulées contre l'article 10 (2ᵉ partie, chap. V, section II), ont été reproduites au cours des travaux préparatoires, chaque fois qu'il a été question de ce texte. L'exposé des motifs présenté au Sénat, en 1879, s'exprimait ainsi : « L'article 10 du C. I. C., qui « constitue incontestablement une dérogation considé-« rable aux principes du droit criminel, a soulevé les plus « sérieuses critiques..... En inscrivant cet article dans « nos lois, le Code de 1808 avait introduit dans notre « organisation judiciaire une anomalie que les circons-« tances pouvaient justifier à cette époque, mais qui, sous « un régime régulier où la légalité ne comporte aucune « exception, ne peut être considérée que comme un ana-« chronisme dangereux..... En fait, l'article 10 n'a donné « lieu, en province, qu'à des abus ; les préfets ne s'en sont « jamais servis que pour substituer arbitrairement leur « action à celle de la magistrature ».

Et, en 1884, à la séance du 4 novembre, M. Ribot disait, en parlant de l'article 10 : « C'est un legs d'une époque « assez triste, au point de vue de la liberté, dans notre « histoire ; faites le donc disparaître..... Il faut choisir : « ou bien vous voulez un système régulier, loyal, la sépa-« ration des pouvoirs, l'action de la justice séparée de « l'action purement politique, purement administrative ;

« alors, à l'exemple de toutes les législations sans excep-
« tion, il vous suffit d'avoir un procureur général, ayant
« sous ses ordres des procureurs de la République, des
« juges d'instruction, des commissaires de police qui, tous,
« en cas de flagrant délit peuvent agir. Il n'est pas besoin
« de préfet de police. — Ou, en dehors de ces flagrants
« délits, vous voulez, de cet article 10, vous faire une
« arme, vous voulez garder une place pour l'arbitraire ». —
Enfin, en 1887, M. Bovier-Lapierre disait : « On sait à
« quelles vives critiques ont donné lieu depuis longtemps
« les pouvoirs judiciaires conférés par l'article 10 du Code
« d'instruction criminelle aux préfets dans les départe-
« ments, au préfet de police, à Paris ». — Donc accord
unanime sur la nécessité de supprimer l'article 10, attaqué
de toutes parts.

Quels ont été, en fait, les résultats de ces critiques si
légitimes ? A quelles solutions a-t-on abouti jusqu'à présent au Sénat et à la Chambre ? La commission extraparlementaire, nommée en 1878, avait conclu, sur la proposition de M. Faustin Hélie, à l'abrogation pure et simple
de l'article 10. Le gouvernement, dans le projet qu'il déposa au Sénat, ne crut pas devoir s'associer à une réforme
aussi radicale ; acceptant la suppression de l'article 10 en
ce qui concernait les pouvoirs des préfets dans les départements, il le maintint relativement au préfet de police,
à Paris. En 1882, le Sénat adopta, sans longs débats, le
texte proposé par le gouvernement, enlevant toutefois, au
préfet de police, le droit de requérir, par voie de commissions rogatoires, les juges d'instruction et les procureurs
de la République. Mais il ne voulut pas le placer sous
l'autorité des cours d'appel et sous le contrôle des procureurs généraux. Le préfet de police était ainsi un magistrat d'un ordre exceptionnel, ne relevant, dans l'exercice
de son pouvoir judiciaire, que du ministre de l'intérieur ;
autrement dit, il était un magistrat soustrait, vis-à-vis
des citoyens, à toute responsabilité effective. Soumis à la

Chambre, en première lecture, dans sa séance du 4 novembre 1884, le texte du Sénat fut rejeté après un débat entre M. Ribot et M. Goblet. C'était donc l'abrogation pure et simple de l'article 10 votée par la Chambre. Le projet élaboré plus tard par la commission de la Chambre, et qui fit, le 20 janvier 1887, l'objet du rapport de M. Bovier-Lapierre, maintient cette abrogation ; mais il classe à l'article 9 le préfet de police parmi les agents de la police judiciaire exercée sous l'autorité des cours d'appel et des procureurs généraux, et le fait figurer, dans les articles 35 et 184, au nombre des officiers de police, auxiliaires du procureur de la République.

Voici le texte de ces articles, tel qu'il a été rédigé par la commission de la Chambre :

« Art. 9. — La police judiciaire est exercée sous l'autorité
« des cours d'appel et des procureurs généraux, et suivant
« les distinctions qui vont être établies :
« Par les gardes champêtres et les gardes forestiers ;
« Par les commissaires de police ;
« Par les maires et adjoints aux maires ;
« *Par le préfet de police, à Paris ;*
« Par les procureurs de la République et leurs substi-
« tuts ;
« Et par les juges d'instruction.
« La police judiciaire est aussi exercée par les agents
« qui en sont chargés par des lois spéciales, dans les limites
« prévues par ces lois ».

« Art. 35. — Sont officiers de police, auxiliaires du pro-
« cureur de la République :
« *Le préfet de police, à Paris ;*
« Les juges de paix ;
« Les officiers de gendarmerie ;
« Les commissaires de police ;
« Les maires et leurs adjoints ».

« Art. 184. — Dans le cas de crime ou de délit flagrant,

« *le préfet de police, à Paris*, les juges de paix, les officiers
« de gendarmerie, les maires ou adjoints aux maires et
« les commissaires de police font tous les actes qui sont,
« audit cas, de la compétence du procureur de la Répu-
« blique, le tout suivant les règles établies à la section
« précédente. »

Ainsi donc, actuellement, d'après le projet qui sera
soumis au vote de la Chambre (s'il vient jamais en discussion devant elle), l'article 10 du C. I. C. est purement
et simplement abrogé, et les pouvoirs des préfets des
départements sont complètement supprimés. Plus heureux,
le préfet de police, à Paris, conserve une partie de ses
attributions, mais, suivant l'expression d'un membre de
la commission, « il ne sera plus, à l'avenir, que le premier commissaire de police de Paris ».

Par suite, il n'y a plus lieu de chercher quels sont, en
matière de délégation, les pouvoirs des préfets des départements ; évidemment ils n'en ont plus aucun. Quant au
préfet de police, selon nous, il est, lui aussi, dépourvu de
toute autorité à cet égard. Du moment où il est classé, par
l'article 35, parmi les officiers de police, auxiliaires du procureur de la République, ses pouvoirs propres sont restreints
aux cas de crimes ou délits flagrants ; c'est en ces seules
hypothèses, qu'agissant de sa propre initiative, il pourra
accomplir tous les actes qui sont, en pareille circonstance,
de la compétence du procureur de la République ; l'article 184 précité le déclare d'ailleurs formellement. Mais,
pas plus que les autres officiers de police auxiliaires, énumérés par les articles 35 et 184 du projet, il n'aura le droit
de décerner des commissions rogatoires pour procéder à
des actes d'information.

En effet, s'il y a crime ou délit flagrant, il pourra
intervenir, mais à condition de le faire lui-même, comme
y sont astreints les juges de paix, officiers de gendarmerie, commissaires de police. L'article 186 du projet le
montre bien : « Le procureur de la République, dit-il, exer-

« çant son ministère dans le cas de l'article 177 (flagrant
« délit et cas assimilés) peut, s'il le juge utile, charger un
« officier de police auxiliaire de partie des actes de sa com-
« pétence ». Cet article donne au procureur de la République, et à lui seul, le droit de délégation au cas de flagrant
délit ; il ne saurait être appliqué par analogie à aucun officier
de police auxiliaire quel qu'il soit ; or, le préfet de police,
étant mis par l'article 35 au nombre de ces derniers, doit
être, à ce point de vue, complètement assimilé aux commissaires de police qu'il a sous ses ordres, et il ne pourrait
commettre rogatoirement l'un d'entre eux pour accomplir
tout ou partie de la mission qui lui incombe personnellement. Donc le préfet de police, agissant au cas de crime ou
de délit flagrant, ne peut pas recourir aux délégations. En
dehors de cette hypothèse, la question ne se pose même
pas ; car le préfet de police, n'ayant plus aucun pouvoir personnel lui permettant d'agir de sa propre initiative, ne
pourra procéder à des actes d'instruction qu'en vertu d'une
commission rogatoire émanée du magistrat instructeur, et
dans les limites de cette commission. Nous concluons donc
que le préfet de police ne peut jamais déléguer l'exécution
d'actes de l'instruction criminelle.

Tout au moins, lorsqu'il sera rogatoirement commis soit
par le juge d'instruction, soit par le procureur de la République, en vertu de l'article 186, pourra-t-il subdéléguer un
des commissaires de police placés sous ses ordres ? Ou bien
devra-t-il procéder lui-même à l'exécution de la commission
rogatoire ? Le texte du projet nous semble lui imposer cette
dernière obligation. En effet, nous avons démontré que ce
projet établit, au point de vue où nous nous plaçons, une
assimilation absolue entre le préfet de police et les autres
officiers de police judiciaire, auxiliaires du procureur de la
République. Or, aucun de ces derniers ne peut en subdéléguer un autre (cfrre ci-dessus, chap. VII). En conséquence,
le préfet de police devra procéder lui-même à l'exécution de
la commission rogatoire. Nous avons vu, d'ailleurs, dans la

section précédente, combien le projet avait restreint, en fait, les cas où une délégation peut être donnée à des officiers de police judiciaire auxiliaires, autres que les juges de paix. Aussi le rôle du préfet de police, en tant qu'officier de police auxiliaire, nous paraît devoir être singulièrement restreint. D'une part, il ne pourra être délégué que très rarement ; d'autre part, en cas de flagrant délit, il laissera, selon toute vraisemblance, agir soit le commissaire de police du quartier, soit le procureur de la République et le juge d'instruction. On comprend, en effet, qu'il soit peu tenté de remplir lui-même l'office de simple commissaire de police auquel il se trouverait réduit ; il le laissera sans regret à ses subordonnés. Aussi, estimons-nous que le projet de réforme élaboré par la commission de la Chambre aurait sagement fait en abrogeant purement et simplement l'article 10 du Code d'instruction criminelle, et aussi bien en ce qui concernait le préfet de police, à Paris, que relativement aux préfets des départements.

La seconde réforme introduite par le projet dans la question qui nous occupe, consiste, comme nous l'avons dit, à placer le préfet de police sous l'autorité des cours d'appel et des procureurs généraux. Il cesse donc d'être un fonctionnaire ne dépendant que du ministre de l'Intérieur et n'ayant de comptes à rendre qu'à lui, même en ce qui concerne l'accomplissement d'actes rentrant dans les attributions de la magistrature. Dorénavant il sera, relativement à l'exécution des commissions rogatoires à lui adressées, comme en ce qui concerne tous les autres actes faits par lui en vertu des articles 9, 35, 184, 186 du projet, soumis au contrôle de l'autorité judiciaire.

La réforme est excellente en principe ; mais il ne faudrait pas s'illusionner sur le résultat pratique de ce contrôle et de cette surveillance dépourvus de toute sanction réelle et purement platoniques. Le préfet de police s'inquiétera bien plus, le cas échant, de ne pas être blâmé par le ministre de l'Intérieur, son supérieur hiérarchique, qui le nomme et le

révoque, que de satisfaire la cour d'appel et le procureur
général qui n'ont sur sa situation aucune influence. La
même observation, soit dit en passant, s'applique en outre,
et à plus forte raison, aux commissaires de police. Tant que
le ministre de l'Intérieur et les préfets auront seuls une
autorité efficace sur ces officiers de police auxiliaires, tant
que la magistrature restera désarmée en fait à leur égard,
on peut être assuré que, si un conflit s'élève entre l'autorité
administrative et l'autorité judiciaire, relativement à l'exécution d'ordres donnés par celle-ci, le dernier mot restera
toujours à l'autorité administrative : « Comment demander
« à un modeste agent, a-t-on dit avec raison (1), de pousser
« l'héroïsme jusqu'à sacrifier sa situation ? Sans doute, il
« sait que le magistrat représente la loi, il connaît les
« textes que celui-ci invoque ; mais c'est le préfet qui est
« son chef, c'est lui qui tient son avenir dans ses mains ; il
« n'ignore pas que la faveur d'un simple chef de bureau lui
« sera autrement profitable que l'estime des magistrats les
« plus considérables ».

Pourquoi donc n'avoir pas introduit dans le projet une
sanction qui obligerait ces officiers de police à s'acquitter de
leurs devoirs envers la justice ? Pourquoi ne pas prendre à
leur égard, ainsi que le propose M. Guillot, des mesures
analogues à celles dont on use envers les officiers ministériels ? Il faut, selon nous, donner aux procureurs généraux
le droit de déférer devant les cours d'appel les officiers de
police négligents ou rebelles, avec pouvoir, pour celles-ci,
d'appliquer des peines disciplinaires proportionnées à la
gravité des fautes commises. Le préfet de police serait, à ce
point de vue, justiciable de la cour d'appel de Paris. — Tous
les ordres donnés par la magistrature, agissant dans les
limites de ses droits, seraient ainsi ponctuellement
exécutés par les officiers de police judiciaire auxiliaires
dépendant du ministère de l'Intérieur ; l'exécution des com-

(1) *La Loi,* nᵒˢ des 22, 23, 25, 26 décembre 1883.

missions rogatoires y trouverait, en certains cas, de pré-
cieuses facilités.

Quoi qu'il en soit, le projet du Code d'instruction criminelle, dans sa rédaction actuelle, en abrogeant les pouvoirs
des préfets des départements, en restreignant dans les
limites indiquées plus haut ceux du préfet de police de Paris,
et en plaçant ce dernier sous l'autorité nominale de la cour
d'appel et du procureur général, réalise des réformes méri-
tant une complète approbation.

Il ne nous reste plus qu'à examiner la question précédemment posée en terminant l'étude des pouvoirs conférés aux
préfets en matière de délégation par l'article 10 du Code
d'instruction criminelle. La suppression de cet article
va-t-elle réduire le gouvernement à l'impuissance, alors qu'il
s'agira, par une action rapide et énergique, de sauvegarder
la sécurité publique, en prévenant, notamment, par des
perquisitions et arrestations simultanées le retour d'attentats
anarchistes? — Cette question ne se rattache que très indi-
rectement à notre étude : aussi, ne pourrons-nous que
l'effleurer; malgré le vif intérêt qu'elle présente.

Au premier abord, il semble que le projet ne laisse pas le
gouvernement désarmé, puisque son article 30, reproduisant
en cela l'article 29 du C. I. C., fait une obligation à toute
autorité constituée, tout fonctionnaire ou officier public,
d'informer sur le champ le procureur de la République compétent de tout crime ou délit dont il acquiert la connaissance
dans l'exercice de ses fonctions, et de transmettre à ce
magistrat tous les renseignements, procès-verbaux, et actes
qui y sont relatifs. Or, d'une part, les commissaires de
police, chargés tout spécialement par des lois et décrets
récents de la surveillance des anarchistes, rentrent bien
dans la liste des personnes désignées à l'article 30. D'autre
part, les faits pouvant servir à préparer un attentat, détention ou fabrication d'explosifs, affiliation à une association
de malfaiteurs, constituent, à eux seuls, les infractions prévues et punies par les lois du 18 décembre 1893 (2 lois),

12 décembre 1893, du 28 juillet 1894. Donc, dès qu'un commissaire de police aura des raisons sérieuses de croire qu'un anarchiste détient ou fabrique une matière explosive ou qu'il est affilié à une association dangereuse, faits dont une perquisition permettra de découvrir la preuve, il dressera sur le champ procès-verbal, le transmettra immédiatement au procureur de la République qui verra s'il convient de saisir le juge d'instruction pour faire procéder aux perquisitions, et, le cas échéant, aux arrestations nécessaires.

Ici, nous sommes forcé de reconnaître que, si le projet de loi était voté tel qu'il est actuellement rédigé, ces dispositions protectrices ne seraient qu'illusoires ; on serait presque toujours dans l'impossibilité matérielle d'aboutir à la découverte de la vérité. Rappelons-nous, en effet, que le juge d'instruction, agissant en cas de flagrant délit, ne peut déléguer que les juges de paix pour procéder aux perquisitions, et qu'il lui est interdit d'adresser, dans ce but, des commissions rogatoires aux commissaires de police ; or des perquisitions simultanées ne peuvent être utiles qu'à la condition absolue d'être faites à la même heure, ce qui, en fait, sera matériellement irréalisable, puisque, seuls, le juge d'instruction et le juge de paix de chaque canton pourront y procéder. Aussi, nous regardons comme une obligation impérieuse de rétablir dans l'article 155 du projet le paragraphe aux termes duquel les commissaires de police peuvent, en cas de nécessité, être chargés de procéder à des perquisitions. Le procureur de la République et le juge d'instruction auraient ainsi toutes facilités pour réunir, comme le préfet, les commissaires de police compétents, afin de leur donner les ordres nécessaires à l'exécution de perquisitions simultanées.

Dans le but de préciser les obligations des commissaires de police relativement à la transmission rapide des renseignements au Parquet, on pourrait ajouter à l'article 29 un paragraphe enjoignant à ces officiers de police judiciaire auxiliaires « de transmettre directement, et sur-le-champ,

« au procureur de la République, tous procès-verbaux, ren-
« seignements ou rapports ayant pour objet la constatation,
« la recherche ou la dénonciation des crimes et délits, de
. « quelque nature qu'ils soient ». Ce sont les termes mêmes
d'un amendement présenté le 20 janvier 1884 par M. Goblet;
cet amendement ne visait que les commissaires de police de
la ville de Paris et avait pour but de supprimer la pratique
actuelle, d'après laquelle ces commissaires transmettent
leurs procès-verbaux, non au parquet, mais au préfet de
police. Cette disposition devenant d'une application générale, les procureurs de la République, immédiatement informés de tout ce qui touche, non seulement à la constatation,
mais encore à la recherche des crimes et délits, pourraient,
d'accord avec les juges d'instruction, prendre d'urgence
toutes les mesures nécessaires.

Il suffirait donc, ce nous semble, de rétablir dans le projet
le droit, pour le juge d'instruction, de commettre rogatoirement les commissaires de police pour l'exécution des perquisitions, et de préciser les obligations de ces derniers,
pour que, le cas échéant, une action rapide et vigoureuse
puisse prévenir la réalisation d'un attentat anarchiste,
puisque c'est là l'exemple que nous avons choisi. En même
temps, disparaîtrait la confusion des pouvoirs résultant de
l'article 10 du Code d'instruction criminelle actuel. Seule la
magistrature s'occuperait de la recherche et de la poursuite
des crimes et des délits quels qu'ils soient; on n'aurait plus à
redouter l'arbitraire des préfets; la répression des attentats
contre la société ne perdrait rien de son énergie pour être
confiée à des magistrats de profession aussi soucieux que
personne d'assurer la sécurité sociale, et qui, plus familia-
risés « avec la pratique des lois judiciaires, avec le respect
« des formes et des garanties individuelles »; sauraient
concilier le droit de la société à être défendue contre ceux
qui l'attaquent avec le droit des citoyens à être protégés
contre les dangers d'un arbitraire d'autant plus à craindre
qu'il s'agit ici d'actes ayant avec la politique la plus étroite
connexité.

CHAPITRE IX

DES COMMISSIONS ROGATOIRES ÉCHANGÉES AVEC LES PAYS ÉTRANGERS

Section I.

But et utilité de ces commissions rogatoires.

Il se peut que, pour l'instruction d'une affaire criminelle, des magistrats français aient besoin des dépositions de témoins résidant en pays étrangers, et, réciproquement, des magistrats étrangers peuvent avoir intérêt à entendre des témoins habitant la France. Comment procéder pour recevoir ces dépositions? (1) Nous étudierons surtout la première de ces situations, cette hypothèse étant la plus intéressante et, en outre, la plus fréquente en pratique.

Tout d'abord énumérons rapidement dans quelles circonstances l'audition de témoins étrangers peut être nécessaire. Selon nous, il n'y a que trois cas possibles :

Premièrement, un crime est commis en pays étranger par un Français qui rentre en France avant d'avoir été arrêté et poursuivi dans le pays où ce crime a été accompli. Il est de principe, en droit international, qu'on n'extrade pas les nationaux. Mais l'article 5 du Code d'instruction criminelle,

---

(1) Cfrre. Brègeault, *De l'audition, en matière criminelle, des témoins résidant en pays étranger.* (*Revue générale du droit,* année 1878, pages 374 et sq.)

Eugène Banbry et Henri Gillerin, *Traité pratique de l'extradition.*

modifié par la loi du 27 juin 1866, stipule que « tout
« Français qui, hors du territoire de la France, s'est rendu
« coupable d'un crime puni par la loi française, peut être
« poursuivi et jugé en France. Tout Français qui, hors du
« territoire de la France, s'est rendu coupable d'un fait
« qualifié délit par la loi française, peut être poursuivi et
« jugé en France, si le fait est puni par la législation du
« pays où il a été commis. » Ce Français pourra donc être
arrêté et poursuivi en France à raison des faits délictueux
commis par lui à l'étranger. C'est ainsi qu'en mars 1878, la
cour d'assises de la Seine a condamné à dix ans de réclusion
le financier Emerich, président de la société belge « l'Union
du crédit », Français d'origine, pour détournements et faux
commis en Belgique. Il y aura ici nécessité évidente de
recourir aux témoins domiciliés dans le pays où le crime ou
le délit a été commis, puisque eux seuls pourront fournir
d'utiles renseignements.

En second lieu, un crime est commis en France par un
étranger ; au cours de l'instruction, il sera souvent indispensable de faire une enquête dans le pays que ce dernier vient
de quitter, après y avoir fait ordinairement un assez long
séjour, enquête portant et sur les antécédents de l'inculpé
et sur les faits qui ont pu précéder ou préparer le crime. Ici
encore s'impose, pour le juge français, la nécessité d'entrer
en relations avec les magistrats étrangers.

Enfin, un crime ou un délit est commis en France par un
Français, qui, aussitôt après, se réfugie dans un pays
étranger, où on parvient à le retrouver ; on l'arrête, puis on
l'extrade. Le magistrat instructeur français peut avoir un
très grand intérêt à faire rechercher et saisir les pièces à
conviction emportées par le prévenu (bijoux, valeurs, etc.),
d'où obligation pour lui de s'adresser à des magistrats
étrangers.

En toutes ces hypothèses, c'est au moyen de commissions
rogatoires que les magistrats des deux pays entrent en
communication, et que le juge instructeur peut procéder à

une information complète. Sans doute, la comparution personnelle des témoins résidant à l'étranger sera parfois le mode d'information employé ; mais ce procédé, fort coûteux, est très rare en pratique, et les commissions rogatoires sont presque toujours employées (1). Quelles sont les règles à observer pour l'envoi de ces commissions ? Comment le magistrat français, délégué en matière criminelle par un juge étranger, remplira-t-il sa mission ?

Toutes ces questions ont été prévues et réglées par le droit international. En France, rien n'est réglementé jusqu'à présent par un texte précis ; on ne trouve d'indications, au point de vue français, que dans des notes et des circulaires ministérielles ; au point de vue international, que dans les traités d'extradition. Deux motifs expliquent ce dernier fait. D'abord, la demande d'extradition d'un criminel réfugié dans un autre Etat est souvent accompagnée d'une commission rogatoire adressée aux magistrats de cet

---

(1) Nous ne parlerons pas ici de la comparution personnelle des témoins résidant à l'étranger devant des magistrats français, et réciproquement : ce serait sortir des limites de notre étude. Nous nous bornerons à dire que, depuis le traité franco-suisse, du 18 juillet 1828, presque tous les traités d'extradition contiennent des dispositions à cet égard. Voici en cette matière les prescriptions de l'article 15 du traité du 14 décembre 1879 avec l'Espagne ; nous le citons, parce qu'il est le plus récent : « Si, dans une cause « pénale non politique, la comparution personnelle d'un témoin est néces- « saire, le gouvernement du pays où réside le témoin l'engagera à se rendre « à l'invitation qui lui sera faite. Dans ce cas, des frais de voyage et de « séjour, calculés depuis sa résidence, lui seront accordés d'après les tarifs « et règlements en vigueur dans le pays où l'audition devra avoir lieu ; il « pourra lui être fait, sur sa demande, par les soins des magistrats de sa ré- « sidence, l'avance de tout ou partie des frais de voyage, qui seront ensuite « remboursés par le gouvernement intéressé. Aucun témoin, quelle que soit « sa nationalité, qui, cité dans l'un des deux pays, comparaîtra volontai- « rement devant les juges de l'autre pays, ne pourra y être poursuivi ou « détenu pour des faits ou condamnations criminels antérieurs, ni sous « prétexte de complicité dans les faits, objets du procès où il figurera comme « témoin. »

Ces dispositions sont reproduites presque identiquement dans tous les traités d'extradition que nous avons conclus avec les puissances étrangères ; elles sont suffisamment claires pour qu'il n'y ait pas à insister sur leur portée et leur signification.

Etat, soit pour procéder à des perquisitions, à des saisies de pièces à convictions, soit pour recueillir certains renseignements. Il est donc naturel que la transmission et l'exécution de ces commissions rogatoires soient réglementées accessoirement à l'extradition elle-même. Puis les traités d'extradition sont les seules conventions internationales s'occupant exclusivement de matières pénales (1).

On s'est demandé si l'exécution d'un acte d'instruction par un magistrat, en vertu d'une commission donnée par la justice d'un autre pays n'est point contraire au principe de la souveraineté des Etats, et si elle ne constitue pas un acte de subordination et de dépendance ? Cette objection est sans valeur; nos anciens auteurs ne s'y sont point arrêtés. Nous avons trouvé, dans Jousse, la mention de ces délégations données par des magistrats d'un État à ceux d'un autre État, délégations qui étaient dites « in partibus ». Le principe de la souveraineté des États reste en effet absolument intact, car le gouvernement requérant n'exerce pas un acte de juridiction sur le territoire du gouvernement requis; il prie (rogat) ce dernier de lui faciliter l'administration de sa justice, et l'État requis peut, sans aucune atteinte à sa souveraineté, faire exécuter la commission rogatoire par ses magistrats.

S'il y a traité ou convention entre l'État requérant et l'État requis, celui-ci n'a plus la faculté d'accorder ou de refuser à son gré l'exécution de la commission rogatoire qui lui est

(1) Voici l'énumération des traités d'extradition conclus par la France, dans lesquels est prévu l'échange de commissions rogatoires : Autriche, 13 novembre 1855, art. 10, *Bulletin des Lois*, 1856, 1-185. — Bavière, 20 novembre 1869, art. 12, *B. des L.*, 1869, 2-711. — Belgique, 15 août 1874, art. 13, *B. des L.*, 1875, 1-411. — Chili. 11 avril 1860, art. 11, *B. des L.*, 1861, 1-566. — Danemark, 28 mars 1877, art. 13, *B. des L.*, 1878, 1-525. — Espagne, 14 décembre 1877, art. 13, *B. des L.*, 1878, 2-165. — Hesse, 26 janvier 1853, art. 10, *B. des L.*, 1853, 1-409. — Italie, 12 mai 1870, art 12, *B. des L.*, 1870, 1-667. — Luxembourg, 12 septembre 1875, art. 14, *B. des L*, 1876, 1-1. — Pérou, 30 septembre 1874, art. 14, *B. des L*, 1876, 1-12. — Portugal, 13 juillet 1854, art. 10, *B. des L*, 1854, 2-609. — Suède et Norwège, 4 juin 1869, art. 11, *B. des L.*, 1870, 1-14. — Suisse, 9 juillet 1869, art 12, *B. des L.*, 1870, 1-25.

transmise. Il est tenu de prêter son concours à ladite exécution, non qu'il se mette, à aucun point de vue, sous la dépendance de l'État requérant, mais parce que, dans la plénitude de sa souveraineté, dont il a fait librement usage, il s'est engagé lui-même en signant le traité qui contient d'ailleurs une obligation réciproque pour l'État requérant. On voit par là combien, en cette matière, il est utile qu'il y ait des traités signés, d'abord parce qu'en conséquence du traité, ce qui n'était qu'une faculté, un acte gracieux, devient une obligation, puis, parce qu'il en résulte toujours la réciprocité. Remarquons toutefois que, seuls, les traités les plus récents renferment des dispositions à cet égard. Le premier qui offre une clause spéciale, est la convention conclue, le 7 novembre 1844, entre la France et les Pays-Bas; on n'en voit plus trace jusqu'au traité du 23 janvier 1853 avec le Wurtemberg; mais, à dater de cette dernière convention, cette clause se retrouve dans tous les traités d'extradition, sauf dans celui conclu avec l'Angleterre, le 14 août 1876 : les négociateurs anglais ont refusé d'aborder cette question, alléguant qu'elle n'était pas prévue et réglementée par la loi anglaise.

Section II.

Conditions exigées pour l'exécution de ces commissions rogatoires.

Quelles sont les conditions exigées, soit spécialement chez nous par des circulaires ministérielles, soit par le droit international en vertu de traités, pour qu'une commission rogatoire puisse être exécutée d'un pays à un autre ? Elles peuvent se ramener à trois : 1° la transmission doit se faire par voie diplomatique; 2° la commission rogatoire ne doit rien contenir de contraire aux lois de l'État requis; 3° le fait poursuivi dans l'État requérant ne doit être ni politique, ni connexe à un fait politique.

Etudions successivement chacune de ces conditions.

§ 1. — *La transmission doit se faire par la voie diplomatique.*
— Ce principe a toujours été admis en fait, et de nombreuses circulaires l'ont imposé aux magistrats. Nous lisons dans la circulaire adressée par M. Martin du Nord, le 5 avril 1841, aux procureurs généraux relativement à l'exécution des commissions rogatoires transmises à l'étranger ou adressées par les autorités judiciaires étrangères. « Toutes « les commissions rogatoires qui devront être exécutées à « l'étranger me seront transmises. Dans aucun cas, les ma- « gistrats ne correspondront avec les autorités judiciaires à « l'étranger pour la transmission ou l'exécution de ces com- « missions rogatoires. Si l'on trouve convenable d'y joindre « une note explicative, elle me sera adressée, et je la ferai « parvenir au gouvernement étranger ».

De même, des lettres adressées par le ministre des affaires étrangères au ministre de la justice, les 12 février et 14 mars 1877 (1), contiennent les prescriptions suivantes : « Les magistrats français ne doivent, en principe, corres- « pondre avec les autorités étrangères, même résidant en « France, que par l'intermédiaire du ministre de la justice, « lequel s'adresse à son tour au ministre des affaires étran- « gères. En cas d'urgence et exceptionnellement, ils peuvent « s'adresser eux-mêmes au ministre des affaires étrangères; « mais, en aucun cas, ils ne doivent correspondre directe- « ment avec des agents accrédités en France ou avec des « fonctionnaires étrangers ». Puis le ministre des affaires étrangères, visant spécialement les commissions rogatoires, ajoutait : « Notamment, c'est par l'entremise du garde des « sceaux que les chefs de parquet doivent envoyer au « ministre des affaires étrangères les commissions roga- « toires adressées par les juges d'instruction aux magis- « trats étrangers. Ils doivent adresser par la même voie les « demandes de renseignements formulées dans l'intérêt de

_____

(1) *Journal du droit international privé*, 1877, page 279.

« la justice ; c'est encore par cette voie qu'ils doivent
« répondre à celles qu'ils recevraient, même directement ».
Enfin, une circulaire toute récente de la Chancellerie, en
date du 6 décembre 1892 (*Journal des parquets*, 1893-1-2),
rappelle et confirme ces principes : « Je vous serai obligé,
« dit le garde des sceaux aux procureurs généraux, de vou-
« loir bien rappeler à toutes fins utiles à MM. les procureurs
« de la République et juges d'instruction de votre ressort,
« que les commissions rogatoires adressées aux autorités
« judiciaires de pays étrangers doivent d'abord vous être
« adressées, puis m'être transmises par vos soins, après
« avoir fait l'objet d'un examen à votre parquet ; ceux de
« vos substituts qui croiront devoir, dans des cas exception-
« nels, m'envoyer directement ces commissions rogatoires,
« devront, par le même courrier, vous rendre compte des
« motifs d'urgence qui les auront déterminés à déroger aux
« présentes instructions ».

La règle de la transmission par voie diplomatique s'impose donc absolument aux magistrats. Elle admet toutefois
une exception, que nous ne faisons qu'indiquer, devant y
revenir plus loin. Il résulte d'une circulaire du 13 novembre
1885, relative à l'échange des commissions rogatoires avec
l'Allemagne (*J. des Parquets*, 86-3-51), qu'en cas d'urgence, les
commissions rogatoires, échangées entre les autorités judiciaires d'Alsace-Lorraine et les autorités judiciaires fran-
çaises des départements frontières, pourront être exécutées
sur demande directe (1).

- (1) Avant 1870, il y avait une autre exception relative aux commissions
rogatoires échangées avec les Etats Sardes ; il résultait, en effet, de l'article 22 d'un traité conclu à Turin, le 24 mars 1760, que ces commissions
rogatoires devaient être envoyées directement de France dans les États Sardes
et réciproquement, à la seule condition d'avoir été l'objet d'une délibération
des cours royales des deux pays ; il n'y avait donc pas à recourir à la voie
diplomatique pour cette transmission. Mais cette exception a cessé d'exister
par suite de l'application du traité du 12 mai 1870 avec l'Italie, dont l'article 22 porte que les commissions rogatoires seront envoyées sans autre
formalité que la signature du magistrat instructeur compétent, mais par la
voie diplomatique.

Par quels motifs justifie-t-on cette obligation de recourir à la voie diplomatique (1) ? D'abord, dit-on, l'État qui, d'après un traité, s'engage à faire exécuter par ses magistrats les commissions rogatoires données par ceux d'un État étranger, a besoin de s'entourer de garanties et doit pouvoir vérifier si la commission rogatoire est valable et régulière ; en effet, ainsi que nous le verrons, l'État ainsi lié par un traité devra contraindre, le cas échéant, ses nationaux à venir déposer ; des mesures de rigueur pourront et devront être prises contre ceux d'entre eux qui refuseraient de déférer à la commission rogatoire, bien qu'elle soit, en somme, délivrée par une autorité étrangère. D'autre part, il faut bien que l'État requis puisse s'assurer que la commission rogatoire n'est contraire à aucune des deux règles dont nous avons parlé ci-dessus, c'est-à-dire qu'elle ne vise ni un fait politique, ni un fait connexe, et que son exécution ne porte aucune atteinte aux lois du pays. En outre, la transmission par la voie diplomatique assure non seulement le contrôle de l'état requis, mais encore celui de l'état requérant sur lui-même. Le juge qui délivrera la commission rogatoire y apportera une grande prudence et une extrême circonspection, puisque sa demande sera examinée par ses chefs : procureur général et garde des sceaux. Enfin, en procédant ainsi, la responsabilité de l'État requérant lui-même est engagée, ce qui offre bien plus de garanties en cas de contestations ultérieures que si la responsabilité d'un magistrat isolé était seule en cause. Aussi la circulaire de 1841 prescrit-elle au magistrat, si une commission rogatoire lui est adressée directement de l'étranger, de l'envoyer immédiatement au garde des sceaux, pour s'assurer s'il y a lieu d'y faire droit.

Nous ne méconnaissons ni la valeur, ni la portée de ces arguments ; nous estimons qu'il est, en effet, indispensable que l'État requis puisse, à tous les points de vue que nous

---

(1) Cfrrc Brégeault, *loc. cit.*

venons de signaler, vérifier et contrôler, le cas échéant, la
commission rogatoire émanée d'une autorité judiciaire
étrangère; nous ne contestons pas non plus qu'en principe
l'État requérant ait grand intérêt à examiner les commissions que ses magistrats se proposent d'adresser aux autorités judiciaires étrangères. Mais la transmission par la voie
diplomatique est-elle l'unique moyen qu'on puisse employer?
Ne présente-t-elle pas des inconvénients très graves quant
à la marche et à la rapidité des instructions criminelles?

Supposons une commission rogatoire adressée, dans les
conditions actuelles, par un juge d'instruction français à
un juge d'instruction belge; voyons par quelle filière elle
devra passer. Le magistrat français fera transmettre par
le parquet sa commission rogatoire au procureur général
du ressort; celui-ci l'examinera, puis l'expédiera au garde
des sceaux qui l'étudiera à son tour; l'examen achevé, le
ministre de la justice enverra cette commission rogatoire
au ministre des affaires étrangères; ce dernier la fera parvenir à l'ambassadeur belge à Paris, lequel l'adressera au
ministre des affaires étrangères de son gouvernement; ce
ministre l'enverra, à son tour, à son collègue chargé du
département de la justice; là, elle sera l'objet d'un nouvel
examen; après quoi, elle sera transmise au procureur
général dans le ressort duquel se trouve le juge d'instruction compétent. Ce procureur général fera parvenir
la commission rogatoire au procureur du roi de l'arrondissement, lequel la remettra enfin au magistrat désigné.
Ainsi, d'après les prescriptions impératives de la Chancellerie et des traités, la commission rogatoire ne subira
pas moins de huit transmissions successives avant de parvenir au magistrat compétent pour l'exécuter; même dédale
en sens inverse pour le retour, ce qui fait un total de *seize*
transmissions. Ajoutons-y les trois examens faits successivement par le procureur général et par le garde des sceaux
en France, puis par le ministre de la justice belge, et l'on
s'explique sans peine comment une commission rogatoire

transmise à l'étranger n'en revient généralement qu'après deux ou trois mois au plus tôt. Nous avons eu occasion de voir nous-même des procédures criminelles au cours desquelles des commissions rogatoires avaient dû être adressées à des puissances étrangères, l'Espagne notamment; plus de six mois s'étaient écoulés entre l'envoi et le retour de la commission rogatoire. Pendant ce temps, le prévenu arrêté et écroué préventivement attendait en prison que les renseignements demandés fussent revenus.

Quelles entraves n'apportent pas, dans une instruction, de pareilles lenteurs? Or, en l'état actuel, il est impossible de ne pas recourir à la voie diplomatique; la seule simplification tolérée est, en cas *d'extrême urgence*, d'adresser directement la commission rogatoire au garde des sceaux, mais sous la condition d'avertir, par le même courrier, le procureur général des motifs qui ont nécessité cette dérogation aux principes !

Nous estimons qu'il devrait être stipulé par les traités entre les diverses puissances qu'une commission rogatoire peut être adressée directement d'un pays à l'autre par le magistrat qui la décerne à celui qui sera chargé de l'exécuter. Mais comme le principe de la souveraineté de l'État requis doit toujours être respecté, si le magistrat délégué croyait que la commission rogatoire à lui adressée peut y porter atteinte, que son exécution est contraire aux lois de l'État, ou, enfin, que le fait visé est politique, il la transmettrait, avant toute exécution, à ses supérieurs, chef de cour ou ministre de la justice; ceux-ci, au cas où l'examen de la commission rogatoire les amènerait aux mêmes conclusions, la retourneraient par la voie diplomatique à l'État requérant, en lui faisant connaître les motifs qui rendent son exécution impossible. Le contrôle de l'État requis serait ainsi assuré; quant à celui de l'État requérant sur ses propres magistrats, il résulterait de la certitude où seraient ceux-ci que toute commission rogatoire irrégulière ou illégale par eux envoyée leur serait retournée par l'intermédiaire de leurs chefs; les conséquences auxquelles ils devraient alors s'attendre leur inspireraient assurément beaucoup de prudence et de circonspection. Dans les affaires délicates, ils auraient, d'ailleurs, toute liberté de demander à leurs chefs s'il convient de délivrer une commission rogatoire dans tel ou tel but. De la sorte, toutes les fois qu'il y aurait matière à quelques doutes sur la régularité d'une commission rogatoire, sur le respect du principe de la souveraineté, l'État requis et l'État requérant interviendraient eux-mêmes. Mais dans toutes les hypothèses, et combien plus nombreuses! où il ne peut s'élever aucune difficulté, où aucun doute n'est possible sur la régularité et la légalité de la commission rogatoire, lorsque, par exemple, il s'agit d'entendre un témoin à propos d'un crime ou d'un délit qui est évidemment de droit commun, ou quand on a besoin de renseignements sur les antécédents d'un inculpé, dans toutes ces hypothèses, disons-nous, comme dans toutes celles analogues, quelle simplification de la procédure, quelle rapidité dans l'instruction, au lieu des embarras et des lenteurs de la pratique actuelle!

Vainement objecterait-on qu'aucun lien judiciaire n'existe entre les magistrats des deux pays différents; à notre avis, ce lien serait créé par le traité même qui imposerait à ces magistrats d'exécuter les commissions rogatoires qu'ils s'adresseraient réciproquement, sous réserve, comme nous l'avons dit, du droit de contrôle des deux États dans certains cas déterminés, droit soigneusement spécifié dans les clauses du traité. Il nous semble donc qu'une réforme en ce sens est nécessaire, et cela, dans l'intérêt de tous : des inculpés, dont la détention préventive pourrait ainsi être souvent fort abrégée; de la société, car les informations étant ainsi bien plus rapidement faites, on pourrait aboutir par là même à une plus complète découverte de la vérité.

D'ailleurs, il est dès à présent, et nous l'avons signalé, un cas où des commissions rogatoires peuvent être directement transmises par des magistrats français à des magistrats étrangers, et réciproquement ; c'est lorsque cet échange a lieu entre la France et l'Allemagne, dans une hypothèse déterminée. En effet, la circulaire de la Chancellerie, du 13 novembre 1885, après avoir rappelé qu'en principe cet échange ne peut avoir lieu que par la voie diplomatique, ajoute : « Mais, par dérogation à cette règle, les commissions « rogatoires *urgentes* pourront être exécutées sur demande « directe dans les départements frontières. Cette exception « ne pourra être étendue aux commissions rogatoires des- « tinées à être exécutées dans d'autres régions, et les « parquets de la frontière ne pourront, même en cas d'ur- « gence, servir d'intermédiaires pour la transmission de ces « commissions rogatoires ». Ainsi, dans les départements frontières, une commission rogatoire peut, en cas d'urgence, être adressée directement par un magistrat français à un magistrat allemand, et réciproquement ; on n'a pas craint que son exécution portât la moindre atteinte à la souverai- neté des deux nations ; toutefois, cette dérogation a été prudemment entourée de la double restriction que l'on sait. — Pourquoi donc ces restrictions ? Le principe de la souve- raineté a-t-il quelque corrélation avec le plus ou moins d'urgence d'une affaire, avec la situation géographique de deux villes du même pays ? Pourquoi interdire à un juge d'instruction de Paris ou de Lyon ce qui est permis à celui de Belfort, par exemple ? Ou bien ce dernier, en usant de la faculté que lui donne la circulaire précitée, respecte tous les droits, ne lèse aucun principe : que n'étend-on alors sa préro- gative à tous les autres juges d'instruction ? Ou bien il fait œuvre illégale, contraire aux principes juridiques : pour- quoi alors lui reconnaître semblable droit ?

Il va de soi que nous supposons réciprocité absolue de la part de l'État en relations avec la France ; il serait inadmis- sible d'accorder à des magistrats étrangers des facilités et des commodités refusées aux nôtres.

Notre conclusion est donc qu'une entente commune entre les diverses puissances pourrait et devrait permettre d'instituer la transmission directe des commissions rogatoires d'un pays à un autre.

Ces idées s'appuient, au surplus, sur d'incontestables autorités. Dans la séance du 10 septembre 1877, tenue à Zurich, l'Institut de droit international a émis le vœu que les commissions rogatoires puissent être transmises directement par les autorités d'un pays aux autorités d'un autre pays. — Enfin, à une date très récente, en 1893, le gouvernement des Pays-Bas a provoqué la réunion d'une conférence internationale en vue d'arriver à un accord sur divers points de droit international privé et de les codifier. Cette conférence, à laquelle étaient représentées l'Allemagne, l'Autriche-Hongrie, la Belgique, le Danemark, l'Espagne, la France, l'Italie, le Luxembourg, les Pays-Bas, le Portugal, la Roumanie, la Russie et la Suisse, s'est tenue à la Haye, du 13 au 27 septembre 1893. Au cours de ses délibérations, ce Congrès s'est occupé des commissions rogatoires et a également émis le vœu que leur échange se fasse par la communication directe entre les deux États; on n'aurait recours à la voie diplomatique, que dans le cas où ces deux États ne s'entendraient pas sur cette transmission directe.

On ne peut que souhaiter la prompte et complète réalisation de ces vœux.

§ 2. — *La Commission rogatoire ne doit rien contenir de contraire aux lois de l'État requis.* — Ce principe a été posé en ces termes dans la circulaire de 1841 : « Le gouvernement « français consent à ce que des commissions rogatoires « émanées de tribunaux étrangers soient exécutées en « France ; mais il veut les examiner avant d'autoriser leur « exécution, pour s'assurer qu'elles ne contiennent rien de « contraire aux lois du royaume ».

Il est superflu d'insister sur une prescription qu'il suffit d'énoncer pour que le sens et la portée en apparaissent immédiatement.

§ 3. — *Le fait poursuivi ne doit être ni politique ni connexe à un fait politique.* — Actuellement, c'est un principe de droit international de ne pas extrader pour des faits de cette nature. Il n'a été admis comme tel et formulé dans les textes que depuis la Révolution de juillet, à la suite d'incidents survenus après une extradition consentie en 1829 par le gouvernement français au gouvernement napolitain. Il s'agissait d'un officier napolitain, qui, affilié à la secte des carbonari, et poursuivi pour délits politiques, s'était réfugié en France. Dès le 30 septembre 1833, une déclaration signée à Zurich, modifiait le traité d'extradition conclu le 18 juillet 1828 avec la Suisse et en excluait les délits politiques. La circulaire du garde des sceaux, du 5 avril 1841, déjà maintes fois citée, porte à cet égard : « Les crimes « politiques s'accomplissent dans des circonstances si diffi-« ciles à apprécier, ils naissent de passions si ardentes qui « sont leur excuse, que la France maintient le principe « que l'extradition ne peut avoir lieu pour faits politiques. « C'est une règle qu'elle met son honneur à soutenir : elle a « toujours refusé, depuis 1830, de pareilles extraditions ; elle « n'en demandera jamais ».

Toutes ces règles, relatives à l'extradition, s'appliquent à l'échange des commissions rogatoires. Sans doute, procéder à une enquête sur un individu est chose infiniment moins grave que de le livrer ; l'exécution d'une commission rogatoire n'offre donc pas de conséquences comparables à celles d'une extradition. On comprend cependant que, même dans cette mesure très restreinte, l'État requis ne prête pas son concours à l'État requérant. M. Brégeault en donne pour raison que les faits poursuivis ne sont pas délictueux aux yeux de l'État requis. Ce n'est pas là, selon nous, le vrai motif, car il semblerait alors que, lorsque des crimes politiques sont commis dans un État, les autres États les approuvent, ou tout au moins ne leur reconnaissent aucun caractère permettant de leur appliquer une loi pénale. Nous aimons à croire qu'il n'en est rien, et pour prendre un exemple qui nous touche malheureusement de bien près, nous sommes convaincu qu'aucun État civilisé n'a pu se refuser à trouver un caractère délictueux aux excès effroyables commis à Paris en 1870-71, pendant la néfaste période dite de « la Commune » ; et cependant les puissances étrangères, estimant qu'il s'agissait là de faits politiques, ont refusé l'extradition de leurs auteurs. L'exception consacrée par cette troisième règle tient plutôt au caractère très particulier des infractions politiques, caractère fort bien défini par le passage de la circulaire de 1841 que nous venons de citer. Si le coupable était trouvé sur notre territoire, on ne l'aurait pas livré ; on comprend qu'on ne veuille pas, même en fournissant de simples renseignements, contribuer à faire condamner un homme qui, s'il fût venu sur notre territoire, eût été assuré de l'impunité. Voilà les deux motifs pour lesquels, ce nous semble, en matière politique, l'exécution d'une simple commission rogatoire est toujours refusée.

Depuis la convention franco-suisse de 1833 jusqu'en 1877, la condition que le fait visé par la commission rogatoire ne doit être ni politique ni connexe à un fait politique, avait toujours été sous-entendue et observée, alors même qu'il n'en était pas fait mention dans les traités. Mais de tacite, elle est devenue expresse, et divers traités la formulent en toutes lettres, notamment celui que nous avons conclu le 28 mars 1877 avec le Danemark (art. 13) et celui du 14 décembre 1877 avec l'Espagne (art. 13). Voici quelles sont les dispositions contenues à cet égard dans ce dernier traité : « Lorsque, dans l'audition d'une affaire pénale *non* « *politique*, un des deux gouvernements jugera nécessaire « l'audition des témoins domiciliés dans d'autres États, une « commission rogatoire sera envoyée à cet effet par la voie « diplomatique ».

Dans une espèce assez récente, la Chancellerie, par application de ce principe, a refusé l'exécution d'une commission rogatoire émanée d'un tribunal suisse, et dont l'objet était de préciser les agissements d'un individu prévenu d'avoir,

par la propagation d'un appel aux travailleurs suisses, excité
à commettre les crimes de vol et d'assassinat.

SECTION III.

Formes, objet, exécution et frais de ces commissions rogatoires.

§ 1. — *Formes de ces commissions rogatoires.* — Les commissions rogatoires échangées d'un pays à l'autre doivent contenir, avec la plus grande précision possible, toutes les indications de nature à déterminer très nettement la tâche du
magistrat délégué et le but de la délégation. Doivent-elles
être précédées d'un réquisitoire adressé par le magistrat
déléguant au magistrat délégué? Voici comment la circulaire
du 5 avril 1841 répond à la question : « Les magistrats fran-
« çais ont fait précéder quelquefois de réquisitions adressées
« aux magistrats étrangers les commissions rogatoires qui
« étaient transmises à ceux-ci ; cela ne doit point être ainsi.
« Aucun lien judiciaire n'existe entre les magistrats des
« deux nations différentes ; il est inutile de faire des réquisi-
« tions auxquelles il ne peut être obtempéré. Il faut, si l'on
« juge nécessaire d'employer une formule, se servir d'une
« formule d'invitation, de prière, et cette formule doit être
« aussi simple et aussi brève que possible. »
Quant à la désignation que le magistrat déléguant fait de
l'autorité judiciaire qu'il délègue, une circulaire de la Chancellerie, en date du 25 juin 1885 (*Jour. des parquets*, 86-3-8),
invite expressément les juges d'instruction à libeller, dans les
termes suivants, les commissions rogatoires qu'ils adressent
aux autorités étrangères : « Le juge d'instruction de........
au juge d'instruction de....... *ou à toute autre autorité compétente.* Très souvent en effet, l'exécution de ces commissions
rogatoires se trouvait empêchée, ou tout au moins entravée

et ajournée, faute par le magistrat qui délivrait la commission rogatoire d'adresser sa réquisition à l'autorité étrangère compétente pour y donner satisfaction. Ces erreurs de destination provenaient soit de l'ignorance où se trouvait le magistrat déléguant de l'organisation judiciaire du pays où la commission rogatoire devait être exécutée, soit parce que la partie ou le témoin qu'il fallait entendre avait changé de résidence. C'est pour obvier à ces inconvénients qu'à la suite d'un accord intervenu, par l'intermédiaire du ministre des affaires étrangères, entre la France et les autres puissances, le Garde des Sceaux a édicté les prescriptions contenues dans la circulaire précitée.

§ 2. — *Objet de ces commissions rogatoires.* — Les commissions rogatoires envoyées à l'étranger peuvent, en principe, avoir pour objet les mêmes actes dont l'exécution peut être déléguée en France : audition de témoins, expertise, transport sur les lieux, perquisition, saisie de pièces à conviction, etc. Toutefois, sur ce dernier point, les commissions rogatoires envoyées de France en Angleterre sont soumises à certaines règles spéciales, prescrites par la circulaire de la Chancellerie du 15 avril 1893, sur lesquelles nous reviendrons ci-dessous. En outre, il convient de remarquer qu'il est inutile d'envoyer des commissions rogatoires pour demander la saisie des objets que l'inculpé a emportés dans sa fuite, et dont il est nanti lors de son arrestation. Ne pouvant être envoyées qu'accessoirement à une demande d'extradition, elles seraient superflues, car le droit international admet que cette saisie doit avoir lieu indépendamment de toute requête et qu'elle est effectuée en même temps que l'arrestation du prévenu.

Ainsi, d'après la jurisprudence de la Chancellerie, quand l'arrestation provisoire d'un inculpé est demandée par les autorités étrangères, il y a lieu, *même en l'absence d'une commission rogatoire*, de procéder à la saisie de tous les objets qui peuvent être trouvés en sa possession. Les traités les plus récents contiennent des dispositions à cet égard. Nous citerons seulement l'article 14 du traité conclu le 14 août 1876 avec l'Angleterre (*B. des L.*, 78-1-441) parce qu'il est le plus explicite : « Tout objet trouvé en la possession de « l'individu réclamé, au moment de son arrestation, sera « livré avec sa personne, lorsque l'extradition aura lieu. « Cette remise ne sera pas limitée aux objets acquis par vol « ou banqueroute frauduleuse ; elle s'étendra à toutes choses « qui pourraient servir de pièces à conviction et s'effectuera « même si l'extradition, après avoir été accordée, ne peut « s'accomplir par suite de l'évasion ou de la mort de l'indi- « vidu réclamé. » L'article se termine par la restriction sui- vante, que contiennent aussi tous les traités : « Sont toute- « fois réservés les droits des tiers sur les objets sus-mention- « nés. » Du reste, alors même que certaines conventions d'extradition ne se sont pas formellement expliquées sur ce point, les puissances qui les ont signées et auxquelles le gou- vernement français a demandé des extraditions, n'ont jamais hésité à se conformer aux règles exposées ci-dessus. Par exemple, le traité conclu avec les Etats-Unis, le 9 no- vembre 1843, ne contient aucune disposition à ce sujet ; pour- tant, dans toutes les circonstances où le gouvernement des Etats-Unis nous a accordé des extraditions, il nous a fait parvenir les divers objets qui avaient pu être trouvés en la possession des inculpés.

§ 3. — *Exécution de ces commissions rogatoires.* — Sup- posons la commission rogatoire parvenue entre les mains du juge délégué, quelles seront les règles qu'il devra observer pour accomplir sa mission ? Appliquant le prin- cipe « locus regit actum », on se sert des formes usitées dans le pays où la commission rogatoire sera exécutée. C'est ainsi que la circulaire de 1841, parlant de l'exécution, en France, des commissions rogatoires envoyées par des magistrats étrangers, déclare : « Les commissions roga- « toires seront exécutées par le juge d'instruction sur la

« réquisition du ministère public ; les témoins doivent être
« entendus dans la forme ordinaire ; ils peuvent être
« contraints, par les voies de droit, à déposer ». L'article 13 du traité franco-belge, du 15 août 1874, porte
également : « Il sera donné suite à la commission roga-
« toire par les officiers compétents, en observant les lois
« du pays où l'audition des témoins devra avoir lieu ».
Par conséquent, le serment est prêté suivant les lois de
chaque pays. Les prescriptions de l'article 80 du C. I. C.
seront applicables au témoin défaillant ; les règles de
forme prescrites par l'article 76 du même Code, devront
également être observées, etc., etc. Une fois l'enquête terminée, le magistrat délégué devra retourner la commission
rogatoire au magistrat déléguant, en suivant la voie que
nous avons indiquée. La circulaire de 1841 prescrit au
juge d'instruction français, qui a terminé sa tâche, de
rendre une ordonnance de « soit remis au parquet », et le
procureur de la République, puis le procureur général,
transmettront toutes les pièces au garde des sceaux, dans
le plus bref délai.

Lorsque le magistrat qui avait expédié une commission
rogatoire la reçoit après exécution, il doit examiner immédiatement la procédure, pour s'assurer que l'on s'est
exactement conformé à sa délégation ; en cas contraire,
il peut ou renvoyer la commission rogatoire en la com-
plétant de manière à en faire mieux ressortir l'objet, ou
en délivrer une nouvelle.

§ 4. — *Frais.* — Reste la question des frais faits pour la
transmission, l'exécution et le renvoi de la commission
rogatoire. A ne consulter que la logique, tous les frais
faits par l'État requis, devraient être supportés par l'État
requérant ; mais, pour être logique, ce système n'en donnerait pas moins lieu, en fait, à de nombreuses difficultés,
telles que recours d'État à État, complication de comp-
tabilité, etc. Aussi la pratique internationale a-t-elle décidé

que les frais faits par l'État requis resteraient à sa charge,
et ce, à titre de réciprocité ; de la sorte, il se produit
une véritable compensation, et', si l'on excepte les relations
entre un grand pays et un petit État, les frais faits de
part et d'autre finissent par s'équilibrer, ou à peu près.
Toutefois, lorsqu'il s'agit, non plus d'une simple enquête
ou audition de témoins, mais d'expertises criminelles soit
en écriture, soit médico-légales par exemple, comme ici
les frais peuvent être considérables, les traités les mettent
généralement à la charge de l'État requérant. — Parfois
aussi on distingue, comme le fait l'article 13 précité du
traité franco-espagnol du 14 décembre 1877, suivant le
nombre de vacations nécessitées par l'expertise. « Les gou-
« vernements respectifs, dit ce texte, renoncent à toute
« réclamation ayant pour objet la restitution des frais
« résultant de l'exécution des commissions rogatoires, dans
« le cas même où il s'agirait d'expertises, pourvu, toute-
« fois, que cette expertise n'ait pas entraîné plus d'une
« vacation ». Ce même article contient, relativement aux
frais, une disposition fort sage : « Aucune réclamation,
« ajoute-t-il, ne pourra non plus avoir lieu pour les frais
« de tous actes judiciaires spontanément faits par les
« magistrats de chaque pays, pour la poursuite ou la con-
« statation de délits commis sur le territoire par un étran-
« ger qui serait ensuite poursuivi dans sa patrie, confor-
« mément aux articles 5 et 6 du Code d'instruction cri-
« minelle, et à la loi espagnole du 15 septembre 1870 ».
En effet, il serait étrange qu'un gouvernement eût le droit
d'exiger le remboursement de frais qu'il aurait faits de
sa propre initiative, et parfois très inutilement, alors qu'il
ne le peut, lorsqu'il s'agit de frais faits à la requête de
l'État voisin et dans l'intérêt d'une poursuite engagée par
ce dernier.

Section IV.

De quelques dispositions spéciales à certains pays.

L'échange des commissions rogatoires entre la France et certaines puissances est soumis à certaines règles spéciales résultant soit de traités, soit de circulaires de la Chancellerie. Examinons rapidement celles qui président à cet échange, entre la France d'une part, et, de l'autre, l'Allemagne, l'Angleterre, la Belgique et les États-Unis.

§ 1. — *Allemagne.* — Nous avons vu que l'Allemagne est, jusqu'à ce jour, le seul pays avec lequel des commissions rogatoires peuvent être échangées directement, sous les deux conditions précédemment énoncées : 1° qu'il y ait urgence ; 2° que la commission rogatoire émane de départements frontières. Si elles ne sont pas observées, la circulaire de la Chancellerie, du 13 novembre 1885, recommande aux magistrats français saisis directement par les autorités allemandes de retourner immédiatement au garde des sceaux, sans les avoir exécutées, les commissions rogatoires ainsi transmises, afin que le gouvernement français les renvoie au gouvernement allemand. Ces prescriptions ont été renouvelées avec plus d'insistance dans une note de la Chancellerie, du 15 janvier 1886 (*Journal des parquets*, 86-3-67).

§ 2. — *Angleterre.* — L'exécution des commissions rogatoires envoyées de France en Angleterre, et tendant soit à l'audition de témoins, soit à des perquisitions et à des saisies de pièces à conviction, rencontre les plus sérieuses difficultés à raison des dispositions de la loi anglaise (1). Sur

(1) Howard, *Procédure d'extradition*, page 7.

le premier point, il semble que l'exécution de ces commissions rogatoires ne doit trouver aucun obstacle. En effet, en Angleterre, le ministre de l'intérieur peut ordonner à un magistrat de recevoir les dépositions ou déclarations des personnes dont le témoignage est nécessaire dans une affaire criminelle qui est « *sous l'instigation d'un tribunal* « *étranger* ». Le magistrat, après réception de cet ordre, suit la même procédure que si l'affaire était de sa juridiction. Les dépositions peuvent être faites en l'absence de la personne accusée, sous réserve que le magistrat l'indique dans le procès-verbal ; puis il transmet toutes les pièces munies de son sceau et de sa signature au ministre de l'intérieur qui les fait parvenir à qui de droit. Rien ne paraît donc plus simple que l'exécution d'une commission rogatoire adressée en Angleterre pour procéder à l'audition des témoins. Mais il n'en est rien.

En effet, nos commissions rogatoires émanent presque toujours du juge d'instruction saisi de l'affaire ; or, les autorités anglaises estiment qu'elles ne doivent faire exécuter que les commissions rogatoires émanant « *d'une cour ou d'un* « *tribunal* », et non celles émanant d'un magistrat isolé. Leur décision n'a pas encore été soumise à la Chambre des lords, et, jusqu'à présent, on a considéré comme impossible d'obtenir en pratique l'exécution de semblable commission rogatoire en matière criminelle, tant que le Parlement anglais n'aura pas consenti à voter un nouvel acte, dans lequel aux mots « affaire pendante devant une cour ou un « tribunal », on ajoutera les mots « ou devant un juge d'in- « struction ». Disons toutefois qu'actuellement les magistrats de la Cour de police de Bow-Street semblent disposés à exécuter ces commissions rogatoires, en partant de cette idée qu'un juge d'instruction français constitue à lui seul un tribunal, puisque, comme un magistrat de police en Angleterre, il a le pouvoir de rendre des ordonnances de non-lieu. Mais aujourd'hui encore, les commissions rogatoires adressées par nos juges d'instruction en Angleterre, tendant à

l'audition de témoins, ne reçoivent qu'une exécution purement officieuse, faite par nos agents, quand les témoins
veulent bien se présenter.

Quant aux commissions rogatoires tendant à perquisitions
ou à saisies de pièces à conviction, leur exécution ne se
heurte pas à de moindres difficultés, ainsi que le constate la
circulaire de la Chancellerie, du 15 avril 1893 (*Journal des
parquets*, 93-3-85). Nous ne saurions mieux faire que de la
reproduire intégralement.

« Quelques parquets ont adressé récemment à la Chan-
« cellerie des commissions rogatoires tendant à faire
» opérer en Angleterre des recherches et des saisies au
« domicile des personnes soupçonnées de recéler des objets
« soustraits en France. Ces requêtes n'ont pu être mises à
« exécution, en raison des dispositions de la loi anglaise ».

« Il résulte, en effet, des règles de la procédure suivie en
« Angleterre, que la saisie d'objets dérobés ne peut être
« provoquée par voie de commissions rogatoires. Sauf le cas
« où, à la suite d'une demande régulière d'extradition, les
« objets trouvés en la possession de l'individu réclamé sont
« saisis pour être livrés avec sa personne quand l'extradition
« est effectuée, (art. 14 de la convention du 14 avril 1876),
« toute saisie doit être opérée en vertu d'un mandat de per-
« quisition émanant de l'autorité compétente du royaume.
« Il appert, en outre, d'une communication émanant de
« M. le ministre des affaires étrangères que, pour obtenir
« cette dernière pièce, il est nécessaire de produire une
« déposition sous serment du propriétaire des objets volés
« ou de son mandataire, affirmant, en présence du magistrat
« anglais, que les objets en question ont été en effet volés et
« que des présomptions graves permettent de penser qu'ils
« se trouvent actuellement dans la maison où l'on désire que
« la perquisition ait lieu ». Le garde des sceaux termine en
invitant les procureurs généraux à appeler sur ces dispositions de la loi anglaise l'attention de leurs substituts et des
juges d'instruction de leur ressort.

Cette circulaire fait bien voir quelles difficultés, presque insolubles en pratique, rencontre l'exécution des commissions rogatoires dont il s'agit ; on s'explique facilement que les tentatives faites par quelques magistrats français pour aboutir à des résultats satisfaisants soient demeurées infructueuses. N'est-on pas autorisé à croire que cette situation est une des principales causes pour lesquelles les associations de malfaiteurs ayant la spécialité de voler des titres sur le continent, ont toutes leur siège social en Angleterre ?

§ 3. — *Belgique*. — La Belgique ne nous accorde l'exécution des commissions rogatoires délivrées par nos magistrats et tendant à faire opérer soit une visite domiciliaire, soit la saisie du corps du délit ou des pièces à conviction, qu'autant qu'il s'agit de cas pouvant donner lieu à extradition, conformément aux termes de la convention franco-belge, du 20 mars 1875. Aussi, une circulaire de la Chancellerie, du 14 avril 1875, recommande-t-elle aux magistrats français d'appliquer strictement la réciprocité, « car la justice française, dit-elle, ne doit pas accorder à l'autorité judiciaire belge des facilités que celle-ci nous refuserait ». *(Recueil officiel*, III-344).

§ 4. — *Etats-Unis*. — Une circulaire de la Chancellerie, du 12 mai 1855 *(Recueil officiel*, II-298), prescrit aux juges d'instruction « d'adresser leurs commissions rogatoires à la cour
« de justice des Etats-Unis dans le ressort de laquelle elles
« devront être exécutées, et qui désignera elle-même la
« commission fédérale chargée de recevoir les dépositions.

« Il conviendra, ajoute la circulaire, d'indiquer aussi
« exactement que possible les noms, prénoms et domiciles
« des témoins à interroger et de spécifier d'une manière
« précise les pièces de conviction dont la représentation ou
« la communication sera réclamée. La législation américaine
« contient, à cet égard, des prescriptions formelles aux-
« quelles il importe de satisfaire ».

PRÉAMBULE

L'étude que nous avons faite de la délégation des actes de l'instruction criminelle, telle qu'elle se pratique en France, appelait, comme complément nécessaire, l'examen des prescriptions des législations étrangères sur le même sujet. — Cette délégation existe-t-elle ailleurs que chez nous, et, là où elle est admise, dans quelles conditions s'exerce-t-elle ? Double question qui fera l'objet de cette troisième et dernière partie. Nous n'envisagerons à ce point de vue que les législations de l'Allemagne, de l'Autriche, de l'État de New-York, de l'Italie, des Pays-Bas et de la Russie, les seuls pays sur lesquels nous ayons pu nous procurer des documents précis et suffisants.

Pour faciliter notre tâche, et grâce à l'obligeante intervention de M. Garraud, nous nous sommes adressé à MM. Foinitski, de l'Université de Saint-Pétersbourg, van Hamel, de l'Université d'Amsterdam, Frantz von Listz, de l'Université de Halle, et Brusa, de l'Université de Turin. Mettant gracieusement leur science juridique à notre disposition, ils ont bien voulu nous envoyer des renseignements d'autant plus précieux, qu'ils émanent de personnes tout particulièrement compétentes. Heureux de leur offrir ici nos plus sincères remercîments pour le bienveillant concours qu'ils nous ont prêté, nous les prions d'agréer l'expression de notre vive reconnaissance.

Avant d'aborder en détail l'étude de chacune des législations que nous avons énumérées ci-dessus, il importe de faire une remarque générale. Aucune d'entre elles ne contient une disposition analogue à l'article 10 de notre Code d'instruction criminelle ; les pouvoirs administratifs et judiciaires y sont soigneusement séparés. Aussi, n'aurons-nous jamais à étudier la délégation des actes de l'instruction criminelle par un fonctionnaire de l'ordre administratif.

CHAPITRE PREMIER

LÉGISLATION ALLEMANDE

Le Code de procédure pénale allemand et la loi d'introduction qui le complète, promulgués le 1ᵉʳ février 1877, sont entrés en vigueur le 1ᵉʳ octobre 1879, en même temps que le Code d'organisation judiciaire (1). Un très rapide aperçu de l'organisation des tribunaux criminels allemands nous permettra d'exposer plus clairement les règles qui régissent, dans cette législation, la matière des commissions rogatoires.

Les tribunaux criminels ordinaires ou de droit commun institués par ces Codes sont, en remontant des inférieurs aux supérieurs, les tribunaux d'échevins, les tribunaux régionaux, les cours d'assises, les tribunaux régionaux supérieurs, et le tribunal de l'Empire.

Les tribunaux d'échevins sont des tribunaux mixtes, comprenant un magistrat, nommé juge de bailliage, qui préside, et de deux échevins assesseurs, qui sont des citoyens désignés par le sort, suivant des règles déterminées ; ils connaissent de toutes les contraventions et des délits susceptibles d'être punis de trois mois de prison au plus.

Les tribunaux régionaux sont exclusivement judiciaires ; ils se divisent en chambres civiles et chambres criminelles ;

---

(1) Cfrre. *Code de procédure pénale allemand,* traduit et annoté par Fernand Daguin.

ces dernières jugent, en appel, les affaires portées en premier ressort devant les tribunaux d'échevins, et, en première instance, les délits dont la connaissance n'est pas attribuée à la juridiction inférieure, ainsi que certains crimes et certaines infractions punies par des lois spéciales.

Les cours d'assises se composent, comme en France, de deux éléments distincts : le jury, qui a pour mission de trancher la question de culpabilité, la cour chargée d'appliquer la loi, conformément au verdict du jury. — Les cours d'assises jugent toutes les affaires criminelles dont la connaissance n'est pas attribuée aux chambres criminelles des tribunaux régionaux ou au tribunal de l'Empire.

Les tribunaux régionaux supérieurs constituent un troisième degré de juridiction. Chacun d'eux embrasse, dans son ressort, plusieurs tribunaux régionaux ; ils statuent, en matière pénale, sur les demandes en cassation formées contre les décisions rendues en appel ou en premier ressort par les tribunaux régionaux.

Enfin, au sommet de la hiérarchie judiciaire, se trouve le tribunal de l'Empire, qui siège à Leipzig, et dont la juridiction s'étend sur l'Allemagne entière. Sa compétence, en matière criminelle, s'exerce sur deux terrains différents ; d'une part, ce tribunal instruit et juge en premier et dernier ressort les crimes de haute trahison commis soit contre la personne de l'empereur, soit contre l'empire ; d'autre part, il statue sur les demandes en cassation formées contre les arrêts des cours d'assises et contre les jugements rendus en première et dernière instance par les tribunaux régionaux, dans tous les cas où la revision n'est pas attribuée au tribunal régional supérieur.

Les affaires pénales sont tantôt portées directement devant les juridictions dont nous venons d'indiquer sommairement la composition et la compétence, tantôt soumises à une instruction préliminaire. En règle générale, lorsqu'il s'agit de faits ressortissant du tribunal des échevins, aucune instruction ne précède l'ouverture des débats ; le tribunal est saisi directement ; cependant, lorsque des affaires de cette nature sont, à raison de leur connexité avec d'autres affaires plus graves, renvoyées devant un tribunal régional, elles peuvent, sur la demande du ministère public, être comprises dans l'instruction. Les affaires qui relèvent des tribunaux régionaux peuvent être soumises à une instruction dans deux cas : lorsque le ministère public le demande, ou lorsque cette procédure est réclamée par l'inculpé comme pouvant lui être utile au point de vue de la préparation de sa défense. Enfin, les crimes déférés aux cours d'assises et au tribunal de l'Empire doivent nécessairement faire l'objet d'une instruction préalable.

L'information est dirigée par un magistrat appelé juge d'instruction. Les tribunaux régionaux sont les seuls auprès desquels fonctionnent des juges d'instruction nommés à titre permanent. Un ou plusieurs juges d'instruction, selon les besoins du service, sont attachés à chaque tribunal régional ; ces magistrats sont nommés annuellement et sont chargés d'instruire les affaires qui doivent être renvoyées aux chambres criminelles des tribunaux régionaux ou devant les cours d'assises. Enfin, l'organisation du tribunal de l'Empire ne comporte pas de juge d'instruction permanent. L'instruction des affaires dont la connaissance est attribuée au tribunal suprême, statuant comme haute cour de justice, est confiée à un membre du tribunal désigné chaque fois par le président ; mais il est à remarquer que celui-ci peut, s'il le préfère, commettre, pour diriger l'information, tout autre magistrat d'un tribunal allemand, même un simple juge de bailliage ; nous reviendrons, d'ailleurs, sur ce point.

Telle est, très brièvement exposé, l'organisation des juges d'instruction en Allemagne. Examinons rapidement quelles sont les phases d'une instruction dans la procédure allemande.

L'instruction et le jugement de toute affaire pénale comprennent, en principe, trois périodes distinctes :

1° *La procédure préparatoire* (art. 156 à 175), qui consiste dans une sorte d'enquête dirigée par le ministère public; son but est de permettre à ce dernier d'apprécier s'il doit ou non se porter « accusateur public »;

2° *L'instruction préalable* (art. 176 à 195), qui, conduite par un fonctionnaire de l'ordre judiciaire, le juge d'instruction, a pour objet de rassembler et de conserver les éléments du délit, afin de permettre au tribunal d'apprécier s'il convient de donner suite à l'accusation. La procédure préparatoire et l'instruction préalable sont souvent comprises sous la dénomination de *procédure préliminaire;*

3° Enfin, *la procédure principale* (art. 196 à 317), qui se déroule devant la juridiction de jugement, et qui aboutit à la condamnation ou à l'acquittement de l'accusé.

Par suite, le cadre de notre travail est tout tracé. Nous examinerons quels sont, en matière de délégation, les pouvoirs : premièrement, du ministère public au cours de la procédure préparatoire, puis du juge d'instruction au cours de l'instruction préalable, et enfin du tribunal ou de la cour pendant la procédure principale.

Et d'abord, quels sont, à cet égard, les pouvoirs du ministère public?

« Aussitôt que le ministère public aura été avisé, par une « dénonciation ou autrement, qu'un acte punissable est « présumé avoir été commis, il devra s'enquérir de l'état « réel des choses, en vue de décider s'il y a lieu d'intenter « l'action publique.

« Le ministère public recherchera, non seulement les « circonstances à charge, mais aussi les circonstances à « décharge, et veillera à ce qu'on recueille les preuves dont « on pourrait craindre la disparition. »

Ainsi s'exprime l'article 158, qui indique nettement l'objet de la procédure, dite préparatoire. Le ministère public est-il tenu de procéder lui-même à cette information préliminaire? Peut-il, au contraire, recourir, dans ce but, à des délégations? Et, si oui, dans quelle mesure le peut-il? Les articles 159 et 160 répondent à ces diverses questions, art. 159 : « Le ministère public peut, en vue de parvenir « aux résultats mentionnés dans l'article précédent, deman- « der des renseignements à toutes les autorités publiques; il « peut également faire des recherches de toute nature soit « directement, soit par l'intermédiaire des autorités et fonc- « tionnaires du service de la police et de la sûreté, sans « toutefois pouvoir recourir à l'audition de témoins sous « serment.

« Les autorités et employés du service de la police et de « la sûreté sont tenus d'obtempérer aux réquisitions et aux « ordres du ministère public ».

« Art. — 160 : Lorsque le ministère public estimera qu'un « acte d'instruction judiciaire est nécessaire, il remettra ses « conclusions au juge de bailliage dans le ressort duquel « l'opération doit avoir lieu.

« Le juge de bailliage examinera si, étant donné l'état « des choses, l'acte réclamé est autorisé par la loi ».

Nous voyons, d'après ces articles, que d'un côté, en ce qui concerne la faculté de prendre des renseignements, le minis- tère public peut soit déléguer toutes les autorités et tous les fonctionnaires de la police, soit, s'il le préfère, agir par lui-même; et que, de l'autre, en ce qui concerne les actes d'instruction judiciaire proprement dits, il lui est interdit d'y procéder par lui-même; il doit déléguer à cette fin, non plus un fonctionnaire de la police, mais un magistrat, qui est le juge de bailliage. Nous n'insisterons pas sur l'article 159, relatif aux renseignements, sa signification et sa portée appa- raissent à quiconque prend la peine de le lire. Notons seule- ment la rigueur avec laquelle le texte interdit au ministère public l'audition de témoins sous serment; il pourra faire entendre des témoins, mais leurs déclarations n'auront au- cune force probante.

L'article 160, relatif à la délégation des actes de l'instruction judiciaire, nous retiendra davantage. Ce texte interdit d'une façon absolue au ministère public de procéder lui-même à un acte d'instruction judiciaire proprement dit, par exemple à l'audition sous serment de témoins ou d'experts. L'article 161 offre une conséquence curieuse de cette interdiction. Il prévoit le cas où les fonctionnaires de la police, ayant eu connaissance d'un fait punissable, prennent d'urgence des mesures pour empêcher « l'obscurcissement de l'affaire ». Ils doivent alors dresser des procès-verbaux qu'ils transmettent sur-le-champ au ministère public. Mais s'il leur paraît que des actes judiciaires soient immédiatement nécessaires, la loi les autorise à transmettre directement ces procès-verbaux, non pas au ministère public, mais au juge de bailliage.

C'est en effet ce magistrat que, d'après la loi, le ministère public est tenu de déléguer chaque fois qu'au cours de la procédure préparatoire un acte d'instruction proprement dit lui paraît nécessaire. Toutefois, si le ministère public est ainsi limité quant à la personne qu'il peut commettre rogatoirement, aucune restriction ne lui est imposée quant aux actes ; il peut déléguer le juge de bailliage pour procéder à un acte d'instruction quel qu'il soit. Mais, et c'est là une disposition remarquable, le juge de bailliage doit examiner si l'acte réclamé est autorisé par la loi, étant donné l'état des choses ; s'il lui apparaît que non, il a le droit et le devoir de se refuser à exécuter la commission rogatoire qui lui a été donnée. L'article 346 accorde aux parties intéressées le droit de se pourvoir contre les décisions du juge de bailliage. Disons en terminant que le ministère public doit adresser par écrit ses réquisitions à ce magistrat.

Passons à l'instruction préalable, confiée à un magistrat qui est, en principe, le juge d'instruction (art. 182), qui peut être exceptionnellement le juge de bailliage, s'il en est ainsi ordonné par un décret du tribunal régional rendu sur la proposition du ministère public (art. 185). Ce dernier cas se présentant fort rarement, nous n'envisageons que l'hypothèse la plus fréquente, celle où le juge d'instruction, suivant l'expression de l'article 182, dirige l'instruction. Cette expression nous fait pressentir que ce magistrat aura, pour l'exécution de la mission à lui confiée, le droit de recourir à des délégations. En effet, l'article 183 dit que « le juge d'instruction « pourra requérir le juge de bailliage de procéder à certains « actes d'instruction ». Mais le texte ajoute : « Ces disposi- « tions ne seront pas applicables lorsque le juge de bailliage « aura la même résidence officielle que le juge d'instruction. » Ainsi le juge d'instruction est tenu de procéder lui-même aux actes d'instruction qui devront être effectués dans sa résidence officielle ; mais, en toute autre circonstance, il peut déléguer aux juges de bailliage l'exécution desdits actes.

La loi parle de *certains* actes d'instruction. Quel est le sens exact de cette formule restrictive ? Est-il donc des actes dont l'exécution ne peut être déléguée ? Si oui, quels sont-ils ? Nous trouvons la réponse à ces questions dans la section VIII, relative aux saisies et aux perquisitions (art. 100 à 110). Ces textes stipulent expressément, non seulement que les perquisitions et les saisies ne peuvent être ordonnées que par le juge, mais encore qu'elles ne peuvent être opérées que par lui, si elles doivent avoir lieu dans sa circonscription, ou par le juge d'instruction commis, s'il doit y être procédé dans une circonscription différente. Une seule exception est admise : c'est lorsqu'il y a « péril en la demeure », ce qui correspond à notre flagrant délit. En ce cas, le droit de perquisitionner et de saisir les pièces à conviction appartient « au ministère public et aux officiers « de police et de sûreté qui, en qualité d'auxiliaires du mi- « nistère public, ont mission d'exécuter ses ordres » (art. 98 et 105). Seulement le ministère public doit aussitôt transmettre au juge les objets saisis, et notamment les lettres et envois faits par la poste, sans les avoir décachetés, et ce, sous la sanction des peines édictées par l'article 299 du Code pénal allemand.

Les pouvoirs de délégation dont jouit le juge d'instruction

sont donc limités, puisque, d'une part, il ne peut déléguer dans sa circonscription que les juges de bailliage, et encore cette délégation lui est-elle interdite dans sa propre résidence où il doit opérer lui-même ; et, d'autre part, il ne peut déléguer que certains actes de l'instruction, les perquisitions et les saisies devant être faites par lui personnellement. En dehors des actes d'instruction proprement dits, si le magistrat instructeur veut faire procéder à de simples recherches, il peut recourir aux autorités et fonctionnaires du service de la police et de la sûreté, auxquels l'article 187 prescrit d'obtempérer aux ordres et aux réquisitions du juge d'instruction.

De même que le ministère public, le juge d'instruction doit donner ses délégations par écrit et préciser exactement la mission du juge de bailliage. Mais il n'y a pour lui aucune disposition analogue à celle de l'article 160 concernant le ministère public. Le juge de bailliage, requis par un juge d'instruction de procéder à tel ou tel acte d'instruction, doit obtempérer à cette réquisition sans examiner si cet acte est ou non autorisé par la loi.

Tels sont les pouvoirs du ministère public et du juge d'instruction en matière de délégation.

Examinons quels sont ceux du tribunal devant lequel va se dérouler la procédure principale, qui aboutira soit à la condamnation soit à l'acquittement de l'inculpé. L'article 200 porte que le tribunal pourra, « pour l'éclaircissement de l'affaire, ordonner ou bien un supplément d'instruction, ou bien, s'il n'y a pas eu d'information préalable, l'ouverture d'une instruction, ou l'administration de certaines preuves ». Qui déléguera-t-il à cette fin ? L'article 171, prévoyant un cas spécial (sur lequel nous reviendrons) de délégations faites par un tribunal pour opérer certaines recherches, dit que ce dernier pourra commettre soit un de ses membres, soit le juge d'instruction, soit le juge de bailliage. Cet article doit être appliqué ici par analogie ; ce sera donc l'un de ces trois magistrats qui pourra être rogatoirement

commis. Le tribunal peut valablement commettre le juge
d'instruction qui a instruit l'affaire ; en effet, s'il est interdit
à ce magistrat (art. 23 et 42) de prendre, en ce cas, part au
jugement, aucun texte ne s'oppose à ce qu'il fasse des actes
d'information au cours de la procédure principale.

Quels actes pourront être délégués par le tribunal ? L'article 222 ne vise que les hypothèses d'auditions de témoins
ou d'experts, avec prestation de serment. Chaque fois que
la maladie, l'infirmité, une trop grande distance à parcourir
ou « un autre empêchement insurmontable » s'opposera à la
comparution personnelle aux débats d'un témoin ou d'un
expert, le tribunal pourra ordonner que la personne empêchée soit entendue par un juge « commis ou requis (1) ».

Il est cependant un autre acte d'instruction qui peut, en un
cas spécial, être délégué ; c'est même là une disposition fort
curieuse de la législation allemande. Nous voulons parler de
l'interrogatoire de l'inculpé. L'article 232, qui prévoit cette
hypothèse, mérite d'être cité en entier. « L'accusé pourra,
« sur sa demande, et à raison de l'éloignement du lieu de sa
« résidence, être dispensé de l'obligation de comparaître aux
« débats, si le tribunal estime, par avance, que la peine à
« appliquer consistera uniquement dans un emprisonnement
« de six semaines au plus, dans l'amende, ou dans la confis-
« cation, que ces diverses peines puissent être prononcées
« séparément ou conjointement.

« Dans ce cas, l'accusé devra, s'il n'a déjà subi un interro-
« gatoire judiciaire dans le cours de la procédure prélimi-
« naire, être interrogé sur les faits qui servent de base à
« l'accusation par un juge commis ou requis.

« Le ministère public et le défenseur seront informés à
« l'avance du jour d'audience qui sera fixé pour l'interroga-
« toire ; néanmoins, leur présence à cet interrogatoire n'est

---

(1) Dans la terminologie du Code allemand, on *commet* un juge s'il doit
opérer dans l'étendue du ressort du tribunal déléguant ; s'il est nécessaire de
déléguer un juge d'un autre tribunal, on ne le commet pas, on le *requiert*.

« pas indispensable. — Le procès-verbal d'interrogatoire
« sera lu au cours des débats ».

Cette délégation de l'interrogatoire de l'inculpé est donc
soumise à une triple condition : a) le prévenu doit habiter
loin du tribunal ; b) il faut qu'il sollicite cette délégation ;
c) enfin, les peines énoncées ne doivent pas dépasser un certain taux. Le juge commis ou requis sera, ici encore, soit un
membre du tribunal, soit le juge d'instruction, soit le juge
de bailliage. L'hypothèse prévue par l'article 132 nous paraît
être la seule où le tribunal puisse déléguer l'interrogatoire
du prévenu.

Quant aux saisies et aux perquisitions, il ne peut évidemment y procéder par lui-même ; si donc il estime qu'une de
ces mesures est nécessaire pour arriver à la découverte de
la vérité, il pourra en déléguer l'exécution à un juge commis
ou requis.

En dehors de la procédure principale, il est deux autres
cas dans lesquels le tribunal a encore le droit de délégation ;
ils sont prévus par les articles 171 et 409.

Lorsqu'un particulier adresse une plainte au ministère
public et que celui-ci refuse d'y donner suite, le plaignant
peut se pourvoir (art. 170) devant le supérieur hiérarchique
du représentant du ministère public qui a refusé d'accueillir
sa plainte. Si ce dernier, estimant lui aussi qu'il n'y a pas
lieu à suivre, rejette le pourvoi, le plaignant peut, dans le
délai d'un mois à dater de la notification de ce rejet, provoquer, au moyen d'une requête, une décision du tribunal.
Cette requête est présentée au tribunal compétent pour statuer au fond. L'article 171 décide alors que le tribunal
pourra, en vue de préparer sa décision, ordonner que des
investigations soient faites, et commettre, pour les diriger
soit un de ses membres, soit le juge d'instruction, soit le
juge de bailliage.

L'article 409 prévoit le droit de délégation pour le tribunal
s'il y a « reprise de la procédure », c'est-à-dire si un jugement ayant acquis force de chose jugée est attaqué dans

certaines conditions, soit par le condamné, soit par le ministère public, au moyen du pourvoi ainsi dénommé. C'est le tribunal, dont le jugement est attaqué par la demande en reprise de procédure, qui statue sur la recevabilité de cette demande (art. 407). L'article 409 décide que, si le tribunal estime qu'en principe la demande est recevable, il commettra au besoin un juge pour recueillir les preuves. Il va de soi que si l'affaire est de la compétence des tribunaux d'échevins, le juge appelé à faire l'enquête ne peut être que le juge de bailliage lui-même, ou un autre juge de bailliage par lui requis.

Pour terminer l'étude de la législation pénale allemande, relativement aux délégations, il ne nous reste plus qu'à parler des instructions faites ou ordonnées soit par le tribunal de l'Empire, soit par le juge de bailliage.

Aux termes de l'article 184, « dans les affaires du ressort « du tribunal de l'Empire, le juge chargé de l'instruction « sera choisi parmi les membres de ce tribunal et désigné, « pour chaque affaire criminelle, par le président. — Le « président pourra également désigner un membre quel- « conque d'un autre tribunal allemand ou un juge de bail- « liage pour remplir les fonctions de juge d'instruction, ou « pour suppléer celui-ci dans une partie de ses opérations. « Le juge d'instruction et le magistrat désigné pour le rem- « placer pourront requérir les juges de bailliage pour pro- « céder à certains actes de l'instruction ».

Nous voyons qu'il n'y a pas de juges d'instruction nommés à titre permanent auprès du tribunal de l'Empire. Chaque fois qu'il y a lieu d'ouvrir une instruction, le président désigne le magistrat chargé d'y procéder, et il jouit, à cet égard, des plus larges pouvoirs, puisqu'il peut désigner, non seulement un membre du tribunal de l'Empire, mais un membre quelconque d'un autre tribunal allemand, juge ou président, et même un simple juge de bailliage.

Enfin, le juge de bailliage peut, dans le cas de péril en la demeure, (art 163), procéder d'office à tous les actes d'instruction qui seront nécessaires. Dans cette hypothèse, qui, nous l'avons dit, correspond à celle du flagrant délit chez nous, le juge de bailliage réunit entre ses mains tous les pouvoirs du juge d'instruction ; les mesures prescrites pour l'instruction préalable régulière devront être observées (art. 166). Il faut recueillir les preuves soit de la culpabilité, soit de l'innocence de l'inculpé (art. 164) ; s'il est besoin de le faire dans un autre bailliage, le juge saisi par application de l'article 163 peut, en vertu de l'article 164, requérir le juge de ce bailliage d'avoir à procéder à cette opération. Le juge de bailliage n'a donc jamais le droit de déléguer un juge d'instruction, magistrat appartenant à une juridiction supérieure, et ne peut commettre rogatoirement qu'un de ses collègues immédiats.

CHAPTRE II

LÉGISLATION AUTRICHIENNE

Le Code d'instruction criminelle autrichien a été publié dans le *Bulletin des lois de l'Empire*, le 30 juin 1873 ; il est devenu exécutoire le 1er janvier 1874 (1).

Les juridictions criminelles instituées par le Code sont :

a) Les tribunaux de district, composés d'un juge unique, qui a, parmi ses attributions, « le concours aux constata- « tions judiciaires et aux instructions auxquelles il doit être « procédé en matière de crimes et de délits » (art. 9) ;

b) Les cours de première instance, dont la juridiction comprend l'instruction de tous les crimes et délits, mission confiée aux juges d'instruction attachés à chacune de ces cours ;

c) Les cours d'assises ;

d) Les cours de seconde instance ou cours d'appel ;

e) La Cour suprême ou Cour de cassation.

On le voit, il n'y a de juges d'instruction qu'auprès des cours ou tribunaux de première instance.

L'étude des dispositions de la loi autrichienne, en matière de délégations, sera plus rapide que celle de la législation allemande. En effet, cette dernière divise la procédure cri- minelle en deux grandes parties, procédure préliminaire et procédure principale, tandis que le Code autrichien n'a pas

(1) Cfrre. *Code d'instruction criminelle autrichien*, traduit et annoté par MM. Bertrand et Lyon-Caen.

institué de procédure principale. L'instruction préparatoire
est faite complètement par le juge d'instruction sur les réquisitions du ministère public. Lorsque le tribunal est saisi
d'une affaire, c'est en vertu d'une réquisition du ministère
public, et il se trouve en présence d'une information complète et terminée. Notons ici, qu'à la différence de ce qui se
fait en France, le ministère public peut, à tout instant, aban-
donner l'accusation soit devant le magistrat instructeur,
soit devant le tribunal ; *ipso facto*, le juge ou le tribunal est
dessaisi.

La suppression de la procédure principale entraîne celle
de l'instruction que fait, en Allemagne, le tribunal au cours
de cette procédure ; il n'y a donc pas à rechercher de quels
droits de délégation ce tribunal pourrait être investi.

Examinons ceux du ministère public et du juge d'instruction.

Le ministère public ou l'accusateur public (car le Code lui
donne aussi ce nom) peut-il commettre rogatoirement un
fonctionnaire, magistrat ou officier de police pour procéder
à un acte d'instruction ? Non, il ne possède, à cet égard,
aucun pouvoir. L'article 97, qui figure dans le chapitre
intitulé : « De l'instruction des crimes et des délits en général » porte que « le ministère public ne peut, *à peine de
nullité*, faire un acte d'instruction » ; et l'article 88, qui fait
partie du chapitre consacré à la « recherche des actes pu-
nissables », déclare que, lorsque le ministère public apprend
l'existence d'un acte punissable, il fait procéder par le juge
d'instruction, le juge de district ou les autorités de police,
aux constatations de nature à motiver soit la poursuite, soit
le classement sans suite de la dénonciation. Les droits et
les devoirs du juge de district, en ce qui concerne ces constatations, ajoute l'article 88, sont les mêmes que ceux du juge
d'instruction. Enfin, et toujours aux termes du même article, le ministère public peut faire interroger, sans prestation de serment, par les autorités de police, les personnes
capables de fournir des renseignements sur l'acte punissable

qui a été commis ; il peut assister à cet interrogatoire ; il ne peut faire procéder par la police au constat et à une perquisition domiciliaire que s'il y a urgence et si les magistrats ayant qualité pour cette opération sont absents. Il a le droit d'assister à toutes ces mesures d'information, dans l'accomplissement desquelles doivent être observées les formalités prescrites, en général, par la loi pour les opérations de cette nature. Le procès-verbal dressé à cette occasion ne peut, à peine de nullité, être employé comme moyen de preuve, s'il n'a pas été transmis immédiatement au juge d'instruction, qui en vérifie la forme et la teneur, et ordonne, s'il y a lieu, que le constat sera complété ou refait à nouveau.

Nous voyons combien sont restreints les pouvoirs du ministère public. L'instruction régulière une fois ouverte, il ne peut faire aucun acte d'instruction, à peine de nullité. Nous avons remarqué que le ministère public allemand peut déléguer, aux termes de l'article 160, le juge de bailliage pour l'exécution d'un acte d'instruction proprement dit : le ministère public autrichien n'a aucune prérogative de ce genre à l'égard du juge de district. Il ne peut même pas, en cas de flagrant délit, déléguer l'exécution des actes d'instruction les plus urgents ; il n'a d'autre droit que de charger la police de procéder à telles ou telles constatations, à tels ou tels actes d'information, sans que jamais le résultat de ces constatations ou de ces informations puisse avoir une autre valeur que celle de simples renseignements.

Quant au juge d'instruction, l'article 93 déclare : « En « principe, l'instruction est dirigée par le juge d'instruction « agissant en personne et sans intermédiaire ». Donc, en principe, jamais de délégation ; obligation pour le magistrat instructeur d'agir par lui-même. Mais comme les nécessités pratiques impliquent forcément la faculté de recourir, en certains cas, aux délégations, l'article 93 ajoute : « Le « juge d'instruction peut cependant commettre rogatoire- « ment, pour procéder à certaines opérations, les tribunaux « de district, qu'ils aient ou non leur siège dans le ressort

« de la cour à laquelle il appartient. Le tribunal de district
« doit exécuter la commission rogatoire d'après les pres-
« criptions du juge d'instruction, et procéder de lui-
« même à des actes d'instruction qui sont de sa compétence,
« s'il en reconnaît la nécessité ».

Le principe posé au commencement de l'article 93 se
trouve donc singulièrement restreint à la fin de ce texte.
On peut affirmer qu'en fait, le juge d'instruction autrichien
jouit, dans une large mesure, du droit de délégation, puisque l'article 93 laisse à sa seule appréciation le soin de
déterminer quand il convient de recourir à l'emploi des
commissions rogatoires. Les tribunaux de district peuvent
seuls être délégués ; il ne saurait être question de délégation adressée par un juge d'instruction près une cour de
première instance à un juge d'instruction près une autre
cour. Aux termes de l'article 93, ce sera toujours aux tribunaux de district que la commission rogatoire devra être
envoyée, qu'ils aient ou non leur siège dans le ressort de la
cour à laquelle appartient le juge déléguant. Quant à la manière dont la commission rogatoire doit être exécutée, nous
voyons que, contrairement à ce qui se passe chez nous, le
magistrat commis n'est pas limité par les termes de la commission. Sans doute, il est tenu de l'exécuter conformément aux prescriptions du juge d'instruction ; mais s'il
estime que d'autres actes d'instruction, rentrant dans sa
compétence, sont nécessaires, il a, non seulement la faculté,
mais le devoir d'y procéder de sa propre initiative, alors
même qu'il n'en est pas question dans la commission rogatoire. Le magistrat qui compose le tribunal de district a
donc une très grande liberté d'action, ce qui, à nos yeux, ne
peut que contribuer à la rapidité de l'instruction. En effet,
les actes d'instruction rentrant dans la compétence des tribunaux de district sont assez nombreux, puisque ces tribunaux ont le droit de procéder à toutes les constatations utiles
(art. 88), et même, en cas d'urgence, à des mesures d'instruction pouvant avoir pour effet de détruire les traces de

l'acte punissable, et d'empêcher un second examen (art. 89).

L'article 156 règle le cas spécial de la délégation, par le juge d'instruction, de l'audition des témoins : « Si le témoin « réside hors du ressort du tribunal de district dans la « circonscription duquel se trouve le juge d'instruction, en « principe il y a lieu de commettre, pour recevoir la dépo- « sition du témoin, le tribunal de district dans le ressort « duquel il réside. Cependant, si le juge d'instruction estime « qu'il est nécessaire qu'il entende lui-même le témoin, soit « afin que la déposition soit complète, soit pour éviter des « délais, il peut le citer à comparaître devant lui, directe- « ment ou par l'intermédiaire du tribunal de district dans le « ressort duquel ce témoin réside. Si le témoin ne peut se « transporter qu'avec une trop grande difficulté ou des frais « trop considérables, le juge d'instruction peut l'entendre « au lieu de sa résidence. Il doit cependant, lorsque le lieu « de cette résidence est situé hors du ressort de la cour à « laquelle il appartient, en donner aussitôt avis à la cour « compétente ».

L'analyse de ce texte montre, qu'en principe, le juge d'in- struction est tenu d'entendre lui-même les témoins domi- ciliés dans le ressort du tribunal de district dans la circon- scription duquel il réside ; mais si les témoins habitent hors de ce ressort, c'est par voie de commission rogatoire qu'il conviendra, en règle générale, de faire recueillir leurs dépositions ; néanmoins, le magistrat instructeur a toujours le droit de recevoir lui-même la déclaration de tous témoins dont l'audition personnelle lui paraît nécessaire. Bien plus (art. 156 in fine) le juge d'instruction peut se rendre en per- sonne au lieu de la résidence du témoin empêché, alors même que cette résidence se trouve hors du ressort de la cour à laquelle appartient le magistrat instructeur ; en France, au contraire, le juge d'instruction ne saurait se transporter hors des limites de l'arrondissement du tribu- nal auquel il appartient, puisque, ces limites franchies, il est incompétent pour procéder lui-même à un acte d'instruction quel qu'il soit. En Autriche, la compétence du juge d'instruction est illimitée ratione loci, du moins quant aux témoins à entendre : le magistrat instructeur peut, sous la seule condition d'en aviser la cour compétente, aller lui-même, sur n'importe quel point du territoire, recueillir les dépositions des témoins empêchés de se rendre devant lui.

Lorsqu'il s'agit d'entendre des témoins militaires, le juge d'instruction, aux termes de l'article 161, ou bien procède lui-même à leur audition, ou bien les fait entendre par le juge militaire de la juridiction dont ils relèvent, auquel une commission rogatoire est alors adressée dans ce but. L'article 161 contient une autre disposition curieuse : si le témoin militaire se refuse a comparaître devant le juge d'instruction, ou à déposer lorsqu'il en est requis, ou à prêter serment, le magistrat instructeur doit en référer au supérieur de ce témoin ; c'est ce supérieur, et non pas le juge d'instruction, qui prononce contre le témoin récalcitrant les pénalités édictées par la loi.

Quant aux perquisitions et aux saisies, le juge d'instruction n'est pas tenu d'y procéder lui-même. Les articles 139 à 149, qui régissent cette matière, disent, en effet, qu'en principe on ne peut procéder à une perquisition ou à une saisie qu'en vertu d'un « mandat motivé du juge » (art. 140). L'article 141 ajoute qu'exceptionnellement et en cas d'urgence, les fonctionnaires judiciaires et les fonctionnaires de la police peuvent faire opérer une perquisition « même sans mandat du juge ». Ces termes mêmes établissent nettement que des mandats de perquisition ou de saisie peuvent être délivrés par le magistrat instructeur.

Nous avons dit plus haut que l'instruction se trouve complètement terminée lorsque la cour de première instance est saisie, et que, dès lors, la procédure principale, telle que nous l'avons vue se dérouler devant les tribunaux allemands, n'existant pas ici, il n'y a pas à examiner le droit de délégation de ladite cour de première instance. Toutefois, aux termes de l'article 254, s'il appert au cours des débats qu'une instruction supplémentaire est nécessaire, le président peut désigner un membre de la cour pour y procéder et faire ensuite son rapport. Le magistrat ainsi désigné a, dans l'accomplissement de sa mission, les mêmes devoirs et les mêmes prérogatives qu'un juge d'instruction; rien, d'ailleurs, n'interdit au président de désigner le juge d'instruction qui avait été saisi de l'affaire. Mais il n'y a aucune ressemblance entre cette indication complémentaire et exceptionnelle, et l'instruction régulière et normale qui est une conséquence de la procédure principale allemande.

Le juge d'instruction autrichien ne déléguant jamais un de ses collègues, et adressant toujours ses commissions rogatoires à un tribunal de district, la question de subdélégation ne se pose même pas.

CHAPITRE III

LÉGISLATION AMÉRICAINE (ÉTAT DE NEW-YORK)

Les juridictions criminelles, aux États-Unis, se décomposent ainsi : Au sommet, la cour suprême des États-Unis, faisant fonction de cour de cassation dans les affaires qui sont de la compétence des juridictions fédérales ; au-dessous, les cours de circuit, qui ont la plénitude de juridiction en matière criminelle ; enfin les cours de district, dont la compétence est moins étendue. En outre, chaque État possède une procédure criminelle qui lui est propre. Ce serait excéder singulièrement les limites de notre sujet que d'entreprendre même une simple esquisse de procédures criminelles aussi multiples ; nous nous bornerons à examiner, au point de vue spécial des commissions rogatoires, la législation criminelle de l'État de New-York, qui d'ailleurs a servi de modèle à la plupart des autres États américains (1). Nous· nous occuperons exclusivement de l'audition des témoins, des perquisitions et des saisies. .

Les témoins peuvent-ils être entendus par voie de commission rogatoire ? Non, en principe ; cette règle ne comporte qu'une seule exception. Lorsqu'une question de fait est comprise dans un acte d'accusation, l'inculpé peut faire interroger par commission rogatoire un témoin qu'il prétend être essentiel à sa défense et qui demeure hors de l'État.

---

(1) Cfrre. *Code de procédure criminelle de l'État de New-York*, traduit et annoté par Fournier.

A cette fin, il doit présenter une requête indiquant : 1° La nature de l'infraction relevée ; 2° l'état des actes de procédure dans la poursuite, y compris la question de fait qui en découle ; 3° le nom du témoin et la nécessité de la déposition pour défendre à l'affaire ; 4° la demeure du témoin hors de l'État. Cette requête est adressée soit à la cour, soit à un officier de justice, suivant qu'on la produit pendant les débats ou auparavant. La cour ou l'officier de justice qui la reçoit, doit s'assurer que le témoin demeure hors de l'État, et que son audition est nécessaire à l'œuvre de la justice ; puis il rend une ordonnance contenant commission rogatoire pour recueillir son témoignage ; il autorise le ministère public à concourir à l'établissement de la commission et à faire interroger sur ladite question de fait, des témoins en faveur de l'accusation.

La commission est un acte revêtu du sceau de la cour ou de l'officier de justice et de la signature du greffier, adressé à une ou plusieurs personnes désignées sous le nom de commissaires, et les autorisant à interroger le témoin sous serment, au moyen d'un questionnaire annexé à l'acte.

Lorsque l'inculpé a vu sa requête accueillie, il doit signifier à l'attorney de district ou ministère public une copie des questions qu'il a l'intention de faire adresser aux témoins. De son côté, l'attorney a le droit de faire établir un « contre-questionnaire », c'est-à-dire une série de questions à poser au témoin indiqué par le prévenu ; il peut même faire interroger des témoins en faveur de l'accusation, en dressant la liste des questions à leur poser ; mais il doit faire signifier à l'inculpé ou à son défenseur le contre-questionnaire et son propre questionnaire.

Les deux parties sont libres d'insérer telles questions qu'il leur plaît ; mais la cour ou l'officier de police qui délivre la commission rogatoire doit les examiner, rejeter celles qui n'ont pas trait aux débats, et s'assurer que les autres ne sont pas contraires aux règles de la preuve. Après avoir ainsi établi le questionnaire, il met au dos un visa approbatif, et l'annexe à la commission. Quand la requête à fin de commission rogatoire est accueillie, la cour ou le juge doit insérer dans l'ordonnance rendue à cet effet une prescription de surseoir au débat sur l'accusation, pendant un délai d'une durée suffisante pour l'exécution et le retour de la commission rogatoire.

Les commissaires font prêter serment au témoin, posent exactement les questions indiquées, consignent par écrit les dépositions et renvoient la commission rogatoire exécutée conformément aux prescriptions qu'elle contient.

La déposition recueillie en vertu de la délégation peut être lue à l'audience par l'inculpé ou par le ministère public, pour servir de preuve ; elle peut être discutée, tout aussi bien que si elle avait été reçue oralement devant la cour.

Il est à remarquer que jamais le ministère public ne peut directement et de sa propre initiative présenter requête pour l'obtention d'une commission rogatoire, afin de faire entendre un témoin favorable à l'accusation. La législation de l'État de New-York pose en principe absolu que les témoins à charge doivent être confrontés avec le prévenu, afin que celui-ci puisse discuter leurs dépositions. La loi estime qu'un questionnaire écrit ne saurait prêter à cette discussion avec une égale valeur. Le seul cas où le ministère public puisse faire entendre par délégation des témoins à charge, est celui que nous venons d'examiner, c'est-à-dire lorsque cette audition a lieu accessoirement à celle d'un témoin à décharge, pour laquelle une commission rogatoire a été sollicitée par le prévenu.

Les perquisitions et les saisies sont toujours exécutées en vertu d'une commission rogatoire, ou mandat, ou ordre écrit, rendu au nom du peuple, signé d'un magistrat, et adressé à un officier de paix, auquel il est prescrit de rechercher tel objet déterminé et de l'apporter au magistrat déléguant. Ce mandat de perquisition, nommé search-warrant, est d'un usage constant. Il n'est d'ailleurs délivré que dans des conditions déterminées, sur des indices sérieux, après que le

magistrat a interrogé sous serment le plaignant et les témoins
qu'il peut produire, recueilli par écrit et fait signer leurs
dépositions. Mais, nous le répétons, les perquisitions et les
saisies sont des actes d'instruction auxquels le magistrat ne
procède jamais par lui-même; ils sont toujours exécutés par
un officier de police, en vertu d'une commission rogatoire.

Les commissions rogatoires, qu'elles tendent à l'audition
de témoins ou à des perquisitions et à des saisies indiquent
toujours très exactement les personnes commises à cet effet;
c'est dire qu'il ne saurait être pour ces dernières, qui sont
de simples officiers de police, question de subdélégation.

CHAPITRE IV

LÉGISLATION ITALIENNE

Le Code de procédure pénale du royaume d'Italie, actuellement en vigueur, a eu cours à dater du 1er janvier 1866 (1). L'organisation des juridictions criminelles italiennes étant la même que dans notre législation, nous n'aurons, à cet égard, que de brèves observations à présenter. En allant des juridictions inférieures aux supérieures, nous trouvons des préteurs, correspondant à nos juges de paix ; des tribunaux de première instance ; des cours d'appel ; des cours d'assises et une Cour de cassation. Près de chaque tribunal de première instance se trouve un procureur du roi, ministère public, un ou plusieurs juges d'instruction ; ces derniers n'existent qu'auprès de ces tribunaux. — Le préteur est appelé (art. 75), dans les lieux où ne réside point de juge d'instruction, à l'instruction préliminaire de tous les délits qui viennent de se commettre, quand même le fait punissable n'est point de sa compétence ; il doit alors « procéder, sans retard, « aux actes d'instruction de nature à établir le fait, et « à faire connaître son auteur ». Il est tenu d'agir par lui-même, toute délégation lui est interdite. Nous n'aurons donc à examiner que les pouvoirs des procureurs royaux et des juges d'instruction à ce dernier point de vue ; puis

(1) Cfrre, *Code de procédure pénale d'Italie*, traduit et annoté par Henri Marcy (avec la modification apportée par la loi des 28-30 juin 1876).

nous rechercherons si, dans certaines hypothèses spéciales, la loi n'autorise pas l'emploi de commissions rogatoires.

Les pouvoirs du procureur royal, en matière de délégation, sont indiqués par l'article 53, qui prévoit le cas où le magistrat agit dans l'hypothèse de flagrant délit ; il est ainsi conçu : « Si, arrivé sur les lieux, le procureur du roi « trouve les actes auxquels il devait procéder déjà com-« mencés par des officiers subalternes de la police judi-« ciaire, il pourra les recommencer, les continuer, ou com-« mettre ces officiers pour les continuer. — Il pourra aussi « commettre pour leur exécution, alors même qu'à son « arrivée, aucun acte de procédure n'aurait été com-« mencé ». Cet article 53 reproduit, on le voit, les disposi-tions de l'article 52 de notre Code d'instruction criminelle, mais en les précisant, de manière à rendre toute con-troverse impossible. Le procureur du roi, agissant en cas de flagrant délit, peut déléguer l'exécution de n'im-porte quel acte d'instruction. En effet, l'article 46 lui donne le pouvoir, en ce cas, « de procéder à *toutes* les opérations « ou à *tous* les actes nécessaires à la découverte et à la « mise en sûreté du corps et des traces du délit, et de « recevoir les déclarations des personnes qui se sont trou-« vées présentes au fait, ou de celles qui peuvent donner « d'utiles éclaircissements le concernant, *usant, à cet effet,* « *de tous les droits que le présent Code donne au juge d'in-* « *struction* ». Il suit de là, que le procureur du roi, agissant en cas de flagrant délit, a les mêmes droits que le juge d'instruction, et peut procéder aux mêmes actes, interroga-toire du prévenu, auditions de témoins, perquisitions, saisies, etc. Or, l'article 53 l'autorise à déléguer les offi-ciers subalternes de la police judiciaire pour l'exécution de tous ces actes, qu'il y ait eu ou non commencement d'exécution, lors de son arrivée sur les lieux.

Qui pourra-t-il déléguer ? Les officiers subalternes de la police judiciaire, dit l'article 53, c'est-à-dire incontestable-ment (art. 57) les gardes champêtres et les agents de la sûreté publique, les officiers ou sous-officiers des carabiniers royaux (en France, les gendarmes et officiers de gendarmerie) ; les délégués et les préposés de la sûreté publique (en France, les commissaires de police). — A-t-il le même droit à l'égard des préteurs ? Nous n'hésitons pas à répondre affirmativement, car, ainsi que le disait le ministre Cortèze, dans le rapport qu'il présenta, en 1865, à Victor-Emmanuel, lors de la discussion du Code, « le nouveau Code a fait des préteurs les juges délégués par la loi pour agir au nom et pour le compte du procureur du roi et du juge d'instruction ». Ils sont donc des auxiliaires de ces magistrats, et le procureur du roi, agissant en cas de flagrant délit, pourrait déléguer le préteur pour l'exécution de tous les actes de sa compétence. Ajoutons que l'article 57 énumère les préteurs parmi les officiers qui exercent la police judiciaire sous la direction et sous la dépendance du procureur général près la cour d'appel et du procureur du roi près le tribunal correctionnel. Mais c'est uniquement au cas de flagrant délit que le procureur du roi peut ainsi délivrer des commissions rogatoires. Hors de là, incompétent pour procéder à un acte d'instruction, il l'est également pour en déléguer l'exécution. Le juge d'instruction a seul qualité pour agir en ce cas.

Passons à l'étude des pouvoirs du juge d'instruction en matière de délégation. L'article 81, qui régit la question, est ainsi conçu :

« L'instruction des procès pour crimes ou pour délits de
« la compétence du tribunal correctionnel appartient au
« juge d'instruction.

« Celui-ci pourra déléguer les préteurs de son district,
« soit qu'il ait lui-même commencé l'instruction, soit
« qu'elle ait été commencée par le préteur ; dans ce dernier
« cas cependant, il devra, dans le terme établi par l'ar-
« ticle 75, déléguer ou évoquer la continuation de l'instruc-
« tion.

« Toutefois, dans le lieu de la résidence, il ne pourra

« déléguer personne, s'il n'est dans le cas de légitime empê-
« chement.

« Il pourra, pour les actes à faire hors de son arrondis-
« sement, requérir le juge d'instruction près le tribunal
« dans la juridiction duquel il doit être procédé.

« Dans les cas ci-dessus, le magistrat chargé de l'instruc-
« tion transmettra au juge délégué ou requis les notes et
« instructions nécessaires concernant les faits sur lesquels
« les témoins doivent déposer, ou qui devront être certifiés
« d'une autre manière.

« Le juge délégué ou requis transmettra fermés et scellés
« les actes auxquels il aura procédé. »

D'après ce texte, nous estimons que d'abord, quant aux
actes, le juge d'instruction peut déléguer l'exécution de la
plupart des actes d'information. L'article 81 ne fait, en effet,
aucune distinction, ne pose aucune limite aux droits du
magistrat instructeur ; dès lors, si les règles spéciales à tel
ou tel acte d'information pris isolément n'en interdisent
pas la délégation, il nous paraît que l'article 81 doit être
appliqué, et que le juge d'instruction peut recourir aux
commissions rogatoires.

Considérons en premier lieu l'interrogatoire de l'inculpé.
Il est un cas, prévu par l'article 196, dans lequel la délégation pourra certainement avoir lieu. Lorsqu'un inculpé,
contre lequel mandat d'arrêt a été décerné est malade, le
juge d'instruction se transporte au lieu où il se trouve, avec
l'assistance d'un médecin ou d'un chirurgien, pour reconnaître si l'état de l'inculpé permet ou non de le faire con-
duire dans les prisons ; si oui, il commande le transfert ; si
non, il interroge l'inculpé, le fait surveiller, et ordonne qu'il
soit transféré aussitôt que possible. L'article 196, in fine,
porte : « Le juge d'instruction pourra toutefois commettre
« ou requérir, à cet effet, le préteur du lieu où se trouve
« l'inculpé infirme. » Cette disposition doit-elle être inter-
prétée stricto sensu, de telle sorte qu'un inculpé valide
doive toujours être interrogé par le juge d'instruction lui-

même ? Ou doit-on la considérer comme simplement énonciative, et peut-on l'appliquer, par analogie, à d'autres cas
que celui qui est expressément prévu ? Adoptant la première
opinion, nous pensons que la faculté de déléguer l'interrogatoire du prévenu doit être restreinte à l'hypothèse prévue
par l'article 196. En examinant la question dans notre droit
criminel français, nous avons dit combien il nous paraissait
nécessaire qu'en pareil cas, le juge d'instruction n'usât
qu'avec une grande réserve des commissions rogatoires.
Les mêmes raisons étant évidemment valables ici, nous
donnons à l'article 196 une interprétation restrictive.
Regrettons, en passant, que le projet de réforme de notre
Code d'instruction criminelle ne contienne pas un article
analogue ; on couperait court ainsi à toutes les discussions
soulevées, dans notre droit, par la question qui nous occupe.

Arrivons à l'audition des témoins. Nous trouvons de
même un texte prévoyant un cas spécial de délégation, c'est
l'article 169 : « Chaque fois, dit-il, qu'il résultera du certi-
« -ficat d'un officier de santé ou autrement, que quelque
« témoin se trouve, pour cause de maladie, dans l'impossi-
« bilité de comparaître, le juge se transportera à sa demeure
« pour recueillir sa déposition, à moins qu'il ne préfère
« déléguer ou requérir, en conformité de l'article 81. » Il est
donc hors de doute que l'audition de témoins malades peut
se faire par commission rogatoire. Nous estimons qu'il |peut
en être de même de l'audition de tout témoin ; car les
raisons qui nous ont fait interpréter dans un sens restrictif
l'article 196 n'existent pas pour l'article 169. En outre,
l'article 81 qui consacre le principe du droit de délégation,
le fait en terme si généraux que, dès qu'il n'y a pas de
motifs spéciaux pour limiter ce droit, il est permis de
l'étendre par analogie, en s'appuyant sur les articles mêmes
qui prévoient l'emploi de commissions rogatoires dans certaines hypothèses.

Le même motif nous fait attribuer au juge d'instruction
italien le droit de déléguer les perquisitions et les saisies

de pièces à conviction. Nous trouvons également un article spécial, l'article 149, qui, prévoyant le cas où il s'agit de procéder à ces actes hors du ressort du tribunal, porte que « le magistrat instructeur se prévaudra de la faculté accordée par l'article 81 ». Cette mesure s'imposait si évidemment, que l'article 149 nous paraît faire double emploi avec l'article 81, auquel il se réfère. Si les perquisitions et les saisies doivent se faire dans le ressort du tribunal du magistrat instructeur, nous pensons qu'ici encore délégation pourra être donnée. La seule différence, c'est que, dans le cas de l'article 149, cette délégation est forcée, tandis que, dans l'autre, elle est facultative.

Quant aux transports sur les lieux, constats, examen du corps du délit, etc., ils peuvent, sans aucun doute, être aussi délégués par le magistrat instructeur. En effet, l'article 83 porte : « dans les cas urgents ou graves, ou lorsque d'autres « circonstances particulières l'exigent, le juge instructeur « devra se transporter sur les lieux pour procéder aux actes « qu'il croira nécessaires ». Donc, en dehors de ces cas urgents et graves, le juge d'instruction est pleinement autorisé à recourir aux commissions rogatoires.

Si notre opinion n'était pas admise, et si l'on raisonnait par a contrario des articles 149 et 169, qui prévoient et règlent des hypothèses spéciales de délégation, il en résulterait ceci : le législateur italien, après avoir, dans l'article 81, établi dans les termes les plus généraux le droit pour le juge d'instruction de recourir aux commissions rogatoires, se serait empressé, dans des articles subséquents, de restreindre ce droit dans des proportions telles que l'audition d'un témoin malade pourrait seule être déléguée, et que toute perquisition ou saisie devrait être effectuée par le magistrat instructeur en personne dans l'étendue de son ressort. C'est une conséquence absolument inadmissible ; restreindre ainsi l'usage des commissions rogatoires, ce serait, à notre avis, méconnaître les intentions dés rédacteurs du Code italien. — La teneur même de l'article 81 le prouve : « toutefois, dit-il, dans le lieu de la résidence, « le juge d'instruction ne pourra déléguer personne, s'il « n'est dans le cas de légitime empêchement ». Par suite, en dehors de sa propre résidence, le magistrat instructeur peut déléguer, qu'il y ait ou non des empêchements, à ce qu'il procède lui-même aux actes d'instruction, objet de cette délégation.

En résumé, dès qu'il s'agit d'actes à faire hors de son arrondissement, le juge d'instruction devra toujours recourir aux délégations ; s'il s'agit d'actes à faire dans son arrondissement, mais en dehors de sa résidence, il pourra sans doute, s'il le juge à propos, procéder par lui-même à toutes mesures d'instruction ; mais s'il préfère recourir aux commissions rogatoires, il en aura le droit incontestable, sous l'unique restriction que nous avons indiquée touchant l'interrogatoire du prévenu. Si les actes d'instruction doivent être faits, non seulement dans l'arrondissement, mais encore dans la résidence même du magistrat, celui-ci ne pourra recourir aux délégations que s'il est dans un cas de légitime empêchement.

Ajoutons qu'aux termes du paragraphe 2 de l'article 81, si l'instruction a été commencée par le préteur, le juge d'instruction devra, *dans la quinzaine*, prendre parti, c'est-à-dire ou déléguer, ou évoquer l'instruction par devers lui.

Quelles personnes pourront être déléguées par le juge d'instruction ? L'article 81 répond en indiquant le préteur pour les actes à faire dans l'arrondissement, le juge d'instruction s'il faut opérer hors de l'arrondissement. (Remarquons à ce propos que la loi dit que l'on *requiert* le juge d'instruction et que l'on *délègue* le préteur). Le Code de procédure pénale italien ne désigne jamais que ces deux magistrats comme pouvant être délégués par le juge d'instruction. Il n'admet donc pas de délégation adressée soit à des officiers de gendarmerie, soit à des commissaires de police. Observons en terminant que le juge d'instruction, délégué dans les termes de l'article 81, peut très valablement subdéléguer les préteurs de son arrondissement pour l'exécution de la commission rogatoire.

Examinons maintenant quelques hypothèses spéciales où il y a matière à délégation.

Supposons d'abord qu'au cours des débats devant le tribunal ou devant la cour, un témoin ou un expert cité ne peut se présenter pour cause de maladie ou autre motif grave. « La cour ou le tribunal, dit l'article 294, pourra déléguer « pour recevoir sa déposition ou sa déclaration soit un de « ses conseillers ou juges, soit un juge du tribunal dans « le district duquel le témoin ou l'expert réside. Sera tou- « jours exclu, pour cette mesure, à peine de nullité, le juge « d'instruction qui a reçu la première déposition ou la « déclaration écrite. Le témoin ou l'expert prêtera serment, « à peine de nullité, et de sa déposition ou de sa déclaration « il sera donné lecture à l'audience ». C'est là une disposition très pratique ; il est à regretter qu'elle ne se trouve pas dans notre Code d'instruction criminelle.

L'article 295 édicte les pénalités encourues par le témoin ou l'expert qui userait de fraude pour ne pas se présenter : « si le juge délégué venait à reconnaître que l'empêchement « prétexté est feint ou qu'il n'est pas suffisant pour mettre le « témoin ou l'expert dans l'impossibilité de comparaître à « l'audience, il en informera immédiatement la cour ou le « tribunal, qui pourra faire traduire le témoin ou l'expert à « l'audience, avec le concours de la force publique, et le « condamner aux dépens du transport du juge délégué et « des personnes qui ont dû assister à cette procédure ».

Voici une autre hypothèse de délégation prévue par les articles 448 et 449. Ici encore, nous nous bornerons presque à citer ces textes, dont la clarté dispense de tout commentaire.

« Art. 448. — Dans toutes les affaires pour crimes ou pour « délits de la compétence de la cour d'assises ou des tribu- « naux correctionnels, la chambre d'accusation, tant qu'elle « n'aura pas décidé s'il y a lieu de prononcer l'accusation,

« pourra, sur la requête du ministère public, qu'il y ait ou
« non une instruction commencée, évoquer l'affaire, ordon-
« ner qu'il y soit procédé, se faire transmettre les pièces de
« la procédure, commencer ou faire commencer les infor-
« mations, et ensuite statuer comme de droit. »

« Art. 449. — Dans le cas de l'article précédent, et encore
« s'il y a lieu, dans le cas des articles 432 et 446, un des
« magistrats de la chambre d'accusation, délégué à cet effet,
« fera les fonctions de juge d'instruction. Il entendra les
« témoins ou commettra, pour recevoir leurs dépositions,
« un des juges du tribunal dans l'arrondissement duquel ils
« demeurent. Il interroge le prévenu, etc. »

On remarquera que le magistrat délégué pour remplir les
fonctions de juge d'instruction peut commettre un *juge* du
tribunal ; nous en concluons que le juge d'instruction de ce
tribunal n'est exclu que si, au cours d'une information préalable, il a déjà entendu le ou les témoins, alors c'est un juge
autre que le magistrat instructeur qui devra être subdélégué.

Les articles 432 et 446 visés par l'article 449 se réfèrent, le
premier, au cas où une chambre d'accusation, trouvant une
instruction incomplète, veut faire procéder à un supplément
d'information ; le second, au cas où, après que la chambre
d'accusation a déclaré qu'il n'y avait pas lieu de renvoyer un
inculpé devant la cour d'assises, on découvre contre le prévenu des charges nouvelles. Dans ces deux hypothèses,
c'est un conseiller délégué par la chambre d'accusation qui
procédera à l'instruction.

Le Code de procédure pénale italien contient un article
relatif à l'exécution par les autorités judiciaires des commissions rogatoires provenant de l'étranger ; l'article 854 est
ainsi conçu : « Quand il y a lieu, dans les affaires pénales,
« de procéder à des actes d'instruction judiciaire sur la
« requête d'autorités judiciaires étrangères, les actes se
« feront par la cour d'appel (chambre d'accusation) ou par
« le juge qui sera délégué par elle. Dans ce cas, si cela est

« requis, les témoins pourront être entendus sous la foi du
« serment ».

Donc, en principe, c'est la cour d'appel qui exécute la commission rogatoire ; dans tous les cas, il faut une délégation de la cour pour qu'un juge puisse procéder à cette exécution. Il convient de remarquer que les témoins ne seront entendus sous la foi du serment que si cela est expressément demandé dans la commission rogatoire.

Enfin, l'article 171 de la loi consulaire du 28 janvier 1866 autorise les consuls italiens, ayant juridiction judiciaire dans les Échelles du Levant, « à donner exécution aux com-
« missions rogatoires qui leur ont été adressées par les tri-
« bunaux étrangers dans le but de procéder à des descentes
« sur les lieux, visites domiciliaires et auditions de témoins,
« et à recevoir les déclarations des nationaux qui sont
« établis ou qui se trouvent de passage dans le district du
« consulat ».

CHAPITRE V

LÉGISLATION DES PAYS-BAS

Dans les Pays-Bas, le territoire est, comme chez nous, divisé en arrondissements, qui, eux-mêmes, se subdivisent en cantons. Chaque chef-lieu d'arrondissement possède un tribunal avec un ou plusieurs juges d'instruction chargés de diriger la recherche et la poursuite des crimes et des délits. Dans chaque chef-lieu de canton, se trouve un juge de canton correspondant à notre juge de paix. Il y a lieu d'insister ici sur la distinction entre les actes d'instruction à faire dans l'arrondissement du magistrat instructeur et ceux en dehors de cet arrondissement; suivant qu'il s'agit des uns ou des autres, les pouvoirs de délégation du juge d'instruction sont sensiblement modifiés.

Nous nous plaçons d'abord dans l'hypothèse du juge d'instruction agissant dans les limites de son arrondissement.

C'est le magistrat instructeur, chargé de la direction de l'information, qui doit, en principe, entendre lui-même les témoins, s'ils habitent le canton de sa résidence. Mais s'ils demeurent dans un autre canton que celui du chef-lieu de l'arrondissement, le juge d'instruction peut, aux termes de l'article 72 du Code de procédure criminelle, déléguer leur audition au juge de ce canton. Il devra lui indiquer les questions à poser. Le juge de canton dressera un procès-verbal de l'audition des témoins, puis retournera le tout, fermé et scellé, au magistrat déléguant.

L'interrogatoire du prévenu peut-il être délégué par le juge d'instruction agissant dans son arrondissement? Deux cas se présentent ici : ou le prévenu n'est encore que « soupçonné d'avoir commis un délit », ou sa mise en accusation a été ordonnée par la chambre du conseil du tribunal. Dans le premier cas, le juge d'instruction peut déléguer l'interrogatoire au juge de canton; il peut aussi inviter le prévenu à comparaître devant lui; mais si le « soupçonné » n'obtempère pas à cette invitation, le magistrat instructeur n'a pas le droit de prendre contre lui aucune mesure coercitive pour l'y contraindre; notamment il ne peut pas décerner de mandat d'amener. Si, au contraire, le prévenu a été décrété d'accusation par la chambre du conseil, le juge d'instruction est tenu de procéder lui-même à l'interrogatoire, soit parce que le plus souvent l'inculpé est alors en état de détention préventive, soit parce que, s'il est en liberté, le juge d'instruction peut, aux termes de l'article 100, décerner contre lui soit un mandat d'amener, soit un mandat « d'apparition » destiné à assurer sa comparution.

Lorsqu'une descente sur les lieux paraît nécessaire, c'est le juge d'instruction lui-même qui y procède, sur la réquisition du ministère public et en sa présence. Aux termes de l'article 43, en cas d'urgence, le ministère public peut procéder seul à la descente, avant l'arrivée du juge d'instruction, qu'il est tenu d'avertir; même, dans certaines circonstances, les officiers auxiliaires de police judiciaire, commissaires de police, maires, juges de canton, peuvent, avant l'arrivée du ministère public exécuter cette mesure d'instruction. Mais il ne saurait être ici question de délégation; le juge de canton peut, à titre d'officier auxiliaire de police judiciaire et en cas d'urgence, agir de sa propre initiative et remplacer le ministère public; mais il ne pourrait jamais être substitué au juge d'instruction.

Les perquisitions et les saisies sont faites, en principe, par le juge d'instruction, en présence du ministère public. Toutefois, l'article 112 autorise le magistrat instructeur à

donner, à cet effet, commission rogatoire au juge de canton ;
en ce cas, le ministère public peut commettre le maire pour
assister, en son lieu et place, soit à la perquisition, soit à la
saisie.

Lorsqu'un témoin ou un prévenu simplement « soupçonné » justifie qu'une maladie le met dans l'impossibilité
de se présenter soit devant le juge d'instruction, soit devant
le juge de canton délégué par ce dernier, celui de ces
magistrats qui devait recueillir la déposition ou procéder
à l'interrogatoire se rend au domicile de la personne à
entendre.

Enfin, le juge d'instruction peut (art. 78) charger les
officiers de police judiciaire de son arrondissement de
prendre toutes les informations et de recueillir tous les renseignements dont il a besoin ; seulement, la loi lui recommande de ne le faire, autant que possible, qu'après entente
préalable avec le ministère public.

Supposons, maintenant, que les actes d'instruction doivent être accomplis hors de l'arrondissement du magistrat
instructeur ; reprenons ces divers actes dans le même
ordre que ci-dessus, et voyons quels sont, dans chaque cas
déterminé, les pouvoirs de délégation du juge d'instruction.

Tout d'abord, s'il s'agit d'entendre des témoins demeu-
rant hors de l'arrondissement, il y a plusieurs manières de
procéder :

a) On peut, et c'est la règle générale, déléguer le juge
d'instruction de l'arrondissement du domicile des témoins.
En ce cas, les questions à poser devront être formulées par
celui qui fait la délégation (art. 73, 1°) ;

b) Cependant, si le domicile du témoin est plus près du
chef-lieu de l'arrondissement du juge saisi, que de celui
de l'arrondissement qu'il habite, le magistrat instructeur
a le droit de citer directement le témoin devant lui
(art. 73, 2°) ;

c) Il se peut, enfin, que le domicile du témoin à entendre, étant situé fort loin du chef-lieu de l'arrondissement du magistrat instructeur, ce dernier estime pourtant indispensable de recueillir lui-même la déposition du témoin. En ce cas, le ministère public devra requérir de la chambre du conseil l'autorisation de faire citer directement le témoin devant le juge d'instruction ; la citation devra alors, à peine de nullité, faire mention de cette autorisation.

On voit donc que la délégation est le principe, la comparution personnelle du témoin l'exception, et que le juge d'instruction n'est pas maître de choisir, à son gré, l'un ou l'autre de ces procédés, puisque, dans la dernière hypothèse envisagée, c'est la chambre du conseil qui décide s'il convient d'autoriser le magistrat instructeur à citer devant lui le témoin.

Chaque fois qu'une commission rogatoire est délivrée, le magistrat délégué doit retourner, clos et scellé, le procès-verbal contenant les dépositions des témoins.

Passons au cas où il s'agit d'interroger un prévenu. Celui-ci n'est-il que soupçonné et non encore mis en accusation ? Le magistrat instructeur peut déléguer son interrogatoire au juge d'instruction de l'arrondissement dans lequel est domicilié l'inculpé, en envoyant les questions à poser (art. 76). La mise en accusation du prévenu a-t-elle été ordonnée par la chambre du conseil ? Le juge d'instruction procédera toujours lui-même à l'interrogatoire ; car, en ce cas, il aura préalablement fait amener l'inculpé devant lui au moyen de l'un des deux mandats dont nous avons parlé plus haut.

Quant aux descentes sur les lieux, perquisitions et saisies à effectuer hors de l'arrondissement du juge instructeur, ce dernier adresse, à cette fin, une commission rogatoire au juge d'instruction dans l'arrondissement duquel ces divers actes doivent être exécutés ; cette commission rogatoire est transmise par l'intermédiaire du ministère public. Dans certains cas, le juge d'instruction, opérant dans son arrondissement, ne peut procéder à une perquisition qu'après autorisation de la chambre du conseil, statuant sur les réquisitions du ministère public. Si c'est une perquisition de ce genre dont l'exécution doit être déléguée, le ministère public près le tribunal auquel appartient le magistrat instructeur invite son collègue près le tribunal dans l'arrondissement duquel la perquisition doit se faire, à demander à la chambre du conseil de ce tribunal l'autorisation nécessaire, puis, celle-ci obtenue, à faire exécuter la perquisition par le juge d'instruction de son tribunal.

Toutes les fois qu'il y a lieu de déléguer hors de l'arrondissement des auditions de témoins, des interrogatoires de prévenus soupçonnés, le juge d'instruction commis rogatoirement peut subdéléguer l'exécution de ses actes aux juges de canton. La loi ne statue pas formellement sur ce point ; mais cette solution s'impose par analogie du droit de délégation qu'a le magistrat instructeur dans son arrondissement.

CHAPITRE VI

LÉGISLATION RUSSE

En Russie, aux termes de l'article 6 du Code d'organisation judiciaire (1), des juges d'instruction sont établis auprès de chaque tribunal pour instruire les affaires en matière de crimes et de délits. Par suite des conditions particulières où se trouve cet empire, à savoir l'étendue considérable des ressorts judiciaires et l'insuffisance des moyens de communication, les juges d'instruction auprès de chaque tribunal sont en très grand nombre comme le prouve le tableau suivant, dont les chiffres, empruntés à une statistique officielle, donnent la composition du personnel de quelques tribunaux, en 1887 :

	Présidents.	Vice-Présidents.	Juges.	Juges d'instruction.	Procureurs.	Substituts.
St-Pétersbourg	1	7	22	30	1	21
Moscou..............	1	7	21	40	1	21
Vladimir	1	2	10	24	1	9
Kamenetz-Pastolok.	1	3	16	37	1	12
Saratow...........	1	2	13	33	1	13
Kazan	1	2	12	27	1	10
Kovno..............	1	3	13	31	1	11

On voit que ces sept tribunaux comptent en tout 222 juges d'instruction pour 140 autres magistrats du siège. Ces juges

(1) Cfrre. *Code d'organisation judiciaire de l'Empire de Russie, de* 1864 (édition de 1883, avec le supplément de 1890), traduit et annoté par le comte Jean Kapnist.

d'instruction ne résident pas aux chefs-lieux du ressort du tribunal; ils sont dispersés dans les différents cantons de ce ressort.

Aux termes de l'article 79, le ministre de la justice a le droit de charger spécialement un des juges d'instruction attachés au tribunal de l'arrondissement de l'instruction des affaires les plus graves se produisant dans tout l'arrondissement. Il a même un autre droit bien plus exorbitant encore : il peut déléguer, comme juges d'instruction, des employés de son ministère qui n'ont aucunement qualité de magistrats et qu'il peut, quand il lui plaît, rappeler auprès de lui. En 1874, la chambre criminelle de la Cour de cassation russe, a décidé que les prévenus ne pouvaient former de pourvois sous prétexte que l'instruction a été faite, non par un juge d'instruction, mais par un employé du ministère de la justice, délégué dans ces fonctions. On comprend aisément à combien de hasards une telle organisation expose l'instruction judiciaire.

Quant aux pouvoirs dont jouissent, en matière de délégation, les juges d'instruction russes, c'est une question qui ne nous retiendra pas longtemps. Le Code d'instruction criminelle impose au juge d'instruction l'obligation de procéder lui-même à tous les actes d'instruction dans sa circonscription; il ne peut adresser de commissions rogatoires ni aux juges de paix, ni aux commissaires de police, qui n'ont, ni les uns ni les autres, aucun caractère judiciaire. En cas de flagrant délit seulement (art. 250), la police procède aux actes d'instruction nécessaires pour empêcher la disparition des traces du crime et la fuite du coupable; encore lui est-il interdit, en principe, d'interroger le prévenu ou d'entendre les témoins; elle n'est autorisée à le faire que si l'on craint de voir prévenu ou témoins mourir avant l'arrivée du juge d'instruction (art. 256-258).

Le juge d'instruction a le droit de procéder lui-même aux actes d'instruction qu'il y a lieu de faire hors de sa circonscription (art. 294); il peut aussi, dans ce but, adresser commission rogatoire au juge d'instruction dans la circonscription duquel les actes doivent être faits. L'interrogatoire du prévenu peut faire l'objet de cette délégation; le magistrat rogatoirement commis y procède, ainsi d'ailleurs qu'à l'audition des témoins, en se conformant au questionnaire joint par le magistrat instructeur à sa délégation.

Lorsque des fonctionnaires ont commis des délits, non pas seulement relatifs à l'exercice de leurs fonctions, mais de droit commun, l'instruction peut en être confiée à des personnes désignées par le supérieur hiérarchique du prévenu, lesquelles peuvent fort bien ne pas appartenir à la magistrature (art. 1086-1087).

Bref, il est manifeste que, soit en ce dernier cas, soit en cas de délégation, par le ministre de la justice, de certains de ses employés aux fonctions de juge d'instruction, soit encore par la désignation que ce ministre peut faire du magistrat chargé des affaires importantes, le Code russe laisse une large place à l'arbitraire. Il est non moins certain que l'usage des commissions rogatoires y est réduit, en quelque sorte, à sa plus simple expression.

Vu,

Lyon, le 14 mai 1893.

Le Président de la Thèse,

R. GARRAUD.

Vu,

Lyon, le 17 mai 1893.

Le Doyen de la Faculté,

E. CAILLEMER.

Permis d'imprimer,

Lyon, le 18 mai 1893.

Le Recteur de l'Académie,

E. CHARLES.

TABLE DES MATIÈRES

Chapitre II.

Des délégations données par le juge d'instruction.

Chapitre III.

Des délégations données par le ministère public.

Chapitre IV.

*De divers cas de délégation des actes de l'instruction
criminelle.*

CHAPITRE V.

Des délégations données par le préfet de police, à Paris, et par les préfets, dans les départements............   135

CHAPITRE VI.

Formes des commissions rogatoires....................   147

CHAPITRE VII.

De l'exécution des commissions rogatoires.

Chapitre VIII.

Des modifications relatives aux commissions rogatoires contenues dans le projet de loi sur la réforme du Code d'instruction criminelle.

Chapitre IX.

Des commissions rogatoires échangées avec les pays étrangers.

TROISIÈME PARTIE

De la délégation des actes de l'instruction criminelle dans les législations étrangères.

Chapitre premier.

Chapitre II.

Chapitre III.

Chapitre IV.

Chapitre V.

Chapitre VI.